Leopold Kohr

Entwicklung ohne Hilfe

Leopold Kohr

Entwicklung ohne Hilfe

Die überschaubare Gesellschaft

Mit einem Vorwort von Kenneth D. Kaunda
Mit kritischen Anmerkungen von Robert J. Alexander
und Alfred P. Thorne

Aus dem Englischen von Andreas Wirthensohn

Herausgegeben von Ewald Hiebl
und Günther Witzany

OTTO MÜLLER VERLAG

Mit freundlicher Unterstützung von:

Land Salzburg
Ski-Arena Wildkogel, Neukirchen am Großvenediger/Bramberg am Wildkogel

Öko Himal/Eco Himal, Salzburg–Kathmandu (für die Übersetzung)

Leopold Kohr: Werkausgabe
Herausgegeben vom Wissenschaftlichen Beirat der
Leopold Kohr-Akademie (Salzburg – Neukirchen)

Univ.-Prof. Dr. Reinhold Wagnleitner (Leitung)
Christine Bauer-Jelinek
Gesandter Dr. Michael Breisky
Univ.-Prof. Dr. Christian Dirninger
Mag. Manfred K. Fischer
Mag. Erwin Giedenbacher
Dr. Ewald Hiebl
Dr. Silvia Kronberger
Univ.-Prof. Dr. Ulrich Müller
Dr. Elisabeth Schreiner
Mag. Dr. Günther Witzany
Prof. Alfred Winter

Biograph: Gerald Lehner

Leopold Kohr-Akademie:
Leitung: Susanna Vötter-Dankl und Christian Vötter
Tauriska-Kammerlanderstall
A-5741 Neukirchen a. Grv.
www.leopoldkohr.com, www.tauriska.at, office@tauriska.at
Tel. 0043-(0) 65 65 - 61 45, Fax 0043-(0) 65 65 - 61 45 - 4

www.omvs.at

ISBN 978-3-7013-1129-3

Satz: Media Design: Rizner.at, Salzburg
Umschlaggestaltung: Stephanie Winter
Druck und Bindung: PBtisk s.r.o., Příbram (CZ)

Für Donna „Tiffany“ Pace

Inhalt

Teil 2: Die Debatte

Editorial der Herausgeber

Das Buch „Development without Aid“ erschien 1973 und war einer der Gründe, warum Leopold Kohr 1983, zehn Jahre später, den alternativen Nobelpreis erhielt („His vision called for a dissolution of centralised structures in favour of a control system of small communities solving local problems with their own material and intellectual resources“). Nun wird es erstmals in deutscher Sprache herausgegeben. Wie der Titel bereits vermuten läßt, handelt es sich um ein provokantes Buch. „Entwicklung ohne Hilfe“ bedeutet aber nicht, die sogenannten unterentwickelten Staaten ihrem Schicksal zu überlassen, sondern eine andere Art der Entwicklung zu ermöglichen: nicht eine, die Hilfe bietet, um die Staaten von dieser Hilfe abhängig zu machen und somit eine neue Form des Kolonialismus darstellt, sondern eine Unterstützung zur autochthonen Entwicklung. Diese Entwicklung dauert länger, ihre Ergebnisse währen aber auch nachhaltiger, so der zentrale Gedanke Leopold Kohrs. Gleichzeitig wird die Arbeit des Einzelnen nicht durch geschenktes Geld oder geschenkte Waren entwertet, sondern Eigeninitiative, Selbstwert, Arbeit gefördert.

Nach mehr als 30 Jahren ist Kohrs Analyse der Entwicklungspolitik relevanter denn je: Durch den Prozeß der ökonomischen Globalisierung sind viele Probleme, die in diesem Buch angesprochen werden, noch deutlicher hervorgetreten. In welchen Kontext Kohrs Gedanken heute eingebunden sind, zeigt sich in der Person von Kenneth Kaunda, der 1972 als Präsident Sambias das Vorwort zur englischen Erstausgabe schrieb. Im Jänner 2007 hielt er in Nairobi die Eröffnungsrede beim Weltsozialforum, einer der wichtigsten „globalisierungskritischen“ Veranstaltungen.

Noch etwas zeichnet dieses Buch aus. Es enthält längere Beiträge des Ökonomen Alfred Thorne und des Wirtschafts- und Politikwissenschafters Robert J. Alexander sowie Erwiderungen des Autors auf deren durchaus kritische Einwände. Somit gelingt es Leopold Kohr, in seinem Buch eine Diskussion zu führen, die im 21. Jahrhundert erst noch geführt werden muß.

Was mehr als 30 Jahre nach dem ersten Erscheinen von „Development without Aid“ in der vorliegenden deutschen Erstausgabe nicht mehr so zeitgemäß erscheint, sind lediglich die Abbildungen, die aus dem Originalbuch entnommen wurden. Trotz der Versuche, die qualitativ mangelhaften Abbildungen zu verbessern, sind dem Verlag und den Herausgebern hier Grenzen gesetzt. Die Bilder und Graphiken sind demnach als historische Dokumente zu verstehen.

Den Herausgebern bleibt abschließend noch die angenehme Aufgabe, sich bei Öko Himal/Eco Himal (Salzburg/Nepal) für die Finanzierung der Übersetzung zu bedanken. Mit dieser Unterstützung wird auch dem deutschsprachigen Raum ein Buch erschlossen, das seit mehr als 30 Jahren neue Wege in der Entwicklungszusammenarbeit aufzeigt und es auch in Zukunft machen wird. Das kann gar nicht hoch genug eingeschätzt werden. Gedankt werden soll schließlich auch dem Übersetzer, Dr. Andreas Wirthensohn, dem es nicht nur gelang, den komplexen Inhalt ausgezeichnet zu übersetzen, sondern der es auch blendend verstand, Kohrs Witz und seine sprachliche Nuancen ins Deutsche zu übertragen. Wie schrieb doch Daniel Blair, der Neffe George Orwells, in einer Rezension zu „Das Ende der Großen“: „Mr. Kohr verbindet die Geschicklichkeit eines Pamphletisten mit der Ernsthaftigkeit eines Philosophen. Damit überragt er weit diese akademischen Dummköpfe, die es heute überall gibt. Ich stimme dem nicht zu, was Mr. Kohr sagt. Allerdings schätze ich die Art, wie er es sagt.“

Ewald Hiebl und Günther Witzany
Salzburg, im Februar 2007

Vorwort

Jeder, der vor dem Problem steht, Entscheidungen in Sachen wirtschaftlicher Entwicklung treffen zu müssen, sieht sich mit einer verwirrenden Vielzahl an Wahlmöglichkeiten konfrontiert. Sehr oft werden die entwickelten Nationen als Vorbilder hingestellt; einige von ihnen sind kapitalistisch, einige haben halbsozialistische Wohlfahrtssysteme, andere wiederum sind kommunistisch; doch selbst innerhalb dieser Kategorien gibt es jeweils prononcierte Unterschiede. Die kapitalistischen USA sind etwas anderes als die kapitalistische Schweiz, der Wohlfahrtsstaat im sozialistischen Schweden ist anders ausgestaltet als das auf den ersten Blick ähnliche britische System, und das kommunistische Rußland pflegt andere Ansätze als das kommunistische China – und beide lassen sich nur schwer mit dem kommunistischen Jugoslawien in einen Topf werfen.

All diese Modelle können gewisse Erfolge vorweisen, scheinen aber auch einige Nachteile zu haben. Welche Faktoren sind für ihr Scheitern verantwortlich?

Diese und viele andere Fragen lassen sich nicht von den praktischen Problemen wirtschaftlicher und sozialer Entwicklung heute trennen, denn irgendwo *wurden* unterwegs eindeutig Fehler gemacht, und falls es uns nicht gelingt, sie klar zu benennen, laufen wir Gefahr, sie zu wiederholen.

Und genau darum geht es Professor Kohr im vorliegenden Buch: die Fehler zu benennen.

Wenn ich einige seiner Behauptungen in anderen Worten vorwegnehmen darf, so will mir scheinen, daß die Wirtschaftstheorie zu lange von dem bestimmt wurde, was man als übermäßig *quantitativen* Ansatz bezeichnen könnte. Ein solcher mag geeignet sein, wenn jemand auf einer einsamen Insel ausgesetzt wurde oder aus anderen Gründen Hunger leidet; in solchen Fällen geht es eindeutig allein um Quantität. Doch sobald dieses dringende Bedürfnis nach bloßem Überleben gestillt ist, rücken mit Sicherheit andere Faktoren in den Vordergrund: Faktoren, die den der Quantität nicht ersetzen, aber Überlegungen im Hinblick auf Größe, Ausmaß und vor allem *Qualität* ins Spiel bringen. Darin, so scheint mir, liegt der wesentliche Unterschied zwischen Professor Kohrs Anliegen und denen, die er großzügig eingeladen und in seinen Band aufgenommen hat, nämlich von Professor Alfred Thorne und Professor Robert Alexander sowie dem Großteil der orthodoxen Meinung.

Der Mensch ist keine Konsummaschine, und ebensowenig sind die menschlichen Gesellschaften, wenn sie wirklich menschlich sind, bloße statistische Aggregate. Wenn deshalb Professor Alexander behauptet, „daß ausländische Unterstützung sehr hilfreich war bei der Förderung der Entwicklung von rückständigeren Nationen", ist in keinster Weise davon die Rede, welche *Art* von Gesellschaft die Unterstützung mit beförderte oder sogar festlegte, und gerade diese Frage ist heute von überragender Bedeutung.

Überragend schon deshalb, weil die entwickelten Nationen sie offenbar im Hinblick auf sich selbst so eifrig ignoriert haben.

Selbst heute versuchen sie diese Überlegungen zu ignorieren, doch wenn man die vielfältigen Zeichen von Streß, die ökonomische Unsicherheit und die bislang vernachlässigten Hinweise auf die Umweltzerstörung, die Aushöhlung der komplexen, lebenswichtigen Systeme in der Natur und die psychische Beeinträchtigung der Menschen, die allesamt ganz offensichtlich weitgehend von einer falschen Praxis des Wirtschaftens herrühren, betrachtet, zwingen ihre Probleme uns, darüber nachzudenken, wo wir hinwollen.

Die Expertenratschläge, die unterentwickelte Länder heute erhalten, tragen großteils nur zur Lösung eines der hier in Rede stehenden Aspekte bei, während sie gleichzeitig eine Reihe neuer Probleme aufwerfen, die schwerer wiegen als die ursprünglichen; wir in Sambia haben das häufig selbst erlebt, doch viel mehr überrascht mich, wie oft wir ausgezeichnete Ergebnisse erzielten, wenn wir dem Rat der Fachleute nicht folgten!

Im vorliegenden Band ist es Professor Kohr gelungen, viele Probleme eingehend zu beleuchten, für die unterentwickelte Länder bis heute keine Lösung gefunden haben. Auf gut sambisch könnte man ihn als den ersten humanistischen Professor für Wirtschaftswissenschaften bezeichnen, denn sein Werk hat mehr mit den Humanwissenschaften zu tun als mit so nüchternen Abstraktionen wie dem „economic man", dem Menschen als ökonomischem Wesen, und sein Ziel ist stets nicht einfach ein quantitatives Mehr (so wichtig es auch sein mag), sondern das, was er immer wieder als *summum bonum* bezeichnet – das gute Leben.

Aber niemand möge glauben, das sei lediglich ein weiterer trockener Beitrag zu dem, was man „the dismal science" nennt, die düstere Wissenschaft. Professor Kohr schreibt so witzig, sprühend, luzide und elegant, wie man es in theoretischen Schriften selten findet. Er schreibt überdies nicht gleichsam mechanisch; man ist sich bewußt, daß er eine ständige kreative Geistesanstrengung einfordert, und der Reiz, den seine Erzählung daraufhin ausübt, ist ein ebenso seltenes wie lohnendes Erlebnis.

Versucht man Professor Kohrs Modell auf das wirkliche Leben anzuwenden, so dürfte es dabei durchaus einige unbemerkte Fallstricke geben, aber das liegt in der Natur der Sache. Entscheidend ist, daß er etwas Neues gesagt hat, etwas Wichtiges, etwas, das niemand, der mit Entwicklungsproblemen befaßt ist, ignorieren kann, und etwas, das – da bin ich ganz sicher – jeder mit Genuß und Gewinn lesen kann.

KENNETH D. KAUNDA, Präsident.
State House, Lusaka, Republik Sambia.
Februar 1972.

Danksagung

Ridentem dicere verum, quid vetat?
HORAZ

Mein Dank gilt aus verschiedenen Gründen einer Reihe von Freunden. Robert und Joan Alexander, William und Alice Bagley, Henry und Elsa Klumb, Anatol und Orlene Murad, Simon und Mabbie Schmiderer, Alfred und Vivi Thorne dafür, daß sie meine Ideen so unerbittlich hinterfragt haben; dem verstorbenen Sir Herbert Read dafür, daß er die Begeisterung eines Anarchistenkollegen für das Kleine so warmherzig teilte; Dr. E.F. Schumacher für die Inspiration, die ich aus der außergewöhnlichen Parallelität seiner Ideen, oftmals bis in kleinste Details hinein, bezog; Mary Dassier und Peter Wenzel für ihre Freundschaft; Barrows Mussey und sechs bemerkenswerten Chefredakteuren: Alwyn Rees von der walisischsprachigen Monatszeitschrift *Barn*, Alex Maldonado von *El Mundo*, William Dorvillier und Andrew Viglucci vom *San Juan Star*, John Papworth und Roger Franklin von *Resurgence* dafür, daß sie so freundlich waren, ihre Seiten vielen meiner unorthodoxen Überlegungen zur Verfügung zu stellen; ganz besonders Donna „Tiffany" Pace für ihre energische Lektoratskritik; Alun Talfan Davies und noch einmal Alwyn Rees für ihre unschätzbare allgemeine Unterstützung; und ganz besonders meinen Kampfgefährten: Dr. Edgar Berman, Dr. Gerald Feigen, dem verstorbenen Howard Gossage, Scott Nedwhall und Franc Ricciardi für die großherzige Bereitschaft, mit der sie sich auf das Unternehmen einließen, die Entwicklungstheorien dieses Buches in dem kleinen karibischen Inselstaat Anguilla umzusetzen.

Einleitung

Die Natur duldet nichts in ihrem Reiche, das sich nicht selbst helfen kann.

EMERSON

Dieses Buch ist die erweiterte Fassung einer Reihe von Vorträgen, die ich auf zwei Konferenzen hielt: zum Thema „Nationalismus" im Juli 1963 an der Universität Oxford und zum Thema „Die Ökonomie der Unabhängigkeit" im Januar 1969 am University College of Wales in Aberystwyth. Es bietet eine Alternative zur unterstützten Form von Entwicklung, welche die Führer unterentwickelter Länder offenbar bevorzugen in ihrem Bemühen, so schnell wie möglich Anschluß an die Moderne zu finden. Im Gegensatz zu dem, was ich vorschlage, glauben sie, großzügige Hilfe sei das mindeste, was ihre ehemaligen Herren anbieten sollten, um sich von den Sünden der Vergangenheit loszukaufen, und worauf die jungen Nationen Anspruch hätten als Ausgleich dafür, daß sie so lange in kolonialer Unterdrückung und Rückständigkeit gehalten wurden.

Moralisch gesehen mögen sie damit durchaus recht haben. Doch politisch und national betrachtet führt unterstützte Entwicklung zum Gegenteil dessen, was die seit kurzem befreiten Ländern erwarten können. Was heißt unterstützte Entwicklung? Es meint die Einfuhr einer Unmenge von Autos, Ausrüstung, Maschinen und Plänen aus den Ländern, die diese Unterstützung leisten. Es bedeutet jedoch auch, daß zusammen mit ihr eine ganze Armee von Beratern, Ingenieuren und Architekten ins Land kommt, die den Menschen zeigen, wie man die Ausrüstung benutzt, die Maschinen in Gang bringt und die Pläne umsetzt.

Das wiederum führt zum Import des Geistes desjenigen Landes, das all diese Dinge als Reaktion auf eigene Bedürfnisse und Traditionen erfunden hat. Die Folge ist, daß sich das unterstützte Land, das für das Recht, seine nationalen Standards selbst zu bestimmen, möglicherweise Kriege geführt und Revolutionen angezettelt hat, schon bald von sich selbst entfremdet, indem es unvernünftigerweise die Merkmale gerade derjenigen Länder übernimmt, deren Mentalität es vielleicht für unvereinbar mit den eigenen Zielen hält. Und da sich die meisten Bitten um Hilfe an die Vereinigten Staaten richten, mündet die Entfremdung im Gefolge unterstützter Entwicklung letztlich in einen Prozeß der Amerikanisierung.

Das wird natürlich auch von modernen Nationengründern nicht angestrebt. Als Ausweg aus dem Dilemma entscheiden sie sich deshalb dafür, Hilfe und Güter aus den unterstützenden Ländern bereitwillig zu importieren, während sie gleichzeitig bemüht sind, deren Geist fernzuhalten. Während sie die ökonomischen Barrieren für Waren abbauen, fühlen sie sich zugleich gezwungen, die emotionalen Barrieren gegen das Eindringen fremder Gesinnung zu erhöhen, indem sie den Haß und die Verachtung gegenüber genau denjenigen schüren, die diese Waren schicken. Man hält ihnen ihre Vergangenheit vor, bezweifelt ihre heutigen Absichten und schmäht den geringen Geschäftsgeist ihres Zukunftsentwurfs, und gleichwohl greift man gierig nach den geschenkten trojanischen Gäulen, nach den Cadillacs und hofft, daß man durch fortgesetzten Mißbrauch noch ein paar mehr bekommt. Doch so wirkungsvoll Haß als gruppenbildendes Instrument sein mag, so kann er doch nicht verhindern, daß die traditionelle einheimische Identität unter dem gleichmacherischen Druck importierten Fortschritts allmählich erodiert. Denn jeder, der seine Coca Cola zu schlürfen beginnt und zu schnell von der Maultier- in die Auto- und Fernsehzivilisation wechselt, wird letztlich zwangsläufig in Habitus und Geschmack zu einem Amerikaner werden, ganz gleich ob die Untertitel und die Gebrauchsanweisungen auf spanisch oder singhalesisch abgefaßt sind.

Die dauerhafte Verwendung von Haß und Gegenbeschuldigung als Mittel der Identitätsbildung bringt noch eine weitere Gefahr mit sich. Man kann es damit zu weit treiben. Denn das Gewissen der Unterstützer mag noch so schlecht sein – wie etwa im Falle der historisch nicht verstrickten Generation der postnationalsozialistischen Deutschen –, eines Tages beschließen sie möglicherweise, man habe sie nun lange genug gegeißelt; wer *ohne* Hilfe nicht auf eigenen ökonomischen Füßen stehen könne, könne dies vermutlich auch *mit* Hilfe nicht; man habe ihnen die Bürde der Freiheit zu früh aufgeladen und müsse sie nun wieder einem Vormund unterstellen.

Anders ausgedrückt: Statt durch Gewissensgeld reich zu werden, hassen sich die jüngst befreiten Länder möglicherweise selbst ins zweite Zeitalter des Kolonialismus – mit dem Ergebnis, daß ihre Anführer, die durch ihr starrköpfiges Beharren auf dem Import unterstützter Wirtschaftsentwicklung bereits für die Zerstörung der nationalen Identität ihrer Völker verantwortlich sind, nun auch noch zu Totengräbern der politischen Unabhängigkeit ihrer Länder werden. Und das alles nur, weil der neue Schlag offenhemdiger, bärtiger, prächtig gekleideter, größenwahnsinniger Palastbewohner der Verlockung von einer Million Dollar pro Tag aus dem US-Finanzministerium nicht widerstehen kann.

Wie dieses Buch zu zeigen versucht, gibt es für postkoloniale Führer jedoch eine Alternative, die keine dieser Gefahren mit sich bringt. Sie besteht darin, *ohne* Unterstützung ökonomische Reife zu erlangen; oder, wie der Titel des Buches behauptet, Entwicklung *ohne* Hilfe zu befördern.

Das ist natürlich beträchtlich mühseliger. Aber gerade die gemeinsame Erfahrung von Mühsal hat sich schon immer als das verläßlichste Instrument erwiesen, mit dessen Hilfe die Menschen die gemeinsamen Merkmale erlangten, die sie als Angehörige der gleichen Gruppe auswiesen. Eigenständige Entwicklung ist denn auch nicht nur eine wirksame *alternative* Möglichkeit des *nation building*. Historisch betrachtet, wie Marx das nennen würde, war es sogar der primäre Weg. Jedes Land, das heute voll entwickelt, wirtschaftlich erwachsen und emotional reif ist, hat diesen Status nicht dadurch erlangt, daß es nach heutiger infantiler Art auf die Schultern der Erfahrung von jemand anderem gesprungen ist. Jedes von ihnen hat ihn dadurch erlangt, daß es ihn eigenhändig mittels persönlich erlittenem Versuch und Irrtum, durch Blut und Schweiß und Plackerei und Tränen bedrohlichen und feindseligen Umgebungen abgetrotzt hat.

Es wäre in der Tat schwierig, auch nur einen historischen Präzedenzfall zu finden, in dem eine entstehende Nation während des leidvollen Prozesses der Selbstwerdung sich je dazu herabgelassen hätte, um Hilfe zu bitten. Was die nationalen Gemeinschaften der Griechen, der Römer, der Deutschen, der Franzosen, der Spanier, der Isländer, der Amerikaner, der Schweden, der Russen, der Japaner, der Chinesen schuf, war stets die intern geteilte Erfahrung von Mühsal, Mühsal und nochmals Mühsal. Man litt aufrecht, entschlossen und klaglos, und im Gesicht jedes einzelnen zeichneten sich schon bald die Furchen des gemeinsamen Kampfes ab, das Zeichen, durch das jeder beim anderen die Zugehörigkeit zum gleichen Kollektivwesen erkannte. Man mußte das aufkommende Gruppenbewußtsein nicht durch die xenophobe Herabsetzung von Außenseitern stärken. Die gemeinsame Mühsal machte es stark genug. Und nicht nur das. Es waren die Mühsal, die Entbehrung und das Opfer in der Zeit des Aufstiegs, die es den nunmehr entwickelten Nationen ermöglichten, die vielgescholtenen Reichtümer anzuhäufen, die sie heute in die Lage versetzen, den noch unterentwickelten Ländern den zweifelhaften Segen ihrer Hilfe zuteil werden zu lassen. Es gibt freilich überhaupt keinen Grund, warum letztere nicht in der Lage sein sollten, die gleichen Reichtümer auch aus eigener Kraft zu akkumulieren. Sie müssen dafür nur nachmachen, was ihre Unterstützer so wohlhabend machte: die Annehmlichkeiten der Unterhaltszahlung zu umgehen und sich statt dessen aus eigener Kraft hochzuarbeiten, so mühselig das auch erscheinen mag.

Das sollte umso attraktiver sein, wenn man bedenkt, daß es sich im Gegensatz zur historischen Methode „aus eigener Kraft" bei der heutigen Vielzahl unterstützter Entwicklung um ein paradoxes Phänomen der Senilität handelt – paradox deshalb, weil die Nationen, die um Hilfe bitten, keine altersschwachen Tattergreise sind, sondern angeblich vor jugendlicher Kraft nur so strotzen.

Das einzige Argument zugunsten unterstützter Entwicklung ist, daß es das Vorankommen möglicherweise beschleunigt, indem es den aufstrebenden Nationen die verschwenderische Mühe erspart, jede schmerzliche Erfahrung sozialen Wachstums am eigenen Leib nachvollziehen zu müssen. Doch auch dabei gilt: Erspart man Kindern all das, was die Eltern durchmachen mußten, werden sie nicht schneller erwachsen, sondern leiden sogar noch länger unter der Abhängigkeit von denjenigen, die sich der Mühe unterzogen, das alles *selbst* zu erfahren und zu erlernen. Mehr noch: So wie ein Kind im Nachvollzug der Erfahrung nicht länger als zwei Jahrzehnte braucht, um Anschluß zu finden an alles, was vor seiner Zeit entdeckt wurde, so dauert der Prozess der nachgemachten unabhängigen Entwicklung, durch den sich normal ausgestattete junge Nationen von der ökonomischen Kindheit zur Reife entwickeln, nicht länger als eine Generation. Es mag eine Ewigkeit dauern, bis die Saat zu sprießen beginnt. Doch hat sie einmal Wurzeln geschlagen, so ist die von der Natur vorgesehene Zeit des Keimens immer ganz kurz.

Man könnte also sowohl die Geschichte als auch die nationale Biologie als Zeugen für die Tatsache zitieren, daß nicht nur alle früheren riesigen Entwicklungssprünge ohne Unterstützung stattfanden, sondern diese nicht unterstützte Variante, sobald sie Fuß gefaßt hatte, durchweg auch so rasant verlief, daß selbst das Argument der Beschleunigung die Bitte um Hilfe nicht mehr rechtfertigen kann. Im Gegenteil. Denn ein durch Unterstützung unnatürlich beschleunigtes Tempo produziert zwar frühreifen Nachwuchs, verzerrt jedoch den Wachstumsprozess in einem solchen Maße, daß man die Hilfe, die ihn in Gang setzte, niemals mehr entziehen kann. Sie wird zu einem festen Haushaltsposten und Abhängigkeit damit zu einem chronischen Übel.

Was das vorliegende Buch vorschlägt, ist deshalb keineswegs neu. Es ist so alt wie die Zeit. Es legt einzig und allein nahe, sich wieder auf die *natürliche* Art und Weise im Umgang mit Wachstumsproblemen zu besinnen. Das mag den ungeduldigen und zornigen jungen Revolutionären unserer Zeit reaktionär und zu langsam erscheinen. Und vielleicht haben sie damit sogar recht. Die Natur in ihrer ungestörten und stets rückwärts blickenden Art brauchte neun lange Monate, um uns ohne Hilfe von der Empfängnis bis zur Geburt zu entwickeln. Mit Hilfe der neuesten revolutionären medizinischen Apparate hätte sie uns vielleicht in sechs Monaten geboren – zerbrechlich, nicht lebensfähig und mit einem Wasserkopf. Aber in was für einem Tempo!

*„Die Fabrik aus Amerika, die Maschinen aus Rußland,
das Fließband aus Deutschland,
die Ersatzteile aus der Tschechoslowakei – alles der Ertrag
unseres guten alten neutralistischen Know-how."*

WIE MAN DURCH HILFE SEINE NATIONALE IDENTITÄT VERLIERT
(Abdruck mit freundlicher Genehmigung von *Punch*)

TEIL 1

Das Thema

Denn ein Ding ist um so mehr wert, je mehr es als autark befunden wird; was eines anderen bedarf, beweist eben darin einen eigenen Mangel. Diese Selbstgenügsamkeit aber wird eine Stadt, der die umliegende Gegend für ihre Lebensbedürfnisse genügend zu bieten vermag, in weit vollerem Maße besitzen, als jene, die es nötig hat, sich von andern auf dem Wege des Handels zu erhalten.

THOMAS VON AQUIN

KAPITEL 1

Entwicklung durch einen gemeinsamen Markt

Bis eine Großmacht ein Problem überhaupt erkennt, haben wir in Liechtenstein es schon fast gelöst.
DR. ALEXANDER FRICK

Was vielen modernen Staatsgründern in ihrem Streben nach schnellerer Entwicklung durch den stärkeren wirtschaftlichen Zusammenschluß ihrer Länder mit ihren Nachbarn entgeht, ist die Tatsache, daß der bei weitem schnellste Entwicklungsweg der ist, den man alleine geht – nicht eingebunden, nicht angebunden, nicht koordiniert.

Das steht im Gegensatz zur heutigen Lehre. Geblendet vom Erfolg des Gemeinsamen europäischen Marktes, besteht Konsens in der Ansicht, man brauche sich für raschen Fortschritt nur zusammenzuschließen.[1] Das Erfolgsgeheimnis des Gemeinsamen Marktes liegt jedoch nicht in der Vereinigung seiner Mitglieder, sondern im Typus der beteiligten Mitglieder. Keines von ihnen ist erst jüngst zu Wohlstand gekommen. Jedes zählt seit mindestens einem Jahrhundert zu den führenden Industrienationen der Welt. Sie traten dem Club nicht als Arme, sondern als Millionäre bei. Sie vereinten sich nicht, *um zu* reifen, sondern *nachdem* sie gereift waren; *nachdem* ihre individuellen Volkswirtschaften so stark geworden waren, daß sie sich den Luxus einer gemeinsamen Superstruktur leisten konnten. Kein Wunder, daß es ihnen blendend geht.

Das Gegenteil gilt für unterentwickelte Länder wie beispielsweise die Inselstaaten der Karibik. Hier wird die Idee einer Union nicht als Frucht einer vorangegangenen Entwicklung propagiert, sondern als Mittel, um eine solche zu erreichen. Das ist ungefähr so sinnvoll, als wollte ein zehnjähriges Kind heiraten, um seinen Reifungsprozess zu beschleunigen, wobei der Brautvater den künftigen Schwiegervater vertraulich darüber in Kenntnis setzt und ängstlich fragt, ob er denn über die nötigen finanziellen Mittel verfüge: „Ich nicht, aber Sie." Die eheliche Vereinigung würde die Kinder ganz offensichtlich nicht reifen lassen, sondern ihre Reifung verzögern und eine Kindheit perpetuieren, die umso kostspieliger wird, je erwachsener die Zutaten sind.

Das Gleiche gilt für die kindlichen Gesellschaften unterentwickelter Länder. Auch in ihrem Fall ist schnellem Wachstum nicht das Vorhandensein einer belastenden vorzeitigen Partnerschaft förderlich, sondern deren Fehlen, insbesondere wenn es mit territorialer Kleinheit gepaart ist; diese nämlich erlaubt ihnen die Überschaubarkeit der Proportionen, ohne die kein soziales Problem angemessen zu lösen ist. Darin liegt ihr großer Vorteil gegenüber den größengeplagten, die Aussicht trübenden Dimensionen, zu denen es kommt, wenn Regionen in den verkleinernden Rahmen erweiterter territorialer Einheiten eingebunden werden, bevor ihre Volkswirtschaften die Möglichkeit hatten, ihre lokal bedingten eigenen Grundlagen zu stärken. Denn erst wenn es jeder Region ermöglicht wurde, sich im Kontext ihres eigenen Umfelds zu festigen, kann eine lokale Ökonomie gefahrlos als stützende Säule kollektiver Strukturen dienen, die größer sind als ihre eigenen.

Nichts könnte diese Behauptung besser illustrieren als das frühe Wirtschaftswachstum in Italien, Deutschland, Frankreich, den Niederlanden oder Belgien. In keinem dieser Fälle verdankte es sich organisierter Kooperation im großen Maßstab oder gegenseitiger Unterstützung auf nationaler Ebene. Der ungeheure Reichtum, den die später geeinten Nationen erbten, resultierte jeweils aus den unabhängigen, nicht integrierten, kompetitiven Konkurrenzaktivitäten einer Vielzahl kleiner, souveräner lokaler Gemeinschaften, die das Ansinnen, sich im Interesse einer schnelleren Entwicklung mit ihren Nachbarn zusammenzutun, nicht nur mit Empörung, sondern mit Waffengewalt zurückgewiesen hätten. Vor 800 Jahren sah Venedig nicht viel anders aus als Puerto Ricos Lagunenslum El Fanguito, Siena nicht anders als Buen Consejo, Padua nicht anders als Loiza Aldea, Porto Fino nicht anders als Fajardo Harbour, noch in seinem Elend wunderschön. Ähnliche Beispiele ließen sich für jedes Land aufzählen, von Chile bis Katalonien und England. Hätten sie gewartet, bis Italien geeint, der Gemeinsame Markt etabliert, die Allianz für den Fortschritt ins Leben gerufen oder der lokale

Genius von den Missionaren aus Harvard und vom MIT (Massachusetts Institute of Technology) beseitigt war, würden sie heute aller Wahrscheinlichkeit nach aussehen wie Englands Sozialwohnungsviertel, Maxglan in Salzburg, die Vorstädte von San Juan, die als Country Club firmieren, oder wie der Park, den der Planungsausschuß in Puerto Rico an der Stelle anlegen will, die eine Art Amalfi oder Positano sein sollte – La Perla, die atemberaubende Kulisse von Oscar Lewis' *La Vida*.

Den leuchtenden italienischen Städten gelang ihre Entwicklung ohne Vertrauen auf andere, und sie schufen damit nicht nur einen Reichtum an ästhetischem und materiellem Glanz, den sich keine heutige Generation mit all ihren Stahlwerken und ihrer standardisierten, austauschbaren Massenproduktion leisten kann, ebensowenig all die internationalen Kooperations- und Hilfsinstitutionen zusammen. Indem sie ihre lokalen Ressourcen an Gestein, Holz, Ton oder Marmor bis zum äußersten ausbeuteten, sicherten sie sich jeweils auch eine eigene Persönlichkeit und Identität von so sprühender Unterschiedlichkeit, daß sich ihr Gesicht noch immer erkennen läßt – trotz der gegenwärtigen Dominanz eines ansonsten ununterscheidbaren und sich nicht unterscheidenden universellen Menschenschlags, dessen Vertreter eine Vereinigung ohne Rücksicht auf Rasse, Hautfarbe, Glauben oder Geschlecht predigen und die ein zu Recht angewiderter Franzose als *ces gens sans race, sans couleur, sans sexe* bezeichnete.[2]

Nun kenne ich solch kleine Staaten wie Barbados, Antigua oder Trinidad nicht. Aber in einem bin ich mir sicher: Wenn das mittelalterliche Lucca mit einer Bevölkerung von weniger als 20.000 Menschen in einem so kurzen kreativen Sprint nicht in Zusammenarbeit, sondern in Konkurrenz zum nur wenige Kilometer entfernten, gleichermaßen glänzenden Pisa eine so glänzende Entwicklung nehmen konnte (und weil Lucca das allein geschafft hat, konnte es trotz der internationalisierenden Auswirkungen von modernem Tourismus und Industrialisierung bis heute seine Identität bewahren); und wenn in unseren Tagen im Gegensatz zu hinterherhinkenden Riesen wie Indien oder Pakistan ein kleiner Staat wie Liechtenstein mit einer Bevölkerung von gerade einmal 17.000 Menschen in den letzten 15 Jahren eine eigenständige Entwicklung erfahren hat, die nur knapp hinter der Islands (170.000 Menschen) oder der ähnlichen, öffentlich stärker wahrgenommenen Leistung Puerto Ricos (2,5 Millionen Menschen) zurücksteht, wäre es geradezu lächerlich anzunehmen, der gleiche Prozeß lasse sich nicht auch in Trinidad, Antigua oder Barbados wiederholen.

Doch ehe diese Gemeinschaften mit optimaler Größe irgendwohin gelangen, müssen sie damit aufhören, Entwicklungsstudien zu finanzieren, die teurer als alles Handeln sind;[3] müssen sie davon Abstand nehmen, andere flehentlich darum zu bitten, sie bei dem gemeinsamen Abenteuer zu begleiten; und dürfen sie nicht länger in der lauschig entspannten Atmosphäre teurer Cocktaillounges in klimatisierten Hotelanlagen herumsitzen und ihre Zeit damit vergeuden, irgendwelche Großberater mit üppigen Spesenkonten, die fehlendes *Handeln* hinter der Geschäftigkeit gut dokumentierter *Aktivität* verbergen, wegen jeder Kleinigkeit zu konsultieren. Statt dessen müssen sie zumindest damit beginnen, auf die Erfahrung früherer Nationengründer zu hören, wie etwa auf Philipp Wilhelm von Hörnigk, der in einem berühmten Entwurf für eigenständige Entwicklungsprogramme aus dem frühen 17. Jahrhundert einem ökonomisch heillos rückständigen Österreich erklärte, es könne sich „über alle anderen erheben, wenn es nur will" – ohne gemeinsame Märkte und ohne sich auch nur einen Pfennig von irgendjemandem leihen zu müssen.[4]

Oder sie könnten dem Beispiel des stolzen Premierministers Frick aus Liechtenstein folgen; als ich ihm die hypothetische Frage stellte, ob er Hilfe von einem reichen Land wie etwa den USA begrüßen würde, entgegnete er mit einem Anflug von Empörung: „Schauen Sie: Bis eine Großmacht ein Problem überhaupt erkennt, haben wir es schon fast gelöst."

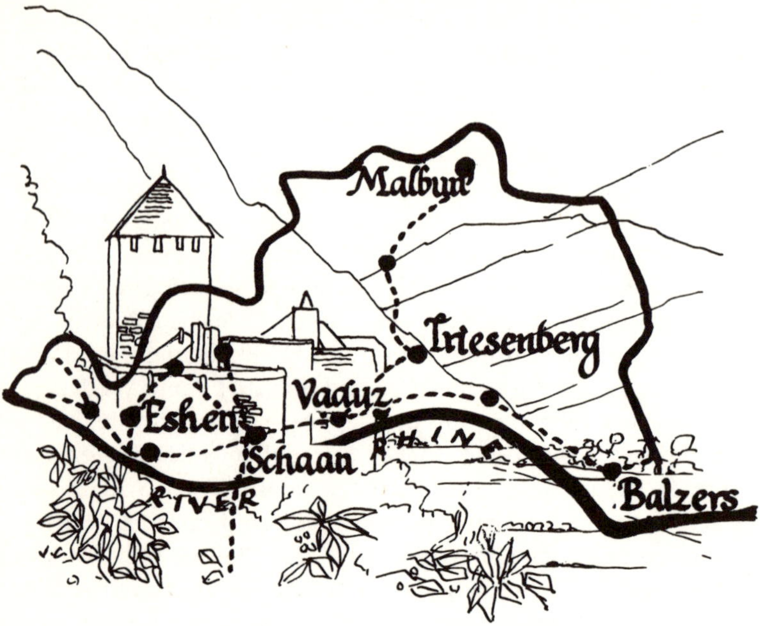

Das Fürstentum Liechtenstein: „Es läßt sich mit einem Blick erfassen.“

KAPITEL 2

Nachteile der Eigenständigkeit

Die Welt hat genug für jedermanns Bedürfnisse, aber nicht genug für jedermanns Gier.

GANDHI

Zugegeben, der Ertrag einer nach innen gerichteten und weitgehend isolierten und eigenständigen wirtschaftlichen Entwicklung, der sich aus einer Abfolge nicht unterstützter, unkoordinierter, konkurrierender individueller Anstrengungen ergibt, würde sich radikal von der identitätszerstörenden internationalen Standardisierung, wie sie bei heutigen Planungen verfochten wird, unterscheiden. Sie würde die Betonung nicht auf elektronische Konstruktion oder Stahlwerke legen, die neuen Objekte der Stammesverehrung, wie Colin Clark sie genannt hat, sondern auf eine Vielfalt von Aktivitäten, die in einer natürlichen Beziehung zur Umwelt des jeweiligen Landes stehen. Sie würde nicht auf die archaische merkantilistische Idee zunehmenden Handels setzen, die zu all diesen ungesunden, einseitigen, auf eine Sorte spezialisierten Volkswirtschaften geführt hat, sondern auf das sozial unendlich vorteilhaftere Ziel zunehmenden Konsums, das eine Diversifizierung zur Folge hat. Das würde die Märkte nicht in die Breite, sondern in die Tiefe erweitern. Und dadurch, daß man sich die ungeheure Verschwendung an Integrations-, Kommunikations- und Transportkosten spart, die in den ausgedehnten internationalen Ökonomien bei allem auf den Preis aufgeschlagen werden, wäre es möglich, bei geringen Kosten schnell einen hohen Lebensstandard zu erreichen, statt bei hohen Kosten langsam auf einen nicht so hohen Lebensstandard zu kommen, wie das unvermeidlich der Fall ist, wenn Entwicklung von Anfang an auf eine transportgierige Integration im großen Maßstab ausgerichtet ist.

Selbst die USA hätten sich niemals so schnell entwickeln können, wenn die Wirtschaft des Landes in ihren frühen Entwicklungsstadien nicht in unzählige kostengünstige und isolierte lokale Pioniergesellschaften aufgespalten gewesen wäre, die getrennt und nicht im Gleichklang voranschritten. Thomas Balogh, der bedeutende Ökonom aus Oxford, hat die Unklugheit des Zusammenschlusses im Hinblick auf die Entwicklung sehr schön zum Ausdruck gebracht, als er Großbritannien, das sich unbedingt dem Gemeinsamen Markt anschließen wollte, vor den Fallstricken einer solchen Union warnte.[5] Die schottische Wirtschaft, so betonte er, sei infolge der Union mit England um mindestens 150 Jahre zurückgeworfen worden; die irische um 200 Jahre; und die walisische habe sich bis heute nicht von dem Schock erholt. Ungarn habe bis 1923 gebraucht, um den retardierenden Effekt des Rückfalls in eine Wirtschaftsunion mit Österreich 1867 zu überwinden. Und Kalabrien, das seit langem mit Italien verbunden ist, sowie die Bretagne, schon lange an Frankreich gebunden, seien bis zum heutigen Tag unterentwickelt.[6] Und Thomas Balogh ist zwar inzwischen zum Lord geadelt, gilt aber nicht als Ökonom der reaktionären Rechten auf der Insel, sondern der fortschrittlichen internationalistischen Linken.

Der Haupt-„Nachteil" eines eigenständigen Lokalismus liegt darin, daß er auf eine ganze Reihe internationaler Annehmlichkeiten verzichten muß, die den Status steigern und viel Geld kosten. An vielen Orten konnte man Häuser nicht aus Beton bauen oder mit aus Chicago importierten Sanitäranlagen ausstatten. Aber was ist so schlimm an einheimischem Gestein oder Holz? Gibt es etwas wundervolleres und dauerhafteres als die Steinhäuser, die vor 500 Jahren von mittelalterlichen Bauern in den Cotswolds errichtet wurden, oder die Berghütten, die in den sturmgepeitschten Höhenlagen der Schweiz aus stabilem Holz gebaut wurden? Und wie sieht es mit den Sanitäreinrichtungen aus, diesem hochpreisigen Symbol modernen Lebensstandards? Vor 3000 Jahren gab es im eigenständigen Mykene ganz ausgezeichnete Sanitäranlagen aus Stein oder Marmor. Und ich selbst habe erst vor ein paar Jahren binnen eines Arbeitstags, der mir sehr viel Spaß machte, aus ausgehöhltem Holz, das ich gesammelt hatte, ein Drainagesystem gebaut, das in meinen Augen besser aussieht als die vom Fachmann auf 200 Dollar geschätzte Alternative moderner Rohre, die eine Betteltour zu einer internationalen Hilfsorganisation erforderlich gemacht hätte.

Ein weiterer „Nachteil“ wäre, daß auf unserem Eßtisch die unbegrenzte Vielfalt einer internationalen Küche fehlen würde. Kein Kaviar aus Rußland! Kein geräucherter Käse aus Österreich! Kein Schinken aus Polen! Kein Genever aus Holland! Kein Bier aus Bayern! Aber wie unbegrenzt *ist* unsere Aufnahmekapazität? Die Speisen, die auf einer lokalen Speisekarte in einem weitgehend eigenständigen österreichischen Landgasthof angeboten werden, ließen sich, so hat es ein befreundeter Statistiker für mich ausgerechnet, in über 200.000 verschiedenen Kombinationen auftischen, ehe man sich der Monotonie der Wiederholung beugen müßte.

Und was ist so schlimm an der unverfälschten Einfachheit einheimischer Kost? Sie käme deutlich billiger.[7] Aber wird ein Sizilianer deshalb Spaghetti mit Muscheln, Tomatensauce und lokalem Wein für eine Sklavenmahlzeit halten und nicht für ein Fest für Götter? Werden die Menschen im Burgund, wie eine Karikatur es einmal darstellte, neidisch sein auf den Wohlstand amerikanischer Touristen, die, als man ihnen in einem lokalen Café eine Flasche einheimischen Weins anbot, erwiderten: „Wir wollen dieses einheimische Zeug nicht! Wir wollen Importware!“ Glaubt ein Normanne, er verfüge über einen niedrigen Lebensstandard, weil seine günstige lokale Küche ihm nichts anderes zu bieten hat als Rouenente, Hase, gepökeltes Hammelfleisch, normannische Seezunge, Hummer, Shrimps, Austern, Schweinswurst (*andouille*), Tournedos, Butterkarotten, Gartenbohnen, Camembert und Pont L'Evéque, Muscheln in Sahnesoße, gebackene Äpfel mit Schlag, Birnen- und Zwetschgentartes, Artischocken in Essig und Öl, Blattsalate, Calvados und einfachen Landwein? Als der Fakultätsclub der Universität von Puerto Rico vor kurzem beschloß, wieder einmal besonderen Wert auf das Angebot des eigenen Landes und nicht der Welt zu legen, war man zu Recht der Ansicht, daß man damit das Niveau der Küche nicht senkte, sondern anhob.

Falls unsere modernen Nationengründer in der Lage sind, sich aus ihrer Fixierung auf einen gemeinsamen Markt zu befreien, werden sie somit erkennen: Das *summum bonum* des Menschen läßt sich zu 100 Prozent sehr kostspielig erreichen durch internationale Integration und Kooperation (vorausgesetzt, alle Kooperationspartner sind reich genug, um es sich leisten zu können); auf die gleichen 100 Prozent kann man aber auch ganz billig kommen, indem man sich auf eine eigenständige, unabhängige, lokale Entwicklung nach Art der Stadtstaaten der Renaissance konzentriert. Sie sorgt für ein anderes *summum bonum*, aber eben doch für ein *summum bonum*. Und sie hat den zusätzlichen Vorteil, daß unterentwickelte Länder auf der Suche nach Würde, Identität und Unabhängigkeit diese selbst finanzieren können. Wie Marx es ausgedrückt hätte: Sie müssen einzig und allein die ungeheuren Kräfte, die nicht im amerikanischen Finanzministerium, sondern im Schoß sozialer Arbeit in jeder Gemeinschaft (mag sie auch so klein sein wie ein Kloster) schlummern, in die richtige Richtung lenken.

Doch nur wenige Nationengründer können diesen historisch erprobten und alles andere als kostspieligen alternativen Weg schneller Entwicklung einschlagen, solange ihre Berater weiterhin ein Modell nach dem anderen entwerfen, das für Regionen in Afrika, Lateinamerika oder der Karibik stets eine feinsäuberlich synchronisierte, standardisierte, entindividualisierte, verflochtene Zukunft entwirft, in der jeder Inselstaat brav die ihm zugeschriebene Rolle als Rädchen innerhalb des größeren Kontexts eines gemeinsamen Marktes erfüllt.

Der erste Schritt muß deshalb sein, zur detaillierten Ausarbeitung von Modellen zu ermutigen, die ein Gegenbild zur aktuellen Mode zeichnen, das heißt, Kosten, Qualität, Niveau und Aussichten einer Entwicklung zu projektieren, die in jeder unterentwickelten Region durch ein Maximum an Eigenständigkeit und ein Minimum an zeitverschwendender gegenseitiger Abhängigkeit und arbeitsverhinderndem Händchenhalten zu erreichen ist. Den Aufbau letztlich erwünschter Bande kann man dann dem natürlichen Lauf der Dinge überlassen, der am Ende des Reifungsprozesses spontan einsetzt, und nicht der visionären Romantik von Einheitsplanern, die unter der schematischen Flagge mathematisierter Irrationalität segeln.

„Natürlich hatten die Leute damals keinen Radio oder Fernseher oder so etwas, und ich vermute, sie mußten sich mit irgendwas beschäftigen.“

KAPITEL 3

Die Vereinigten Staaten, die Sowjetunion und Loiza Aldea

Wer geringe Dinge wenig acht't,
Sich um geringere Mühe macht.

GOETHE

Immer wieder liest man von Vergleichen, wie hoch die jeweiligen Kosten im Hinblick auf die Arbeitszeit bei Gütern sind, die in den USA und in der Sowjetunion produziert werden. Sie sind stets eine faszinierende Lektüre. Und sie sind üblicherweise tröstlich. Die Sowjetökonomie mag den ersten Sputnik produziert haben. Aber ein russischer Arbeiter benötigt noch immer den Lohn von 15 Jahren, um sich ein Haus zu bauen, während sein amerikanisches Gegenüber dafür nur den Lohn von fünf Jahren braucht. Was das Eigenheim angeht, liegt der amerikanische Lebensstandard somit dreimal höher als der russische. Und an dieser Rechnung ist überhaupt nichts falsch. Doch wie so oft, wenn es um Zahlen geht, ist sie irreführend. Sie liefert ein korrektes Bild, aber kein vollständiges.

Um ein vollständigeres Bild zu erhalten, war ich oftmals versucht, die komparativen Kosten für eine Reihe grundlegender Dinge des Lebensstandards herauszuarbeiten, und zwar für ein leicht vergrößertes Set von mindestens drei Regionen: die Sowjetunion, die Vereinigten Staaten und ein paradiesisches einfaches Dorf wie Loiza Aldea an der Nordküste Puerto Ricos oder irgendein ähnliches Dorf in Bali, Ecuador oder Anguilla. Da ich das bisher nicht gemacht habe, fehlen mir genaue Zahlen. Vielleicht kann ein großzügiges Ford-Stipendium dies ändern. Bis dahin jedoch bin ich guten Mutes, daß meine Ergebnisse in etwa folgendes zeigen würden:

Wenn es in der Sowjetunion 15 Jahre dauert, um eine Wohneinheit zu erwerben, und in den USA fünf Jahre, so liegen die Kosten dafür in Loiza Aldea irgendwo bei zwei Wochen. Wenn der amerikanische Wohnstandard dreimal höher ist als der russische, dann ist der Standard in Loiza Aldea 140 Mal höher als der amerikanische und 420 Mal höher als der russische. Wenn – ganz ähnlich gerechnet – ein Russe zwanzig Minuten Arbeitszeit für eine Nahrungsmitteleinheit (beispielsweise einen Laib Brot) opfern muß und ein Amerikaner fünf Minuten, so braucht jemand aus Loiza Aldea vielleicht 10 Sekunden dafür. Er muß dafür lediglich die Hängematte auf seiner Veranda, in der er bequem und klimatisiert entspannt, leicht in Schwung bringen und sich aus dem Dschungel vor seiner Tür eine leckere Bananeneinheit holen. Wenn also der amerikanische Grundstandard bei Lebensmitteln viermal höher ist als der sowjetische, dann ist der in Loiza Aldea 30 Mal höher als der amerikanische. Und wenn ein Russe zwei Wochen Arbeit opfern muß, um sich ein Hemd leisten zu können,[8] und ein Amerikaner einen halben Tag, so muß der Bewohner von Loiza Aldea dafür überhaupt keine Zeit aufwenden. Denn der Glückliche, der in der sanften Brise schattiger Kokospalmen in der Nähe seines von der Brandung umtosten sonnigen Strandes lebt, trägt kein Hemd. Wenn der amerikanische Hemdenstandard also 28 Mal höher als der russische ist, so ist der in Loiza Aldea unendlich viel höher als in den beiden anderen Regionen und gesünder obendrein.

Nun wird vermutlich jemand sagen, dieser zweite, erweiterte Vergleich von Lebensstandards sei noch irreführender als der erste. Denn eine strohgedeckte Bambushütte läßt sich, so romantisch sie auch sein mag, nicht auf eine Stufe mit einem Steinhaus mit Badezimmer stellen. Ein hemdenloser oder zumindest Bikini-Standard der Nichtbekleidung läßt sich, wie bequem er auch sein mag, nicht mit dem Kleidungsstandard vergleichen, wie ihn Savile Row oder Christian Dior repräsentieren. Und eine Banane, so köstlich sie auch sein mag, ist kein mit Vitaminen angereicherter Laib Brot. Anders ausgedrückt: Mögen die Lebenshaltungskosten in Loiza Aldea auch niedriger sein, so muß doch der Lebensstandard in den USA wie auch in Rußland als unendlich viel höher gelten.

Doch gerade das folgt *nicht* zwangsläufig daraus. Als man einem Italiener, der einen Teller Spaghetti und eine Flasche Wein genoß, erklärte, der britische Lebensstandard liege fünfmal höher als seiner, war er überhaupt nicht beeindruckt. Im Gegenteil! Mit einem Ausdruck ungläubigen Ekels erwiderte er seinem Informanten, dem schon verstorbenen Cecil Sprigg vom *Manchester Guardian*: „Wollen Sie damit sagen, daß man in England zu Mittag *fünf* Teller Spaghetti ißt und *fünf* Flaschen Wein trinkt?" In seinen Augen ging es den Engländern nicht fünfmal besser, sondern sie aßen und tranken in ihrer Gier fünfmal mehr, als sich mit der Essenz zivilisierten Lebens vereinbaren läßt.

Was beide Parteien freilich übersehen haben, war die Tatsache, daß der italienische Standard nicht zwangsläufig niedriger war als der britische, sondern anders und günstiger; und solange die verschiedenen Gemeinschaften unterschiedliche Lebensweisen pflegen und unterschiedliche Vorstellungen von Vollkommenheit und Gemütsruhe haben, sind Vergleiche des Lebensstandards nur sinnvoll, wenn sie nicht *zwischen*, sondern *innerhalb* von Gemeinschaften angestellt werden. Eine vernünftige Bewertung, wo die Lebensniveaus in Loiza Aldea stehen, muß sich deshalb in Kategorien und Zielen ausdrücken, die in Loiza Aldea sinnvoll sind und nicht in Boston, so wie sich ein vegetarischer Essensstandard nur innerhalb seines eigenen Bezugsrahmens würdigen läßt, nämlich im Hinblick auf die bessere oder schlechtere Zubereitung verschiedener Gemüse und nicht im Hinblick darauf, ob man Fleisch hinzufügt.

Erst wenn verschiedene Gemeinschaften den gleichen weltlichen Idolen nachjagen, lassen sich die Errungenschaften jeweils im Vergleich untereinander bestimmen. Es ist deshalb durchaus angemessen, die Lebensniveaus in der Sowjetunion und in den USA miteinander zu vergleichen. Denn die Niveaus sind Sprossen der gleichen Leiter, was sich auch am erklärten Anspruch der kommunistischen Welt zeigt, die USA zunächst einzuholen, dann mit ihnen zu konkurrieren und sie schließlich zu überholen. Es ist somit keineswegs paradox, daß der amerikanische Traum vom guten Leben in beiden Fällen das Ziel sein soll, mit dem einzigen Unterschied, daß die kommunistischen Materialisten glauben, sie könnten es schneller erreichen als die geldorientierten kapitalistischen Materialisten.

Andere Gemeinschaften jedoch hegen nicht zwangsläufig den gleichen Traum. Das gilt für Loiza Aldea (oder besser: *galt*; denn dem Geist universeller Bruderschaft ist es zumindest gelungen, auch dort den Geist lokaler Identität zu unterjochen und das, was als Waldkomposition aus Bambus und Holz perfektioniert werden sollte, in einen Ableger fremder Betonkabuffs zu verwandeln, aus denen Slums entstehen).[9]

Auch von einer Reihe unterentwickelter Regionen in anderen Ländern wird er noch nicht geträumt, wenn man nach ihren verzweifelten Bemühungen geht, sich gegen die Zerstörung ihrer Identität im Zuge einer unterschiedslos „nach außen blickenden“ Industrialisierung zu schützen. Und solange er noch nicht geträumt wird, hat es wenig Sinn, diese Länder dazu zu überreden, sich innerhalb des kostspieligen Kontexts des russisch-amerikanischen Traums zu entwickeln; das wäre so, als würde man gelockten schwarzen Schönheiten nahelegen, ihr Haar so glatt wie Weiße zu tragen; als würde man Weißen vorschlagen, ihre Haut zu bräunen, bis sie so dunkel sind wie Schwarze, oder Generälen, ihre Medaillen und anderen militärischen Auszeichnungen nach Frauenart zu tragen, nämlich in der phantasievollen, von Oscar de la Renta gestalteten Form von Armreifen und Halsketten statt in der pedantischen Ausrichtung militärischer Geometrie.

GUTER GESCHMACK MUSS NICHT VIEL KOSTEN. DAS ELEGANTE PUERTORICANISCHE HAUS DES ARCHITEKTEN HENRY KLUMB IST AUS DEM GLEICHEN MATERIAL GEBAUT WIE DIE EINFACHSTE SLUMHÜTTE.

KAPITEL 4

Bikini-Lebensstandard

Luxus geht hier eher in Richtung Vergnügen denn Konsum.

ARTHUR YOUNG ÜBER VENEDIG

Worin läge der Vorteil für unterentwickelte Länder, wenn sie ihre Entwicklung innerhalb eines eigenen Bezugsrahmens verwirklichten und nicht auf dem gegenwärtig verfolgten Weg internationaler Standardisierung? Zunächst einmal würde Entwicklung, wie bereits gesagt, so günstig, daß sie sich lokal finanzieren ließe. Es bedürfte lediglich der adäquaten Organisation und Anwendung der verfügbaren, zu wenig genutzten Arbeitskraft, so wie die englische Bourgeoisie zur Finanzierung eines prächtigen Steingartens lediglich ihre erstarrte Arbeitskraft verflüssigen und sich vom Sofa erheben muß. Und zum zweiten bedeutet „nativistische" Entwicklung, wie das Beispiel der Stadtstaaten der Renaissance lange vor Erfindung von Traktoren, Autos oder Eisenbahn zeigt, keineswegs Rückständigkeit oder Primitivität. Im Gegenteil. Sie kann den ausgeklügeltsten Höhepunkt erreichen, wenn man bedenkt, daß das Material, das für die Hütten eines Tropendorfes benötigt wird, sich auch in Form von Häusern zusammenbauen läßt.

Doch damit diese Idee auch bei unseren modernen Staatengründern ankommt, müssen sie zunächst erkennen, daß es nicht nur *zwischen*, sondern auch *innerhalb* von Lebensstandards Unterschiede gibt. Dann werden sie verstehen, daß sich das Niveau jedes bestehenden Standards am leichtesten nicht dadurch anheben läßt, daß man auf eine importierte Vielfalt umschaltet, die von Werten abhängt, welche außerhalb der einheimischen Tradition geprägt wurden, sondern indem man die Sprossen des lokalen Standards erklimmt, wie sie sich auf natürliche Art eine nach der anderen innerhalb eines bislang vernachlässigten, aber seit langem vertrauten Musters anordnen. Mit anderen Worten: Die einfachste Entwicklungsmethode für Trinidad besteht darin, nach Art Trinidads und nicht Amerikas nach oben zu kommen; für Kuba, auf kubanischen und nicht auf russischen Beinen voranzukommen; für Martinique, ein besseres Martinique und nicht ein größeres Frankreich zu werden; für Antigua, ein sonnigeres Antigua und kein direkter Abkömmling des guten alten grauen, in dichten Nebel gehüllten England zu sein. Wenn dies von vielen heutigen Staatsmännern aus Entwicklungsländern und Verfechtern eines gemeinsamen Marktes als romantischer Unsinn oder als clevere List zur Verlängerung imperialistischer Ausbeutung verstanden wird, läßt sich das nur damit erklären, daß sie so wenig Vertrauen in den Geschmack ihrer eigenen Völker haben, als seien diese fest davon überzeugt, daß der *way of life* auf Kuba, Trinidad oder Antigua selbst in Vollendung nichts ist im Vergleich zu den Wundern, welche die verachtete amerikanische Vorstadt bieten kann.

Konkreter gesagt: Was genau würde eine Entwicklung ohne Unterstützung und Anbindung, die sich innerhalb des lokalen Rahmens der regionalspezifischen Ressourcen und Gewohnheiten vollzieht, im Hinblick auf die vier Grundkomponenten eines guten Lebens bedeuten – Ernährung, Kleidung, Wohnen und soziales Zusammenleben?

1. Das *Ernährungsniveau* würde sich durch die Konzentration auf Quantität, Qualität und kulinarische Zubereitung verbessern, nicht durch eine Veränderung bei der Grundzusammensetzung. Ein einheimischer Standard aus Reis-Bohnen-Fisch würde zu einem besseren Standard aus Reis-Bohnen-Fisch und nicht zu einem fremden und teureren aus Fleisch-Karotten-Erbsen. Wie Arthur Young, Reisender des 18. Jahrhunderts, erkannte, als er das scheinbar ärmere Leben in Venedig mit dem seiner englischen Heimat verglich, in der bereits die ersten Früchte der Industrialisierung heranreiften, würde der Luxus „eher in Richtung Vergnügen denn Konsum“ gehen. „Das hat viel mit der Nüchternheit der Menschen zu tun, mehr noch mit der Art ihrer Speisen; Pasta, Maccaroni und Gemüse sind viel leichter zu haben als Rindfleisch oder Hammel. Wie in Frankreich sind sie mit ihrer Kochkunst in der Lage, den Tisch für halb so viel Geld zu decken wie in England“[10] – und das vielleicht auch noch doppelt so lecker.

2. *Kleidungsstandards* würden sich verbessern, indem man das Design der lokalen Umwelt anpaßt und nicht dem Ton, wie er von Prinz Philip oder Christian Dior vorgegeben wird. Wenn Römer elegant sein können, ohne dafür eine Krawatte kaufen zu müssen, und noch dazu bequemer gekleidet sind, warum sollten Afrikaner oder Menschen von den West Indies nicht ähnliches tun? Und wenn Frauen in Bikinis an Karibikstränden hübsch aussehen, warum sollte sich ein modifizierter, materialsparender Bikini-Standard nicht auch aufs Binnenland ausdehnen lassen?[11] Ebensowenig gibt es einen Grund dafür, warum Männer in den Tropen nicht anstelle von Röhrenhosen kurze Hosen, ein Lendentuch oder eine luftige Toga tragen sollten; oder kostengünstige Sandalen anstelle von Schuhen, die für Leute an der Wall Street kreiert sind. Sie müssen nur das Vorurteil überwinden, wonach Lendentücher und Sandalen weibisch seien. Gandhi befreite Indien im Lendenschurz und nicht im Smoking. Und die Welt wurde sogar zweimal in Sandalen erobert: von römischen Soldaten und von den zwölf Aposteln.

3. *Wohnungsstandards*. Was für die Kleidung gilt, gilt auch für das Dach über dem Kopf. Denn Häuser können teuer mit Hilfe importierter Methoden und Ausstattung errichtet werden, genausogut aber billig, indem man die Menschen schlicht und einfach dazu animiert, das Material um sie herum in Form stabiler Häuser und nicht als Baracken zusammenzubauen. Eines der wundervollsten, bemerkenswertesten, bequemsten, heitersten, luftigsten, elegantesten und tropischsten Landhäuser in den Tropen ist das puertoricanische Heim des Architekten Henry Klumb. Wie sein Besitzer mit berechtigtem Stolz gerne betont, enthält es freilich nicht das kleinste Stückchen Stoff, aus dem nicht auch die Hütten der ärmsten Slumbewohner gefertigt sind. Alles, was man brauchte, war Geschmack. Und Geschmack kostet bekanntlich nichts.

4. *Zusammenleben*. Und was schließlich ein gedeihliches gemeinschaftliches Zusammenleben angeht: Der unökonomische Versuch, es zu verbessern, besteht darin, sich, wie es gerade Mode ist, von einer gemächlichen Fußgänger- zu einer schnellen motorisierten Existenz zurückzuentwickeln mit all den Greueln, die das in Sachen Suburbanisierung, urbaner Ausbreitung, Verkehrschaos, Handelsstrangulierung, Umweltverschmutzung, Unfällen, Identitätsverlust,

Zerstörung des Geistes von Dorf- und Stadtleben mit sich bringt; vor allem treibt das die Kosten in solch astronomische Höhen, daß allein für die Untersuchung der Verkehrsprobleme in einem kleineren Ballungsraum wie Acra oder San Juan eine schlappe Million Dollar verplant wurde. Würde man hingegen das soziale Zusammenleben im Kontext der lokalen Umwelt verbessern, würde sich das wiederum als so günstig erweisen, daß sich das jede Gemeinschaft allein leisten könnte. Man muß dazu lediglich die Planungsenergien nicht auf die Verschwendung der Expansion, sondern auf die Wirtschaftlichkeit der urbanen Kontraktion konzentrieren. Das würde die Kosten für alles, von der Abwasserversorgung und der Straßenreinigung bis zur Massenmobilität und dem Verkehrswesen, automatisch in genau dem Maße senken, wie die Expansion sie in die Höhe treibt.

Statt Ressourcen für den Bau von Schnellstraßen zu verschwenden, ließe sich dann viel einfacher eine Verbesserung erreichen, indem man Wert legt auf die Wahrung der Fußgängerproportionen. Statt einer nervenaufreibenden, von Pendlern geplagten Ausweitung des Stadtgebiets würde man Siedlungen mit größerer Dichte, aber weniger Spannungen bauen. Man würde anders gesagt die wichtigste Annehmlichkeit wiederherstellen, aufgrund derer sich die Menschen zu allererst für das Leben in Städten entschieden haben: das Fehlen langer Wege, das aus dem kompakten, eng verflochtenen Arrangement aller kommerziellen, beruflichen, bildungsspezifischen und geselligen Aktivitäten inmitten des gleichen Wohnviertels resultiert.

Das Symbol für Standards, die auf einheimische Art perfektioniert wurden, ist deshalb nicht, wie man oft glaubt, der Voodoo-Politiker mit Fliegenwedel, Zylinder, Bastrock, Holzgeist und Slumhütte. Es sind vielmehr die Kultiviertheit von Florenz, die Musik Salzburgs, die Architektur Venedigs, der sakrale Charakter Toledos, die Anmut San Juans (das heißt der Altstadt), das Haus von Henry Klumb, der Eßtisch in der Normandie, der Pub im Cotswold-Dorf Slad.

Zudem ist die Art von Vollendung, für die dies alles steht, nicht nur die bei weitem billigste; es ist auch die vor Ort bei weitem akzeptabelste Alternative. Mag sein, daß es die ungestüme neue Klasse einheimischer Politiker, die in Peking, Moskau, Oxford oder

Yale ausgebildet wurden, nicht mehr aushält ohne einen Scotch um fünf, Ausgehuniform um sieben, Cocktails im Yachtclub am Wochenende, ohne den Rolls Royce fürs Wichtigwirken, ohne Privatjets, um mit Volkskommissaren, Königen und Christine Keeler auf den Putz hauen zu können, und ohne Bronzemonumente zum eigenen Ruhm.[12] Doch was zählt, ist das Volk. Und während alle ungeduldig darauf warten, nach ihrem eigenen Geschmack besser zu leben, müssen sie erst noch irgendeine besondere Begierde zeigen, ihren verrückten Führern in die rasante Russoangelsachsifizierung ihres Lebensstils zu folgen. Porto Fino ist ihnen immer noch lieber als Puerto Nuevo und Rio de Janeiro lieber als Brasilia.

KAPITEL 5

Eigenständigkeit vs. Spezialisierung in der Wirtschaftstheorie

Rendez-nous à nous mêmes.
ANTOINE DE MONTCHRETIEN GEGENÜBER DEM KÖNIG VON FRANKREICH

Wenn es mir gelungen ist zu zeigen, daß eine auf die eigenen Kräfte vertrauende, nicht unterstützte Entwicklung, die auf ein hohes Maß an Eigenständigkeit abzielt, nicht zwangsläufig zu reaktionärem Primitivismus führt, warum widersetzt sich dann die Wirtschaftstheorie dieser Einsicht seit fast 200 Jahren? Schon Adam Smith nannte als eine der fünf Voraussetzungen für eine maximale Zunahme des Wohlstands der Nationen nicht einen begrenzten nationalen, sondern einen uneingeschränkten freien Weltmarkt. Denn je größer die Spezialisierung der Arbeit sei, desto größer werde die Arbeitsproduktivität; und je größer der Markt, desto besser die Möglichkeiten für die Arbeit, sich zu spezialisieren. Daher also Smiths Idee, die gesamte Welt zu einem gemeinsamen Markt zu machen.

Theoretisch untermauert wird diese Behauptung vor allem durch das klassische *Gesetz des komparativen Vorteils*; es zeigt auf verführerische Weise, wie eine Nation ihre Reichtümer mehren kann, indem sie eine umfassende Eigenständigkeit aufgibt zu Gunsten einer Spezialisierung in den Bereichen, in denen ihre Arbeit produktiver ist als in anderen. Denn indem sie ihre Überschußproduktion aus diesen spezialisierten Bereichen exportiert, kann sie im Gegenzug größere Mengen an Gütern, deren einheimische Produktion man geopfert hat, eintauschen, als man bekommen hätte, wenn man diese anderen Güter selbst produziert hätte. Eine populäre Illustration dieses Prinzips für den Unterricht zeigt einen Anwalt, der gleichzeitig die beste Schreibkraft in seiner Stadt ist. Niemand kann schneller tippen als er. Er wird jedoch ein viel höheres Einkommen erzielen, wenn er nicht eigenständig sowohl seine Anwalts- als auch seine

Schreibtätigkeit selbst verrichtet, sondern statt dessen die Schreibdienste von außen einkauft und sich selbst ganz auf seine juristischen Aktivitäten konzentriert, bei denen er vergleichsweise viel produktiver und damit einträglicher beschäftigt ist als mit der Schreibarbeit.

Ein weiteres schwerwiegendes Argument gegen die Vorstellung, wirtschaftliche Entwicklung mittels Eigenständigkeit zu befördern, liefert der historische Erfolg des berühmten Vorläufers des heutigen Gemeinsamen Marktes, nämlich des Deutschen Zollvereins im 19. Jahrhundert. Ganz gleich, welche Erfahrung die gegenwärtige Europäische Wirtschaftsgemeinschaft letztendlich mit sich bringen wird: zumindest was den Zollverein angeht, stimmen Theoretiker einhellig darin überein, daß Deutschland ohne die vorangegangene wirtschaftliche Einigung niemals zu der Industriemacht hätte werden können, die es heute ist.

Das stimmt in der Tat. Aber sollte man einem Fünfjährigen nur deshalb ein Glas Rum geben, weil es, wie er sagt, seinem Vater offenbar gut getan hat? Adam Smith wie auch die frühen Befürworter des Zollvereins hatten durchaus recht, wenn sie darüber theoretisierten, ein freier Weltmarkt für England im einen und ein freier innerdeutscher Markt im anderen Falle würden den jeweiligen Volkswirtschaften ungeheuren Auftrieb geben. Doch wenn die heutige Entwicklungstheorie diese frühen Beispiele heranzieht, dann vergißt sie zu erwähnen oder übersieht, daß sowohl England als auch die deutschen Länder zu diesem Zeitpunkt bereits ein hohes Maß an vorindustrieller Reife erreicht hatten. Ihre Städte erlebten eine Blüte, ihre Muster waren festgelegt, ihre Identität gefestigt, die Universitäten florierten und die Wirtschaft gedieh prächtig.[13]

Man drängte sie somit nicht deshalb in Richtung stärkerer Integration und Einigung, weil es sich um unterentwickelte, rückständige Gegenden im heutigen Sinne gehandelt hätte, sondern weil sie gerade den Übergang von der handwerklichen zur maschinellen Produktionsweise erlebten, die mit ihrer sprunghaft gesteigerten Produktivität in der Tat auf größere als nur lokale Märkte angewiesen war. Bemerkenswert aber ist: Da die deutschen Staaten ein halbes Jahrhundert nach England ihre präindustrielle Reife erreichten, etablierten sie ihren Zollverein 1834 ganz ähnlich mit einem halben Jahrhundert Verspätung und strebten somit nicht schon nach größeren Märkten, als England sich bereit fühlte, den Wettbewerbskräften des Freihandels standzuhalten, sondern erst, als sie sich selbst reif genug fühlten. Und sogar noch nach 1834, als sie von der Manufakturreife in die maschinelle Adoleszenz eintraten, beschränkte sich die Freiheit ihres gemeinsamen Marktes lediglich auf den Zollverein (das künftige nationale Territorium Deutschlands), ehe es ihnen das Erreichen der vollen industriellen Reife schließlich erlaubte, 1867 der Erwachsenenwelt der Freihändler beizutreten. Vor diesem Augenblick nahmen sie nicht nur Abstand davon, dem verführerischen Beispiel Englands zu folgen und ihr Heil in freihändlerischen Weltmärkten zu suchen, sondern begaben sich sogar ähnlich wie die gleichermaßen hinterherhinkenden USA in protektionistische Isolation, wie es sich für die merkantilistische Adoleszenzphase des *nation building* gehört.

Gegen eine Wirtschaftstheorie, die – ausgehend vom *Gesetz des komparativen Kostenvorteils* – Spezialisierung, Industrialisierung, Freihandel und gemeinsame Märkte propagiert, ist somit nichts einzuwenden. Sie gilt jedoch nicht für alle Entwicklungsphasen. Sie setzt präindustriell voll ausgereifte und sozial voll entwickelte Länder voraus. Wendet man sie auf unterentwickelte Gegenden an, hat das die gleiche Wirkung wie das Glas Rum beim Fünfjährigen. Es belebt nicht. Es vergiftet. Aus diesem Grund waren die Wirtschaftstheoretiker in England oder den deutschen Staaten, solange diese Länder noch unterentwickelt waren, keine Freihändler, sondern Protektionisten, die die gleiche Politik vertraten, wie ich sie in den vorangegangenen Kapiteln skizziert habe: ein Höchstmaß an muskelstärkender, die Grundlagen festigender Eigenständigkeit und eine Steigerung des Wohlstands ihrer Nationen und des Lebensstandards ihrer Bürger durch die Mobilisierung der eigenen Ressourcen ohne Hilfe und Angliederung.

Die theoretische Richtung, die sich mit dieser vorbereitenden, nationalen Aufbauphase ökonomischer Entwicklung im 18. und 19. Jahrhundert verbindet, wurde unter Bezeichnungen wie Kameralismus, Merkantilismus, Wirtschaftsnationalismus oder Neomerkantilismus (wenn sie, wie in den USA, zur gleichen Zeit verfochten wurde wie die Freihandelslehren, die von der klassischen

Schule eines bereits gereiften England vertreten wurden) bekannt. Und genau *dieser* theoretische Ansatz muß auf die unterentwickelten Länder angewandt werden, die heute ihre merkantilistische Phase wirtschaftlichen Wachstums durchlaufen, und nicht die „fortgeschrittene" Ökonomie, die heute in Oxford, Harvard oder Moskau gelehrt wird und dem eigenen fortgeschrittenen Umfeld dieser Länder entspricht. Denjenigen, deren Fundament noch nicht gelegt ist, sollte man beibringen, wie man auf Pfeilern baut und nicht mit Beton, der sie nur einsinken läßt.

Aus diesem Grund profitierten Länder, die in der Vergangenheit Prinzipien wie das berühmte *Gesetz des komparativen Vorteils* anwandten – Prinzipien, die schon deshalb von wirtschaftlichem Fortschritt ausgingen, weil sie sich für ökonomisch fortgeschritten hielten –, nicht von der höheren Effizienz durch Spezialisierung, sondern wurde Opfer gerade der Situation, die ihre Rückständigkeit perpetuierte – dem gefürchteten Aufkommen überspezialisierter, einseitiger Monoökonomien. Frühe amerikanische Staatsmänner konnten es einzig und allein dadurch vermeiden, in die gleiche Falle zu tappen, indem sie darauf beharrten, die fortgeschrittene Wirtschaftsphilosophie des vielbewunderten Smithschen England sei völlig falsch und angemessenes Wachstum hänge, zumindest was sie selbst angehe, vom genauen Gegenteil dessen ab, was das *Gesetz des komparativen Kostenvorteils* propagiere: Schutz der Wirtschaft, Diversifikation und Eigenständigkeit, selbst wenn dies den Aufbau vorübergehend weniger effizienter Industrien bedeute.[14]

Mit anderen Worten: Mag Amerikas kameralistischer Neomerkantilismus dem klassisch aufgeklärten England auch theoretisch rückständig erschienen sein, so war er doch für die rückständigen USA die einzige Philosophie, die letztlich zum dramatischen Aufstieg des Landes führte. Ungeachtet der einleuchtenden Geschichte vom Anwalt und seiner Sekretariatsarbeit ist Spezialisierung gemäß dem *Gesetz des komparativen Vorteils* zudem selbst in reifen Ökonomien nur bis zu einem bestimmten Punkt wirkungsvoll. Es ist das gleiche wie bei Individuen. Ich bin vielleicht ein besserer Lehrer als Koch und sollte mich deshalb eher aufs Lehren statt aufs Kochen verlegen. Doch wie wir alle wissen, bin ich möglicherweise ein noch besserer Lehrer und mit Sicherheit ein glücklicherer Mensch, wenn ich nebenbei auch noch ein wenig koche, bastle, das Auto repariere, schreinere und installiere statt als spezialisiertes und verdummtes eingleisiges Genie hilflos in einem Sumpf der Ignoranz zu stecken. Deshalb versucht die vernünftigste Erziehung, abgerundete, eigenständige, universelle Menschen aus uns zu machen und nicht spezialisierte Experten, die bei jedem Schritt auf die Unterstützung durch die gesamte menschliche Bruderschaft angewiesen sind. Gibt es einen Grund, warum wir das, was wir bei der Erziehung von Menschen begrüßen, nicht auch bei der Entwicklung von Nationen für gut befinden sollten?

KAPITEL 6

Der CUV-Ansatz

In der Kleinheit liegt Weisheit, wenn auch nur wegen der Kleinheit und Zerstreutheit menschlichen Wissens, das sich weit mehr auf Erfahrung denn auf Erkenntnis stützt.

E. F. SCHUMACHER

Im Vorangegangenen habe ich zu zeigen versucht, welchen Vorteil es mit sich bringt, wenn man als logischen ersten Schritt auf dem Weg in Richtung wirtschaftlicher Entwicklung auf eine geschützte kameralistische Eigenständigkeit vertraut. Das sollte man jedoch nicht so interpretieren, als sei damit die *anschließende* Erweiterung der Märkte oder die Fusion benachbarter Ökonomien, wenn deren gesellige Führer das letztlich wünschen, ausgeschlossen. Es bedeutet lediglich, daß die Einzelteile, die verschmolzen werden sollen, zuerst allein ihre individuelle Reife und Identität erlangt haben müssen. Danach mag das Argument gegen deren Vereinigung so irrelevant werden wie das Argument gegen die Ehe, sobald die Kinder, die sie schließen wollen, erwachsen sind. Doch wie in der Ehe besteht die zuträglichste Voraussetzung für den Erfolg einer nicht-autoritären pluralistischen Gesellschaft selbst nach einer Fusion darin, daß jeder der Partner ein hohes Maß an eigenständiger Unabhängigkeit behält, damit nicht die Schwierigkeiten oder das Ausscheiden von einem die Chancen aller zunichte machen.

Ebensowenig schließt meine Betonung der Eigenständigkeit eine Industrialisierung aus. Sie impliziert lediglich eine andere *Art* von Industrialisierung sowie eine andere Zusammensetzung des daraus resultierenden Nationalprodukts. Es wird stets sinnvoll sein, in *reduziertem* Maße ein paar devisenbringende Industrien zu behalten, die nicht nur mit komparativem, sondern mit absolutem Vorteil arbeiten. Das betrifft zum Beispiel die Produktion von Zucker, Kaffee, Rum oder Bananen in tropischen Ländern. Doch abgesehen davon läßt sich eine Entwicklungsökonomie am besten dadurch aufbauen, daß man auf Diversifizierung sowie auf die vertiefende Intensivierung einer geographisch beschränkten heimischen Ökonomie achtet, statt sich den unwägbaren ozeanischen Größenordnungen der verkehrsdominierten internationalen Spezialisierung anzupassen. Damit wird es möglich, das verfügbare Kapital in einem frühen Stadium in Verbrauchsgüterindustrien zu investieren, wo es zu einer sinnvollen Bereicherung beitragen kann, statt es erstarren zu lassen im Permafrost von Transport,[15] Vertrieb, Integration und anderen Hilfsgütern wie LKWs, Flugzeugen oder Schiffen, die man zwar braucht, um einen großen Markt zu bedienen, die jedoch kein Fitzelchen zum guten Leben der Bürger beitragen.

Zugegeben, eine solche Schwerpunktverschiebung weg von Integrations- und Distributionsgütern hin zur frühzeitigen Entwicklung von Konsumgüterindustrien, wie sie nur in kleinen Gesellschaften möglich ist, die noch nicht unter der Tyrannei von Entfernungen und Größe zu leiden haben, führt zu einer entsprechenden Verringerung beim insgesamt erreichbaren Nationalprodukt – einer Gesamtgröße, die nicht zwischen einer Flasche Getriebeöl und einer Flasche Wein unterscheidet. Sie hat jedoch keine Auswirkungen auf die Chance, auf genau dieser Grundlage die viel wichtigere Gesamtmenge persönlichen Konsums zu erhöhen. Im Gegenteil. Die Entbehrlichkeit von Getriebeöl wird dafür sorgen, daß eine erwachsene Gesellschaft über mehr und nicht über weniger Wein verfügt. Und wenn wir uns die LKWs sparen, die den Kaviar aus Rußland herankarren, wird unser Essen nicht ärmer, sondern reichhaltiger und liegt näher. Der Grund dafür ist der gleiche wie der, der erklärt, warum ein geringerer Bedarf an Platz für Aufzüge den Lebensraum je Familie in kleineren Gebäuden statt in Wolkenkratzern nicht verknappt, sondern vergrößert; oder warum der Verzicht auf das tägliche Pendeln mit dem Auto dem „Opfer" nicht weniger, sondern mehr Freizeit verschafft, vorausgesetzt natürlich, es verkleinert gleichzeitig sein Wirkungsfeld und verlagert seine Werkstatt wieder in die Nähe seines Wohnorts.

WIE VIELE KILOMETER STECKEN IN EINEM LAIB BROT?

Das Werbephoto einer LKW-Firma beantwortet nicht die Frage, die es stellt. Es behauptet lediglich: „Man braucht viele Elemente, um die Zutaten zu produzieren, die in einen Laib Brot einfließen – und der gemeinsame Nenner ist der Transport." Gleichwohl zeigt es auf dramatische Weise, wie sehr Henry Charles Careys Diktum zutrifft, wonach „die erste und schwerste Steuer, die das Land und die Arbeit zu zahlen haben, die Transportkosten sind", und daß man den Fortschritt nicht durch eine weitgespannte, kilometerfressende internationale Integration mittels Zugmaschinen und Anhängern befördert, sondern durch beschränkte Ökonomien, in denen „Webstuhl und Amboß ihren natürlichen Platz an der Seite von Pflug und Egge einnehmen". Mehr zu den Ideen Careys in den Anm. 14 und 15 sowie auf S. 205 u. 208 f.

WIE VIEL REICHTUM STECKT IN EINEM BROT OHNE KILOMETER?

Eigenständigkeit anstelle einer Transportökonomie senkt den Brotpreis vielleicht nicht. Doch die Einsparungen beim Verbrauch sinnloser Kilometerkosten stützen eine reichere Art von Fortschritt. Statt Anhängern, Anhängern, Zugmaschinen, Lieferwagen und nochmals Anhängern ermöglicht sie geräumigere Häuser, städtische Verschönerungsmaßnahmen, stattliche Wirtshäuser, einnehmende Stadtlandschaften und andere unverzichtbare Accessoires eines zivilisierten Lebensstandards. Um eine Vorstellung von der retardierenden Wirkung exzessiver Transportabhängigkeit zu bekommen, müssen wir uns nur eine Kongreßstudie ansehen, die am 15. April 1965 veröffentlicht wurde. Sie zeigt, daß die Preise, die der Farmer erhält, in den letzten 17 Jahren um 15 % gesunken sind, während die Einzelhandelspreise, die der Konsument zahlen muß, im gleichen Zeitraum um 31 % nach oben geschnellt sind. Die naheliegende Erklärung lautet: Die beachtlichen Einsparungen, die bei der Produktion erreicht wurden, wurden um mehr als das Doppelte konterkariert durch den Anstieg der Transportkosten, die durch eine Integration im großen Maßstab anfallen.

ANMERKUNGEN ZU DEN FOLGENDEN SEITEN

WIE VIELE KILOMETER STECKEN IN EINEM LAIB BROT?

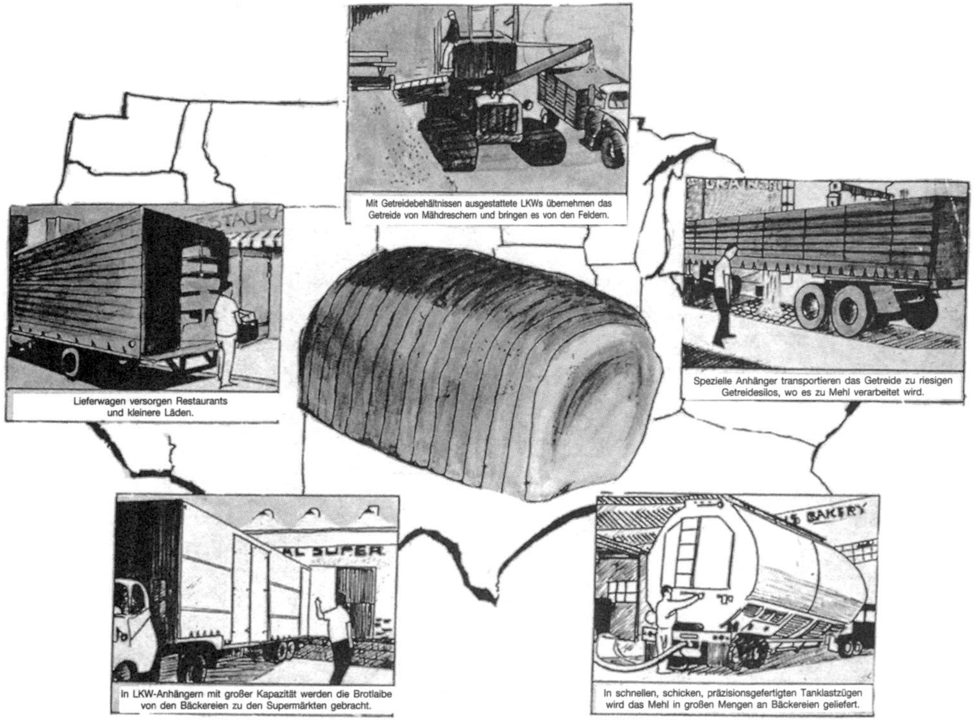

Mit Getreidebehältnissen ausgestattete LKWs übernehmen das Getreide von Mähdreschern und bringen es von den Feldern.

Spezielle Anhänger transportieren das Getreide zu riesigen Getreidesilos, wo es zu Mehl verarbeitet wird.

In schnellen, schicken, präzisionsgefertigten Tanklastzügen wird das Mehl in großen Mengen an Bäckereien geliefert.

In LKW-Anhängern mit großer Kapazität werden die Brotlaibe von den Bäckereien zu den Supermärkten gebracht.

Lieferwagen versorgen Restaurants und kleinere Läden.

WIE VIEL REICHTUM STECKT IN EINEM BROT OHNE KILOMETER?

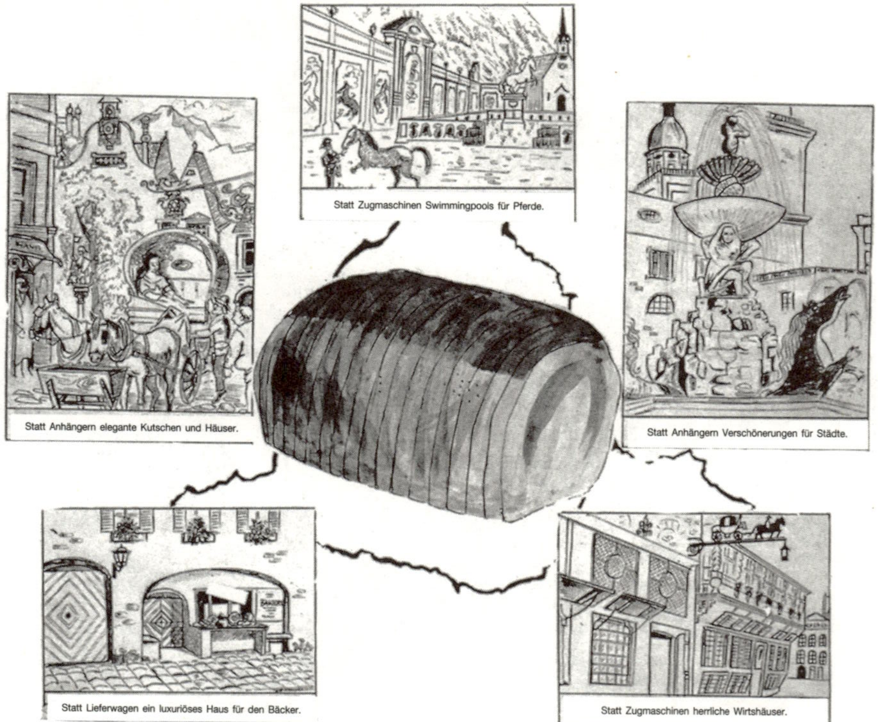

„WIE WÄR'S, WENN WIR UNS INS GETÜMMEL STÜRZEN UND IHNEN SAGEN, DASS DER TAG, AN DEM ES REICHT, GEKOMMEN IST?“

Mit anderen Worten: Eine weitgehend eigenständige einheimische Ökonomie, die eine Region von begrenzter Größe intensiv versorgt, bringt eine ganze Reihe von Vorteilen mit sich. Zu allererst bietet sie nicht einen verringerten, sondern einen größeren Output an nützlichen Verbrauchergütern auf Kosten nicht von mehr, sondern von weniger Produktionsgütern, als man sie bei der transportgierigen Ausdehnung eines gemeinsamen Marktes braucht. Daher die paradoxe Möglichkeit für nicht eingebundene kleine Gesellschaften, ihr Netto durch eine Verringerung ihres Brutto zu vergrößern; den Pro-Kopf-Konsum zu steigern, indem man die Gesamtmenge der Produktion in Wirklichkeit senkt und nicht erhöht.[16]

Da ein kleiner Markt die Entwicklung großer Unternehmen hemmt, impliziert inländische Eigenständigkeit ein Industrialisierungsmuster, das auf kleinen konkurrierenden und nicht auf großen monopolistischen Geschäftseinheiten beruht. Doch auch dies bedeutet lediglich einen anderen, keineswegs defizitären Typ von Industrialisierung. 80% aller Schweizer Firmen beschäftigen weniger als 50 Arbeiter. Doch die Schweiz hinkt keineswegs hinterher, sondern weist mit 53,6% den weltweit höchsten Industrialisierungsgrad auf, gefolgt von Belgien mit 51%, Deutschland mit 49%, Großbritannien mit 47,5%, Schweden mit 40,5%; dahinter erst liegen die USA mit 40%, Italien mit 36,3% und Frankreich mit 35%. Das belegt schlüssig, daß Größe, ob nun eines Marktes oder eines Unternehmens, für sich genommen wenig mit der Intensität oder dem Grad der Industrialisierung zu tun hat.[17]

Und drittens verschafft das natürliche Kleinfirmenmuster der Owenschen Art lokaler Eigenständigkeit der Wirtschaft die gleiche gegenzyklische Elastizität, wie ein unabhängiger Allradantrieb zur Stabilität eines Wagens beiträgt. Oder um ein anderes Bild zu verwenden: Es hat die gleiche mäßigende Wirkung auf den Ausschlag zyklischer Fluktuationen, wie sie ein System von Deichen oder kleinen Häfen auf die anbrandenden Wassermassen des offenen Meeres hat. Durch Aufteilung statt Vereinigung behindert man Kontakte zur Umwelt in keinster Weise. Doch wie die deichähnliche kleinbäuerliche Struktur Frankreichs in der Vergangenheit so oft gezeigt hat, verhindert dies, daß Turbulenzen wie etwa Rezessionen ihre eigene Schwungkraft an die gefürchtete Kettenreaktion von Flutwellen koppeln, die nur auf den integrierten Ozeanen vereinter Großökonomien zerstörerische Formen annehmen.

Aus all diesen Gründen steht selbst die „progressive" Wirtschaftstheorie – die wie jede moderne Gesellschaftstheorie das Wesen des Heute nicht in sich aufnehmen kann, weil sie viel zu sehr damit beschäftigt ist, die Situation des Gestern zu kodifizieren – trotz der modischen Mythologie des gemeinsamen Marktes und der Logik der Gesetze des komparativen und absoluten Vorteils lokaler Eigenständigkeit (als einem Entwicklungsziel, das interregionaler Integration vorausgeht) nicht mehr so ablehnend gegenüber, wie die langsamen Bewegungen ihres gesetzten akademischen Vorankommens vielleicht vermuten lassen.

Den bedeutenden „radikalen" englischen Ökonomen und Berater der Labour Party, Thomas Balogh aus Oxford, habe ich bereits erwähnt als Gewährsmann, der vor den Fallstricken einer Wirtschaftsunion warnt. Ähnlich könnte man auf eher konservativer Seite den gleichermaßen bedeutenden Harvard-Ökonomen Gottfried von Haberler zitieren (dem die Ehre zuteil wurde, eine der seltenen Baronswürden des Fürstentums Liechtenstein zu besitzen), der sich schon zu einer Zeit gegen den Gemeinsamen Markt aussprach, als ich selbst noch in die entgegengesetzte Richtung blickte; oder den ausgezeichneten Inhaber des Chair of Marshall and Pigou, James Meade aus Cambridge, der alles andere als begeistert ist über die Aussicht, Großbritannien könnte im Blutkreislauf der Europäischen Wirtschaftsgemeinschaft aufgehen.

In diesem Kontext müssen überdies die starken Argumente zu Gunsten einer Entwicklung im kleinen statt im großen Maßstab erwähnt werden, wie sie sich in Gunnar Myrdals *Prinzip der zirkulären und kumulativen Verursachung* finden,[18] in Raul Prebischs *Gesetz der zunehmenden peripheren Vernachlässigung* oder in den scharfsinnigen Schriften des UN-Ökonomen Hans Singer, der anstelle der ineffizienten konventionellen Methode des massiven „Frontalangriffs" eine kleinräumige „Guerilla-Taktik" der Entwicklung befürwortet.[19] Der Ehrenplatz freilich gebührt Dr. E.F. Schumacher, dem herausragenden ehemaligen Statistikdirektor beim National Coal Board Großbritanniens, der in seinen früheren Jahren Maynard

Keynes mit höchst wirkungsvoller Munition versorgte.[20] Doch lange schon hat er sich als der eloquenteste wie auch der bewußteste Vertreter dessen etabliert, was er als Theorie der angepassten Technologie bezeichnet: Sie betont sowohl die größere Entwicklungseffizienz einfacherer gegenüber den fortgeschrittensten Produktionsmethoden als auch die allgemeinen organisatorischen Vorteile, die kleinräumige Ökonomien gegenüber integrierten großen besitzen.[21]

Die zunehmende Bedeutung der Idee kleiner Einheiten als Heilmittel gegen den Krebs übermäßigen gesellschaftlichen Wachstums läßt sich zudem daran ablesen, daß in allen Ecken der Welt nicht nur einzelne Theoretiker hervortreten, sondern ganze Bewegungen versuchen, ihre Gefühle gegenüber neuartigen kommunitarischen Vorschlägen zum Ausdruck zu bringen. Viele davon sind nicht viel anders als die in Robert Owens berühmtem *Report to the County of Lanark* von 1821; darin schlug er vor, das wirtschaftliche Elend im Gefolge der paneuropäischen Eroberungen Napoleons am besten dadurch zu lindern, daß man die Welt mit einem Netzwerk aus *Parallelogrammen* und eigenständigen *Dörfern der Zusammenarbeit* nach dem Modell seines eigenen, wunderbar erfolgreichen New Lanark überspannte.[22] Ein ähnlicher Gedanke findet sich im heutigen Großbritannien bei Bewegungen wie *Fourth World*, die in ihrer Zeitschrift *Resurgence* als „erstes Ziel die Abschaffung bestehender Machtstrukturen" nennt, „nicht weil sie kapitalistisch oder kommunistisch oder faschistisch oder was auch immer sind, sondern weil sie schlicht und einfach zu groß sind".[23] In Italien wird dieses Thema von dem eloquenten sizilianischen Reformer Danilo Dolci aufgeriffen, der Vorstellungen von „Gruppen innerhalb von Gruppen" entwickelt hat; und in Indien von der von Gandhi inspirierten *Gramdan*-Bewegung Vinoba Bhaves, des „wandelnden heiligen Indiens", die den riesigen Subkontinent neu ordnen will, indem sie den gegenwärtigen zentralisierten Monsterstaat in 700.000 eigenständige Dorfrepubliken verwandelt (von denen bereits mehrere zehntausend geschaffen wurden).[24]

Alle diese Bewegungen geben unerbittlich Anstöße: in *administrativer Hinsicht* durch die schrittweise Umkehrung der geistigen Strömung weg von der Integration in Richtung „Devolution". Man denke an solch bislang zentralisierte Länder wie Italien, das bereits damit begonnen hat, Macht an die in der Verfassung avisierten 20 „autonomen Regionen" abzugeben, oder Großbritannien, wo die Vision von einem föderal oder konföderativ Nicht-vereinigten statt Vereinigten Königreich nicht mehr so schockierend ist, wie sie es früher einmal war.[25] Und in *akademischer Hinsicht* läßt sich ein Trend hin zur Entstehung von Forschungszentren wie der *Regional Science Association* in Philadelphia beobachten, die jüngst damit begonnen hat, ihre konzeptionellen Schwingen über immer größere Gegenden der unterentwickelten Welt auszubreiten.

Letztere kann sich ganz offen für den Entwicklungswert des Nativismus, des Regionalismus und der Eigenständigkeit im Gegensatz zu den auf ausländischer Hilfe, gegenseitiger Unterstützung und einem gemeinsamen Markt beruhenden Alternativen wirtschaftlichen Fortschritts aussprechen oder auch nicht. Ehe sich das entscheiden läßt, müssen ihre MIT-inspirierten Hohenpriester zuerst aus dem abgedunkelten Allerheiligsten ihrer berühmten mathematischen Verschnörkelungen ins kalte, todernste Licht entmystifizierter Prosa treten. Doch selbst wenn es keine Absichtserklärung gibt, wäre es unangebracht, würden ihre Schlußfolgerungen den Regionalismus im Titel nicht bestätigen. Zumindest widersprach keiner der Teilnehmer beim Ersten lateinamerikanischen Regionalwissenschaftskongreß (Caracas 1960) meiner Anregung, die Reichweite ihrer Gleichungen und Methoden sollte auch auf den CUV-Ansatz ausgedehnt werden. Ebensowenig gab es Einwände, als ich dieses beeindruckend karge Kürzel, *conçu et verbalisé par moi même*, wie Sacha Guitry sagen würde, als *Contraction to Uninstrumented Visibility* (Kontraktion zu Sichtbarkeit ohne Hilfsmittel) übersetzte.

Entschlüsselt bedeutet das nicht anderes als das, was ich auf all diesen Seiten propagiert habe: eine Rückkehr zum Entwicklungsansatz der Stadtstaaten der Renaissance. Wenn sie so spektakulär erfolgreich waren, hat dies schlicht damit zu tun, daß ihre Territorien auf Dimensionen beschränkt waren, die von gewöhnlichen Sterblichen zu beherrschen waren, ohne daß man dafür komplizierte theoretische Instrumente und statistische Radarschirme benötigt hätte. Da sie in ihrer Größe der kleinen Statur angepaßt waren, die Gott uns gegeben hat, konnten ihre Probleme naturgemäß niemals den Genius ihrer lokalen Führer oder die Ressourcen ihrer natürlichen Talente übersteigen.[26]

Der CUV-Ansatz hat nur einen einzigen Nachteil, der Gruppen wie der *Regional Science Association* das Recht geben könnte, ihre Erkenntnisse weiterhin hinter mathematischen Formeln und Buchstabenkürzeln zu verbergen. Denn sobald sie es geschafft haben, daß sich eine Region auf die Größenordnungen beschränkt, die einer Entwicklung ohne Hilfe am zuträglichsten sind, verringert sich der Bedarf an ihren Diensten proportional zu ihrer Leistung. Sie werden entbehrlich. Und für hochbezahlte Ratgeber von außen ist das so schwer zu akzeptieren wie das Rezept von Dr. Marx für kommunistische Hochleistungsherrscher, wonach sie mit der Heraufkunft des Sozialismus, den zu erreichen sie angetreten sind, aber dessen Verwirklichung sie ihrer Mission und ihres Jobs beraubt, allmählich verschwinden sollen. Doch es gibt keinen anderen Ausweg. Wenn das verheißene Land erreicht ist, verliert derjenige, der den Marsch angeführt hat, seine Funktion.

KAPITEL 7

CUV und der urbane gemeinsame Markt

Denn ein großer und menschenreicher Staat ist nicht ein und dasselbe.

ARISTOTELES

Was für das moderne *nation building* gilt, gilt auch für den modernen Städtebau. Ein Blick auf letzteren kann somit eine wertvolle Analogie liefern, die zusätzliches Licht auf die Komplexitäten des ersteren wirft. Denn auch im Fall der Städte wird das Hauptproblem nicht gelöst, sondern verursacht durch die unökonomische Integration von Gemeinden, die getrennt hätten bleiben sollen, in die eng verflochtene, verkehrsgeplagte Einheit eines expandierenden urbanen gemeinsamen Marktes. Die Lösung liegt deshalb auch hier im CUV-Ansatz: das heißt, nicht nur auf eine Stadt *als ganze*, sondern auch auf die einzelnen Bezirke und Teile *innerhalb* einer Stadt gilt es ein hohes Maß an kostensparender Kontraktion und introspektivem, polynuklearem Lokalismus anzuwenden.

Anders ausgedrückt: Wie im Falle von Nationen erfordert eine gesunde städtische Entfaltung eine pluralistische Entwicklung, bei der ein Höchstmaß alltäglicher Belange nicht *integriert*, sondern in einer Vielzahl eigenständiger, dicht bevölkerter rivalisierender Zentren, die ein Minimum an gemeinsamer Verwaltung und die Straßen verstopfender innerstädtischer Bewegung brauchen, *dupliziert* wird. Und so wie in einem guten Kondominium verschiedene Familien den Großteil ihrer Zeit in der Privatheit ihrer getrennten Appartements verbringen und nicht im Raum sozialer Nutzung wie etwa Eingangshallen, Fluren oder Aufzügen, die ihnen zur gemeinsamen Benutzung zugeteilt sind; so verbringen in einer guten Stadt die Bewohner den Großteil ihrer Zeit in der ruhigen Umfriedung ihres lokalen Quartiers und nicht auf den städtischen Verkehrskorridoren und in den sie durchquerenden Pendlerfahrzeugen. Denn die Bedeutung des Quartiers besteht darin, daß es sich um einen

Mittelpunkt handelt, wo wie in der eigenen Wohnung alles, was man braucht, in der Nähe ist.

Statt ausufernde semi-ländliche Ansammlungen vorstädtischer Schlafsiedlungen zu bleiben, müssen sich Städte deshalb wieder zu echten Städten kontrahieren – dicht bewohnt, eng, aufregend, kultiviert, elegant, ökonomisch, zeitsparend, fußgängergerecht. Wenn das geschafft ist, ist das gewichtigste aller modernen Stadtprobleme – in einem Lebensumfeld zu pendeln, dessen Gründungszweck es war, dem Menschen die Agonie des Pendelns zu ersparen – mit einem Schlag gelöst. Und das wäre genauso kostengünstig wie die Entwicklung einheimischer statt internationaler Lebensstandards. Denn jedes Problem der Expansion wird durch die Ersparnisse der Kontraktion automatisch aus der Welt geschafft.

Die zentrale Frage lautet deshalb: Wie lassen sich Städte praktisch kontrahieren? Wie kann man den Bürger dazu bringen, in der Nähe seines Zentrums, seines Heimatviertels zu bleiben? Die Antwort ist nicht allzu schwer. Alles, was man tun muß, ist, ihm nicht die *Mittel*, sondern das *Motiv*, anderswohin zu gehen, zu nehmen. Um dies zu erreichen, müssen drei Bedingungen erfüllt sein.

1. Die meisten Ziele seiner Alltagsaktivitäten – Kirche, Schule, Wirtshaus, Markt, Büro, Straßencafé, Theater, Rathaus – müssen wieder eng um sein Wohnviertel herum gruppiert werden. Wie im Fall der englischen Königin, des US-Präsidenten oder des Gouverneurs von Puerto Rico muß wieder eines zum höchsten Statussymbol werden: zu leben, wo man arbeitet, und zu arbeiten, wo man lebt.

2. Zusätzlich zu den praktischen Funktionen als Domizil und Arbeitsplatz muß das Viertel auch unsere ästhetischen Bedürfnisse befriedigen. Wie die Schönheit bei einer Frau ist dies denn auch der Hauptgrund, der uns davon abhält, herumzurennen. Deshalb muß das Viertel verschönert werden. Seine Häuser müssen jedes für sich Schönheit und gemeinsam Harmonie bieten. Und neben der physischen muß es auch über soziale Schönheit verfügen. Wie die Organe eines Körpers müssen die Bestandteile eines Viertels nicht nur alle vorhanden, sondern auch in angemessenen Relationen angeordnet sein.

3. Wenn sich eine Stadt vergrößert, muß sie nicht wie ein Krebsgeschwür aus einem explodierenden Viertel hinauswuchern und

damit dazu beitragen, daß das Zentrum zerfällt und der Rest diffundiert. Sie muß biologisch wachsen und wie Zellen in einem Körper neue Viertel hinzufügen, wenn alte voll sind, jedes mit eigener Identität, eigenem Glanz und eigenem Patriotismus und mit seinem eigenen Magnetfeld, das verhindert, daß im Kern lokale Bewegungen Fliehkräfte entwickeln.

Die gute Stadt muß somit eine mosaikartige Föderation eines Wirrwarrs weitgehend eigenständiger Viertel sein, die das Ganze aufbrechen, und nicht ein ordentlich geometrisches Netzwerk aus Straßen, das es zusammenhält und im Zuge dessen erstickt. Und aus dem gleichen Grund muß eine gute Metropole eine Föderation weitgehend autonomer Kleinstädte sein, deren Schönheitskonkurrenz nicht zu einem Exzeß sinnloser, die Straßen verstopfender Vermischung führt, sondern diesen Exzeß gerade verhindert. Paris war, wie alle alten Hauptstädte, einmal eine solche Föderation, was dazu führte, daß ich in den drei Jahren, die ich dort als Student lebte, höchstens fünfmal auf den Champs Elysées und vielleicht zweimal auf dem Montmartre war – aus Besichtigungsgründen. Die übrige Zeit verbrachte ich zufrieden im Quartier Latin. Hier gab es in einzigartiger Schönheit so gut wie alles, was sich in den anderen Bezirken finden ließ, und es erwies sich damit als so verführerisch, daß ich wie die meisten anderen in einer nach innen gewandten, verkehrsreduzierenden, fußgängerischen Gemütsverfassung blieb.

Eine letzte Frage ist: Wie kann der autovernarrte moderne Mensch praktisch dazu gebracht werden, zu einer Fußgängerexistenz zurückzukehren? Tatsächlich gibt es bereits eine Reihe moderner Stadtgründer, denen genau dies gelingt. Indem sie den CUV-Ansatz anwenden und wie die Renaissancefürsten in Konkurrenz und weniger in Kooperation tätig sind, haben sie schon lange damit begonnen, die Bestandteile des eigenständigen alten Viertels – Wohnquartiere, Restaurants, Geschäfte, Reisebüros, Arbeitsräume, Postämter, Vergnügungseinrichtungen, Turnhallen, Swimmingpools, Theater, Clubs, Glaubens- und Bildungszentren, Buchhandlungen, Kunstgalerien – wieder auf konzentriertestem Fußgängerraum zu versammeln: dem Grand Hotel. Und indem sie die Ästhetik über den praktischen Nutzen stellten, haben sie schon längst entdeckt, was die meisten orthodoxen Planer noch immer nicht bemerkt haben:

daß sogar die Amerikaner, die vermeintlich so unzertrennlich mit ihren Autos verbunden sind, es ganz einfach lieben. Das geht sogar so weit, daß eines der Probleme des Tourismus in unterentwickelten Ländern darin besteht, wie man sie aus ihren glückseligen Hotelenklaven heraus- und wieder auf die Straßen ins Hinterland bekommt, damit auch andere Gegenden von ihren rastlosen Dollars profitieren.

Die Renaissancevorstellung von einer eigenständigen, beschränkten lokalen statt einer weit gespannten, miteinander verwobenen Entwicklung ist somit zumindest auf einem Gebiet nicht mehr rückständige Theorie, sondern fortgeschrittene Realität. Sie wurde mit spektakulärem Erfolg von den Gastwirten wiederbelebt! Während alte Städte im Sumpf physischer Expansion und geistiger Orthodoxie zugrunde gehen, bauen sie in Form glamouröser Hotels eifrig an den Stadtstaaten der Zukunft.

KAPITEL 8

Geschwindigkeitstheorie der Bevölkerung

Der schnelle Wagen ist immer hinter einem.
SPRICHWORT

Reduzca la Velocidad y Viva Mas.
AUTOAUFKLEBER IN PUERTO RICO

Die vorangegangenen Kapitel haben immer wieder die Einsparungen kontrahierender im Gegensatz zur Verschwendung expandierender Ökonomien betont, ohne diese Behauptung theoretisch oder mit Zahlenmaterial zu unterfüttern. Ich werde keine Zahlen liefern, da ich nicht über die Assistenten verfüge, die für die Erstellung dieses Materials vonnöten wären. Ich werde jedoch eine Theorie entwickeln und auf deduktivem Wege zu erklären versuchen, warum fortgesetzte Expansion physisch wie ökonomisch genau das Gegenteil bewirkt; warum nach Malthusianischer Façon die geometrisch steigenden Expansions*kosten* letztlich die arithmetisch steigenden Expansions*erträge* übertreffen, in deren Erwartung erstere in Kauf genommen wurden.

Es gibt natürlich das alte und elementare *Gesetz des geringer werdenden Ertrags,* das, wie Aristoteles vermerkt, allem eine größenmäßige Grenze setzt – Pflanzen, Tieren, Werkzeugen, Firmen, Märkten, Städten, Staaten. „Denn auch davon wird jedes, weder wenn es allzu klein ist, noch wenn es der Größe nach zu sehr hinausragt, das ihm zukommende Vermögen besitzen, vielmehr wird es einmal seiner Natur überhaupt beraubt sein, ein andermal aber sich in schlechtem Zustand befinden…“[27] Zwar ist richtig, daß das eng damit verbundene *Gesetz variabler Proportionen*, das durch die Ersetzung von Menschen durch Maschinen zu einer industrialisierten Produktionsweise führt, es uns erlaubt, die durch steigende Kosten gesetzte Grenze über den ursprünglichen Punkt hinauszuschieben; gleichermaßen richtig ist jedoch auch, daß sich die Ersetzung nur so weit vorantreiben läßt, bis die damit einhergehende Industrialisierung die Größenvorteile (*economies of scale*) in Nachteile (*diseconomies*) nicht mehr handhabbarer Ausmaße verwandelt.[28]

Es gibt jedoch noch eine andere Theorie, die erklärt, warum die steigenden Expansionskosten mögliche Einsparungen durch Größenvorteile bereits in einer relativ frühen Wachstumsphase zu übersteigen beginnen. Da es dafür keine Bezeichnung gibt, wollen wir sie *Geschwindigkeitstheorie der Bevölkerung* nennen. Und indem wir sie mit der Diskussion des vorangegangenen Kapitels verbinden, wollen wir sie hier insbesondere hinsichtlich der Probleme urbaner und nicht nationaler Expansion betrachten, wenngleich sie sich auf letztere ebensogut anwenden läßt.

Nehmen wir also an, wir verlassen unsere Fußgängerurbanität und ziehen eine Meile vom Zentrum einer Stadt weg, die entlang mononuklearer Integrations- statt polynuklearer Konzentrationslinien expandiert. Was wird dann passieren?

Zuallererst werden unsere Pendel- und Fahrtkosten steigen, und zwar geometrisch zum arithmetischen Distanzzuwachs, der mit unserem Umzug verbunden ist. Denn eine zusätzliche Meile Fahrt zum Arbeitsplatz bedeutet eine zusätzliche Meile für die Rückfahrt, also zwei Meilen insgesamt. Kommen wir zudem zum Mittagessen nach Hause, legen wir noch einmal zwei Meilen zurück, insgesamt also schon vier oder gar acht, falls unsere Frau ebenfalls in der Stadt arbeitet. Doch nicht nur unser Arbeitsplatz ist um eine Meile ferner gerückt; das gleiche gilt für unseren Markt, für unsere Schule, für die Kirche, das Theater, die Wohnungen unserer Freunde. Mit anderen Worten: Urbane Expansion um eine einzige Meile bürdet einer Familie, oder sagen wir: vier Personen, pro Tag zusätzliche *persönliche* Bewegungen von vielleicht 18 bis 20 Meilen auf, ganz zu schweigen von der entsprechenden Zunahme der *Dienstleistungs*bewegungen, die durch die neuen Vorstädte aufgrund nunmehr deutlich erweiterter Fahrtwege für Müllabfuhr und Milchlieferung – um nur zwei Beispiele zu nennen – verursacht werden.

Nehmen wir weiter an, daß integrierte Expansion nicht bei einer Meile aufhört, sondern immer weiter nach außen drängt, so werden wir nicht überrascht sein von der Geschwindigkeit, mit der der gleiche geometrische Schrecken sein Haupt regt, wie ihn der Erfinder des Schachspiels über den indischen Herrscher brachte. Als er vom begeisterten Souverän gedrängt wurde, eine Belohnung zu nennen, bat er lediglich darum, ein einziges Weizenkorn auf das erste Feld des Schachbretts zu legen und die Anzahl auf jedem folgenden Feld zu verdoppeln. Der Herrscher war enttäuscht angesichts einer so bescheidenen Forderung für eine so wundervolle Erfindung, ehe er erkannte, daß er, lange bevor das 64. Feld erreicht war, sein Königreich verloren hatte.

Zweite Folge einer integrierten Expansion ist, daß die neu entstandene kollektive Zusatzentfernung von 18 bis 20 Meilen für eine vierköpfige Familie in annähernd der gleichen Zeit bewältigt werden muß wie die zwei Meilen, die wir zurücklegen mußten, als wir noch in der Nähe des Zentrums unserer Aktivitäten lebten. Das bedeutet eine derartige Beschleunigung unserer Fortbewegung, daß wir von der Fußgänger- zur motorisierten Form wechseln müssen. Und da Autos ihr eigenes Straßennetz benötigen, dessen Streckenlänge nicht der geographischen Entfernung unserer neuen Vorstadt entspricht, sondern der Nutzungsdistanz, also der geographischen Entfernung multipliziert mit der Zahl der Bewegungen, die sie auslöst, erzeugt integrierte Expansion eine unvorhergesehene zusätzliche Komplexität. Statt Außenbezirke näherzubringen, verschiebt sie ein Vorstadtviertel von seiner relativ geringen geographischen Entfernung von einer Meile in eine effektive Distanz von 20 Meilen, wobei jedoch die Probleme der 20 Meilen auf dem Raum einer Meile komprimiert sind.

All das könnte sich noch im Rahmen der geistigen und physischen Ressourcen einer Gemeinschaft bewegen, gäbe es nicht eine dritte Konsequenz, die unmittelbar auf die zweite folgt, von den Stadt-, Wirtschafts- und Sozialplanern bislang jedoch fast gänzlich ignoriert wurde. Sie besteht darin, daß die zunehmende Geschwindigkeit, die einer nach außen expandierenden Gemeinde auferlegt wird, die gleiche Wirkung hat, als wäre die Bevölkerung nicht nur hinsichtlich der Geschwindigkeit, sondern auch der Masse gewachsen, auch wenn numerisch gesehen kein einziger hinzugekommen ist. Das erklärt, warum Theater zusätzlich zu den normalen Ausgängen, die auf ein Publikum ausgerichtet sind, das sich mit normaler Geschwindigkeit bewegt, eine Reihe von Notausgängen in

Reserve haben müssen, die auf ein Publikum ausgerichtet sind, das sich, etwa in Panik, schneller bewegt. Denn so wie sich schneller bewegende Teilchen an Masse zunehmen, nehmen sich *schneller* bewegende Menschenmengen die Eigenschaften *größerer* Mengen an. Deshalb gelten Theaterausgänge nur dann als angemessen, wenn sie nicht nur die tatsächliche numerische, sondern auch die potentielle effektive Größe des Publikums in Rechnung stellen, das heißt, die numerische Größe mal Geschwindigkeit.

So wie sich also eine zunehmende geographische Entfernung unter dem Gesichtspunkt des Verkehrs *effektiv* vervielfacht durch die Zahl der Menschen, die sie überwinden, so vervielfacht sich im Gegenzug die Zahl der Menschen *effektiv* um die zunehmende Geschwindigkeit, mit der sie sich aufgrund der größeren Entfernung bewegen müssen. Und es ist insbesondere dieser zweite Multiplikator, der nicht nur für die unbeschreibliche Zunahme der elenden Situation verstopfter und verdreckter Straßen verantwortlich ist, die sich im Zuge jeder mononuklearen, integrierten urbanen Expansion ergibt; er bedingt zudem unsere hoffnungslose Unfähigkeit, jemals wieder Verkehrsprobleme in den Griff zu bekommen, die sich in geometrischem Verhältnis vervielfachen, während die physischen, finanziellen und geistigen Ressourcen selbst der reichsten Gesellschaft sich bestenfalls in arithmetischem Verhältnis vergrößern lassen.[29]

Jedesmal, wenn Planer Wunder der Baukunst wie etwa die futuristischen Straßennetze der herrlichen Stadt Caracas fertigstellen, werden sie deshalb nach Enthüllung der Tafeln, die ihren Namen unsterblich machen, immer wieder erkennen, daß sich die Verkehrssituation, die sie lindern wollten, gerade durch ihre Verbesserungen verschärft hat. Denn was sie beispielsweise im Falle der venezolanischen Metropole übersehen haben, ist die Tatsache, daß allein die Geschwindigkeit, mit der die neuen urbanen Expresshighways jegliche Bewegung versehen sollten, die *tatsächliche* Größe von Caracas von einer Bevölkerung von zwei Millionen auf eine *effektive* Größe von vielleicht 10 Millionen Menschen gesteigert hat, während die Straßen, die sie zusätzlich bauten, auf eine effektive Größe von allenfalls 2,5 bis 3 Millionen ausgerichtet waren.

Kein Wunder, daß das Ergebnis zur Bestürzung aller so meilenweit hinter den Zielsetzungen zurückblieb. Und kein Wunder, daß auch in den meisten anderen Städten der Welt auf die Fertigstellung von Verkehrsverbesserungsprojekten stets eine Verschlechterung der Verkehrssituation folgt, die vor allem mit dem unausweichlichen Effekt der Massezunahme zu tun hat, den jede Geschwindigkeitssteigerung auf die Bevölkerung hat. Dieser Faktor ist denn auch von so großer Bedeutung, daß, von einigen kleineren Ausnahmen in Indien abgesehen, die meisten gegenwärtigen Probleme der Überbevölkerung auf nationaler wie auf städtischer Ebene nur dann sinnvoll zu erklären sind, wenn man sie als Fälle nicht *numerischer*, sondern *geschwindigkeitsbedingter* Überbevölkerung betrachtet, die sich nicht mittels Geburtenkontrolle und Landgewinnung bewältigen lassen, sondern durch Kontraktion zu masse- und verkehrsreduzierenden Formen dichteren Lebens. Doch das läßt sich kaum machen, solange Planer ihre Zahlengalaxien ohne Rekurs auf eine Theorie zusammenstellen, die dem Geschwindigkeitsfaktor gesellschaftlich die gleiche Bedeutung zuschreibt, wie sie ihm schon lange von Physikern bei der Erforschung der Masse und von Geldtheoretikern bei der Erforschung der Inflation eingeräumt wird.[30]

Es gibt deshalb an diesem Punkt offenbar wenig Bedarf, die Theorie mit Zahlen zu untermauern. Denn eine angemessen formulierte Geschwindigkeitstheorie der Bevölkerung böte zusammen mit dem schon lange formulierten *Gesetz des geringer werdenden Ertrags* selbst bei fehlenden statistischen Belegen eine breite Grundlage für zwei wichtige Schlußfolgerungen: (1) daß fortgesetzte Entwicklung durch integrierte Expansion bei Nationen wie bei Städten früher oder später auf finanziell prohibitive und technisch nicht zu bewältigende Hürden hinauslaufen muß; und (2) daß durch die Verhinderung statt die Förderung exzessiver Pendel-, Transport- und Handelsbewegung die polynukleare Kontraktion von Städten in diesem fortgeschrittenen Stadium des Überwachstums nicht nur die ökonomischste, sondern auch die *einzig* praktikable Alternative zur Verbesserung der größengeplagten *condition humaine* darstellt – all den entgegengesetzten Ansichten der Bruderschaft urbaner und internationaler Integrierer zum Trotz.

DIAGRAMME ZUR VERANSCHAULICHUNG DER ÜBERPROPORTIONALEN ZUNAHME DER VERKEHRSKOSTEN PRO KOPF, DIE DURCH URBANE EXPANSION VERURSACHT WIRD[31]

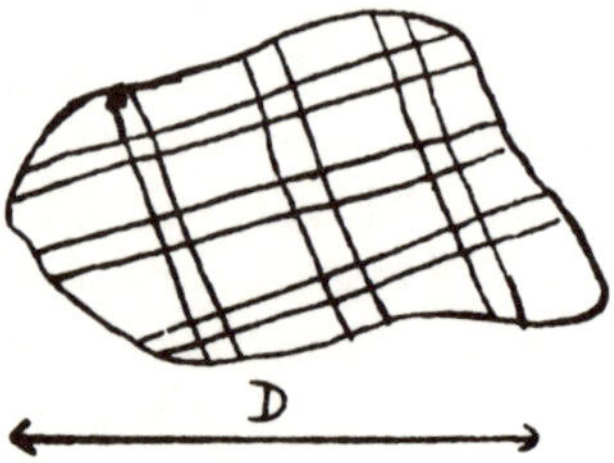

Bebautes Terrain, durchzogen von Straßen – nennen wir es Pressureville. Pressureville hat einen charakteristischen Durchmesser D (in Kilometern). Das hängt natürlich davon ab, in welcher Richtung wir D messen; an der Argumentation aber ändert das nichts.

I Das Gesamtgebiet von Pressureville = αD^2, wobei α von der Form der Stadt abhängt. Die durchschnittliche Entfernung, die Menschen in Pressureville zur Arbeit und zum Einkaufen zurücklegen = βD.
Sie verbringen durchschnittlich die Zeit T unterwegs (in Stunden).

Ihre Durchschnittsgewindigkeit liegt bei annähernd $V \sim \frac{D}{T}$ (in Kilometer pro Stunde).

(Das Zeichen ~ bedeutet, daß sie D/T mal einer Konstante, die uns hier aber nicht weiter interessiert, entspricht).
Das Straßenterrain von Pressureville = a^2 (in Quadratkilometern).
Dieses Gebiet wird von n Autos bevölkert; m = durchschnittliche Masse der Autos.

II Würden diese Autos einfach nach dem *Zufallsprinzip* wie *Moleküle* herumfahren, würden sie einen Druck $p \sim \frac{n \cdot m}{a^2} V$ ausüben.

Der Autodruck läßt sich definieren durch die Summe der Automasse, die durch eine Mautstelle einheitlicher Breite je Zeiteinheit bewegt wird. Kombinieren wir die Formel für p mit unserer früheren Formel

für $V \sim \frac{D}{T}$,

so erhalten wir $p \sim \frac{n \cdot m \cdot D^2}{a^2\, T^2}$

Die Einheit $p = \frac{\text{Zahl der Autos x Masse}}{\text{Zeit im Quadrat.}}$

Überschreitet p den kritischen wert px, so bricht der Verkehr zusammen und es gibt einen Stau.

III Wir wollen nun Formel (1) näher betrachten: Angenommen, die Menschen wollen nicht mehr als eine bestimmte Zeit (sagen wir eine Stunde pro Tag) unterwegs verbringen. Damit haben wir einen konstanten Wert T = 1 Stunde. Doch Pressureville wächst: Mit dem Wachstum der Stadt wird auch die durchschnittliche Reisegeschwindigkeit proportional zur Zunahme von D ansteigen.

Fall (a): D nimmt zu, aber Zahl und Masse der Autos bleiben gleich. Wenn der Autodruck nicht zunehmen soll, muß man im gleichen Maße, wie D^2 zunimmt, für neue Straßen sorgen: das heißt, *D^2/a^2 muß konstant bleiben.*

Fall (b): Die Größe der Stadt nimmt zu, da mehr Menschen zuziehen. Die Zahl der Autos je 1000 Menschen bleibt jedoch gleich. Damit haben wir $n \sim D^2$. Wenn p nicht ansteigen soll, *muß somit D^4/a^2 konstant bleiben.*

Fall (c): Der Lebensstandard steigt. Das bedeutet sowohl mehr als auch größere Autos je 1000 Menschen. Wenn p nicht steigen soll, *muß somit $D^4{+}X/a^2$ konstant bleiben* (X ist positiv und hängt vom Anstieg des Lebensstandards ab).

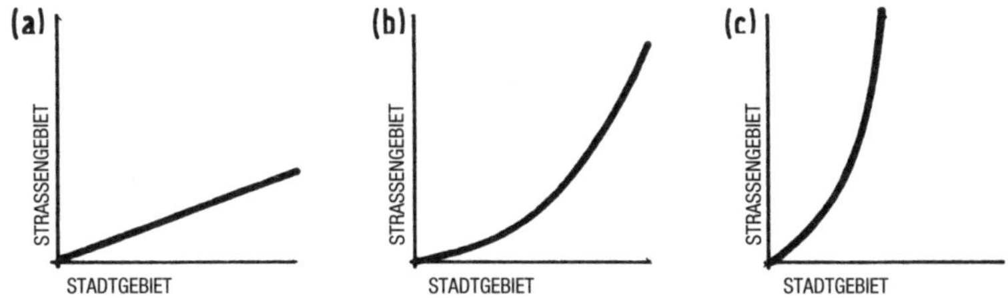

KOSTEN FÜR DIE BEWOHNER

In allen drei Fällen gilt, daß die Kosten pro Person mit der Zahl der Einwohner steigen. Doch in Fall (c) kann der Kostenzuwachs pro Kopf solch katastrophale Dimensionen annehmen, daß selbst die reichsten Gemeinden ihn nicht mehr bewältigen können.

KAPITEL 9

Die geringen Kosten der Armut

Armut ist das Los der großen Menschheitshelfer.
HEINE

Als Cesar Andreu Iglesias, ehemaliger Generalsekretär der Kommunistischen Partei Puerto Ricos, auf Empfehlung des Ausschusses für unamerikanische Aktivitäten seinen Brotjob verlor, hätte er sich den masochistischen Freuden selbstgerechten Leids ergeben können. Stattdessen zog er sich in eine abgelegene Bergregion zurück und baute mit den Mitteln einer aus Reis und Bohnen gespeisten Direktarbeitsfinanzierung innerhalb von weniger als sechs Monaten eigenhändig ein Haus. Hätte er sich einer von der Bank gespeisten indirekten Geldfinanzierung bedient, hätte dies entweder die Plünderung seiner Parteikasse erfordert oder die langsame Anhäufung von Ersparnissen aus mindestens fünf Jahren hochbezahlter bourgeoiser Beschäftigung; eine solche aber hätte die kommunistische Etikette einem Parteiführer verboten.

Doch das war nicht alles. Als Hausbesitzer, aber noch immer ohne Job, wandte er weitere sechs Monate Arbeit, gespeist aus den weiterhin geringen Kosten für Reis und Bohnen, auf die Abfassung eines Buches, das ihm schon bald Ehre und Ansehen einbrachte. Darüber hinaus errang es eine Reihe bourgeoiser Literaturpreise und öffnete damit die Tür zu kongenialeren Einkommensquellen. Verfolgung hätte sich nicht annehmlicher auszahlen können. Hätte er sich von den Hilfsangeboten verführen lassen, hätte er das Jahr vermutlich so beendet, wie er es begonnen hatte – ohne Haus, ohne Reputation, mit verkümmerter Muskulatur.

Es gibt viele andere Beispiele individueller Leistung, die das Wohlstand schaffende Potential der geringen Kosten der Armut eindrücklich vor Augen führen, wann immer die Muskelkraft, die aus einer Handvoll Reis stammt, nutzbar gemacht und nicht in leeren Vorwürfen oder Selbstmitleid vergeudet wird. Ich bin versucht, sie *en masse* zum Nutzen dieser zahlreichen zornigen jungen Entwicklungsstaatsmänner aufzulisten, die ihre spekulativen Fortschrittsvisionen zu finanzieren versuchen, indem sie in erpresserischer Manier nach rechts auf die „Ausbeuter" in Washington schielen und gleichzeitig demütig-besorgt nach links auf die „Erlöser" in Moskau blicken. Doch ein einziges zusätzliches Beispiel mag genügen: die Vielzahl eigenständiger Anstrengungen, mit denen eine Reihe meiner österreichischen Freunde aus der Mittelschicht inmitten der wirtschaftlichen Verwerfungen und der Arbeitslosigkeit nach dem Zweiten Weltkrieg die Grundlage für ihren späteren Wohlstand legten.

Ihre Essensrationen waren damals ebenso kärglich wie billig. Doch da ich selbst als Schuljunge in Salzburg nach dem Ersten Weltkrieg ähnlichen Mangel erlebt hatte, wußte ich, daß ein Knödel mit ein wenig Soße, eine Scheibe steinhartes, drei Wochen altes Bauernbrot oder ein Teller Linsensuppe zwar nach wenig aussehen, aber doch eine adäquate und schmackhafte Mahlzeit ergeben können.[32] Auch die schwarze Brühe der zähen Art bei den antiken Spartanern sah nicht besonders ansprechend aus. Doch laut Plutarch war sie ebenfalls so nahrhaft, daß „die Älteren sogar auf das Fleisch verzichteten, es den jungen Leuten überließen und sich selbst nur tüchtig an die Brühe hielten". Sie schmeckte zudem so köstlich, daß angeblich „einer der Könige von Pontos ... sich dieser Brühe wegen sogar einen lakonischen Koch gekauft" habe.[33]

Ich wußte auch, daß die unfreiwillige Genügsamkeit meiner Schulzeit keineswegs schwächte, sondern uns vielmehr die Schlankheit und Kraft gab, um in den Bergen Ski zu fahren, Meisterschaften zu gewinnen, in reißenden Flüssen zu schwimmen, ganz Europa auf dem Rad zu durchqueren und Alpengipfel zu erklimmen, die später, bei besserer Ernährung und bei einem Glas Brandy am Kamin, nur als Heldentaten der Bergsteigerei zu bewerten waren.[34] Was ich aus meiner Erfahrung als Schuljunge jedoch nicht wußte, war, welch großes Wirtschaftsnettoprodukt ein völlig isoliert arbeitender Mensch über und jenseits der Kosten für Knödel realisieren konnte, wenn er sich nicht dem Sport hingab, sondern der Akkumulation von Reichtum.

Das lernte ich erst nach dem Zweiten Weltkrieg, als eine Reihe von Freunden aus meinem österreichischen Heimatdorf, das ich jedes

Jahr besuchte, beschlossen, das Beispiel des Andreu Iglesias vorwegzunehmen. In dem Bewußtsein, daß es ebensoviel kostet, in Untätigkeit zu leben wie mit Arbeit, fingen sie an, ihre zu wenig geübte Arbeitskraft vom analytischen Wirtshausgespräch auf den Wiederaufbau ihrer Häuser zu lenken. Sie bauten an oder errichteten gleich ganz neue Häuser. Und als sie damit fertig waren, machten sie weiter und fügten Gartenschmuck hinzu, Gästezimmer, Swimmingpools, Wochenendhäuschen und eine Vielzahl anderer Luxusgüter, an die sie mit den Gehältern, die sie in ihren konventionellen Berufen verdienten, niemals gekommen wären.

Indem sie ihre damals *sozial* nicht verwertbaren Ressourcen *persönlich* nutzten, schufen sie jeweils bei Kosten von vielleicht $ 1000 an knödelgefütterter Arbeitskraft und knödelproduziertem Rohmaterial ein jährliches Gesamtprodukt von $ 10.000 oder ein Nettoprodukt von $ 9000 – eine Quote, die, wird sie nicht durch beträchtliche Mengen an Kapital unterstützt, lediglich von Künstlern auf dem Höhepunkt ihres Ruhms übertroffen wird. Als sie schließlich wieder in *sozial* generierte Beschäftigung kamen und sich ihr Tisch allmählich wieder mit Wiener Schnitzel statt Knödeln füllte, hatte die Nutzung ihrer preisgünstigen direkten *Arbeits*ressourcen sie mit einer Oberschicht-Wohlstandsmarge ausgestattet, die weit jenseits der kostspieligen *finanziellen* Ressourcen lag, wie sie der Mittelschicht überall sonst auf der Welt zur Verfügung stehen.

Und was in Österreich geschah, geschah in noch eindrucksvollerem Maße überall in Deutschland. Doch da ein Großteil des Produkts, das während der ersten Nachkriegsjahre im Verborgenen geschaffen wurde, niemals die Privatheit des Eigenheims, die es bereicherte, verließ, wurde kaum etwas von den Radarschirmen nationaler Einkommensstatistiker erfaßt. Als Ökonomen die kumulative Wirkung dieser Unmengen an nicht integrierter privater Tätigkeit endlich erkannten, waren sie über die paradoxen Nebeneffekte der totalen Niederlage so erstaunt, daß sie die nun folgende zweite Phase des Wiederaufbaus nach dem Krieg – in der isoliertes Handeln zwar wieder zum vertrauten Muster komplementärer sozialer Kooperation verschmolz, sich aber aus dünner Luft zu allen Erscheinungen materialisierte – als Wunder bezeichneten.

Wie in so vielen anderen verstörenden Fällen bestand das ganze Geheimnis des deutschen Wirtschaftswunders in Wirklichkeit ganz einfach darin, daß, in Folge der *laissez-faire*-Einstellung von Dr. Erhard sich selbst überlassen, niemand darauf geachtet hatte, als die Bühne für seine Aufführung bereitet worden war. Was das deutsche Wunder wirklich bewies, war somit weniger, was Menschen in Kooperation leisten können, als vielmehr, was der Mensch isoliert, allein, eigenhändig schaffen kann – von Andreu Iglesias auf einem Berg im tropischen Puerto Rico bis zu einem befreundeten Brauer in meinem Heimatort Oberndorf bei Salzburg.

KAPITEL 10

Die Kräfte, die im Schoß gesellschaftlicher Arbeit schlummern

Aus Schwierigkeiten erwachsen Wunder.

LA BRUYERE

Versuchte das vorangegangene Kapitel zu zeigen, was ein auf sich gestelltes Individuum eigenhändig bewirken kann, so ist das nichts im Vergleich zu dem, was ein paar von uns schaffen können, wenn wir unsere Produktivkraft zu einem integrierten Unternehmen zusammenwerfen. Man denke nur an die Leistung der relativ kleinen Stoßtrupps kompetitiven Unternehmertums, wie sie von der kapitalistisch-bürgerlichen Klasse im Jahrhundert nach der Industriellen Revolution organisiert wurden. So schreibt ausgerechnet Marx ausgerechnet im *Kommunistischen Manifest* begeistert:

„Die Bourgeoisie hat in ihrer kaum hundertjährigen Klassenherrschaft massenhaftere und kolossalere Produktionskräfte geschaffen als alle vergangnen Generationen zusammen. Unterjochung der Naturkräfte, Maschinerie, Anwendung der Chemie auf Industrie und Ackerbau, Dampfschiffahrt, Eisenbahnen, elektrische Telegraphen, Urbarmachung ganzer Weltteile, Schiffbarmachung der Flüsse, ganze aus dem Boden hervorgestampfte Bevölkerungen – welch früheres Jahrhundert ahnte, daß solche Produktionskräfte im Schoße der gesellschaftlichen Arbeit schlummerten.“ – Was für ein Kompliment für den Kapitalismus, und das ausgerechnet aus der Feder von Karl Marx.

Frühere Jahrhunderte waren sich in der Tat sehr wohl bewußt, was sich bewerkstelligen ließ, wenn man isolierte individuelle Arbeit in zusammenhängende gesellschaftliche Arbeit verwandelte. Die *vita communis* der anspruchslosen christlichen Mönche, der die Welt den ehrfurchtgebietenden Begriff „Kommunismus“ mitsamt seinem erfolgreichsten operationalen Ausmaß verdankt, machte aus Sümpfen und jungfräulichen Wäldern fruchtbaren Acker, schuf in

Tälern und auf Hügeln die Grundlage für blühende Dörfer und für die unsterbliche Gelehrtheit und Schönheit ihrer Klöster. Mittelalterliche Bauern überzogen während der ersten Erschließungsbewegung wenige Jahre nach dem Schwarzen Tod in Handarbeit ganz Großbritannien mit dem dauerhaftesten Netzwerk robuster Steinzäune, das je geschaffen wurde. Die Bürger griechischer Kleinstädte umgaben ihr Territorium während des Peloponnesischen Krieges binnen Wochen mit einfachen und doppelten Mauern, nachdem sie von den unfreundlichen Absichten eines Feindes erfahren hatten, und gingen gleichwohl ihren Alltagsaktivitäten in vollem Umfang nach. Theben, eine der am häufigsten zerstörten Gemeinden in der Antike, baute sich jedesmal so schnell wieder auf, daß, wie der Geograph Pausanias schreibt, Reisende, die es in Trümmern vorzufinden erwarteten, stets verblüfft darüber waren, wie modern, strahlend und brandneu alles aussah – Anerkennung dafür, wie viel für so viele von so wenigen innerhalb so kurzer Zeit geschaffen werden kann.

Doch die dauerhaftesten Monumente der ungeheuren Macht, die im Schoß gesellschaftlicher Arbeit selbst nur von wenigen steckt, sind die unzähligen Entwicklungen aus eigener Kraft, die kleine Gemeinschaften in der gesamten Geschichte bewältigen konnten, wann immer ein Anführer oder ein Umstand sie dazu animierte, ihr Herzblut hineinzulegen. Als Peisistratos die Macht übernahm, war Athen eine Ansammlung dreckiger Hütten. Als er von der Bühne abtrat, standen viele der Architekturwunder, über die Pausanias Jahrhunderte später schrieb: „Als sie neu waren, sahen sie bereits alt aus. Nun, da sie alt sind, sehen sie noch immer neu aus." Und Athen war nur eine von vielen kleinen Gemeinden, die es in gleichermaßen kurzer Zeit mittels eines nicht unterstützten gesellschaftlichen Wachstums vom Grau zu dem Glanz schafften, der Griechenland ausmachte – innerhalb einer einzigen Generation.

Ähnlich konnte Augustus seine Lebensleistung folgendermaßen zusammenfassen: „Ich fand Rom in Ziegelsteinen vor und habe es in Marmor hinterlassen." Zugegeben, Rom war Zentrum nicht eines kleinen Landes, sondern eines Imperiums. Darum hinkte es so weit hinterher bei dem, was die vielbeneideten Hauptstädte der eroberten Provinzen, unbelastet von den Verschwendungen imperialer Größe, so viel früher erreicht hatten. Das gilt auch für die zahlreichen gleichzeitig entstehenden Städte in den weit entfernten Barbarenprovinzen Germanien, Britannien und Gallien.

Man könnte noch viele weitere Beispiele von der Antike über das Mittelalter bis in unsere eigene Gegenwart anführen. Man könnte die Entwicklungsleistungen der merkantilistischen Grafschaften in Frankreich und der kameralistischen Herzogtümer in Deutschland während der Renaissance auflisten. Man könnte die Mennonitengemeinden des frühen Amerika nennen. Man könnte die spektakulären heutigen Entwicklungsleistungen von Island, Liechtenstein, den kleinen Kibbutz-Dörfern in Israel oder von Puerto Ricos weithin beachteter *Operation Bootstrap* („Unternehmen Selbsthilfe") aufzählen, deren einfallsreicher Anführer, Luis Muñoz Marin, eines Tages mit Augustus wird sagen können: „Ich habe Puerto Rico mit Baracken vorgefunden und hinterlasse es in Stein."

Und abschließend könnte man – als Beispiel vom anderen Extrem des Publizitätsspektrums – eine wenig bekannte, aber kaum weniger dramatische Entwicklungsgroßtat nennen, die gerade erst 1960 von Walter M. Hlady vollbracht wurde, einem Offizier des Canadian Indian Service. „Unter Bedingungen, wie sie schlechter nicht hätten sein können", und mit Kosten (abgesehen von seinem eigenen bescheidenen Salär) „von gerade einmal $ 12,64" gelang es Mr. Hlady, dem bislang unorganisierten Churchill-Stamm der Manitoba-Indianer ein solches Verlangen nach lokal betriebenen Selbstverbesserungsunternehmen einzuimpfen, daß ihre neu gebildete Gemeinschaft die eigene Entwicklung an die heimische Umgebung anpaßte und dadurch schon nach gerade einmal sechs Monaten die ersten Früchte einer gesund diversifizierten Ökonomie ernten konnte.[35]

Während somit Zusammenarbeit – die Verschmelzung individueller zu gesellschaftlicher Kraft – in der Tat von essentieller Bedeutung für raschen Fortschritt ist, beweist die Geschichte, daß keine Gemeinschaft, wie klein auch immer, um Hilfe von jenseits der eigenen Grenzen nachsuchen muß in der irrigen Annahme, die gesellschaftliche Arbeit einer größeren Gemeinschaft sei wirkungsvoller als die kombinierte Arbeitskraft der eigenen Bürger. Im

Gegenteil! Wenn die gesellschaftliche Kraft großer Gruppen wirkungsvoll werden soll, muß sie selbst zunächst aufgebrochen werden, bis die Größe ihrer Arbeitseinheiten den Zielen, auf die sie ausgerichtet ist, entspricht. Und da selbst das umfassendste der persönlich wichtigen Ziele (abgesehen von so fragwürdigen Zielen wie der atomaren Eroberung von Raum, Zeit und China) an der kleinen Statur des Menschen Maß nimmt, ist das Volumen gesellschaftlicher Arbeit, das sich *ökonomisch* sinnvoll nutzen läßt, von Natur aus in hohem Maße begrenzt. Denn das *Gesetz des geringer werdenden Ertrags* gilt natürlich auch hier.

Es ist deshalb kein Zufall, daß, wie ich in diesem Buch immer wieder zu zeigen versuche, die besten Rahmenbedingungen für raschen Fortschritt historisch gesehen nicht die großen Mächte boten, die auf Integration bauten, sondern die kleinen Gemeinschaften, die in Konkurrenz voranmarschierten. Sie entgingen dem Zerstreuungseffekt übermäßiger Größe und waren deshalb als einzige in der Lage, die gigantische Kraft, die durch die Fusion gesellschaftlicher Arbeit entsteht, auf Gebiete von so begrenzter Größe zu konzentrieren, daß ihre spektakulären Leistungen, im Gegensatz zum trägen Wachstum der Riesen, sich oft über Nacht zu voller Größe entwickeln konnten.

Sicher, gelegentlich haben auch große Mächte ein solch rasches Vorankommen erlebt. Doch wo dies der Fall war, hatte das weniger mit der Größe ihres Einflusses zu tun als vielmehr, wie im bereits genannten Beispiel der Vereinigten Staaten, mit dem Fundament, das in früheren Phasen von den robusten Elementarzellen kleiner Pioniergemeinschaften gelegt worden war, die sich in polynuklearer Manier unkoordiniert über den gesamten Kontinent ausbreiteten und dessen feindselige Unermeßlichkeit überwanden, indem sie sich nach und nach in angemessene CUV-Einheiten aufspalteten. Und im Falle von Nachkriegsdeutschland hatte es, vorbereitet durch die im vorangegangenen Kapitel beschriebenen eigenständigen Anstrengungen, weitgehend damit zu tun, daß sich das gesellschaftliche Leben nicht in mühlsteinschwerer Einheit neu gruppierte, sondern in der adaptiven Vielfalt unzähliger auf sich selbst gestellter, kleiner Unternehmen, die zuerst in der schützenden Verborgenheit kleiner Dörfer und Regionen den Sprung zurück ins Leben schafften.

Das war natürlich nichts Neues; es handelte sich vielmehr um die altmodische Art des Frühkapitalismus auf seinem Höhepunkt, als er seine Ziele nicht durch Regierungsanweisung, Fusionen oder die großangelegte Kooperation schwergewichtiger Monopolisten erreichte, sondern durch die Rivalitäten einer Vielzahl hitzköpfiger kleiner Wettbewerber. Und es ist die neumodische Art von Maos kommunistischem China, das die Nation mit der Kraft der Dörfer aufbaut und nicht umgekehrt.

VOM DRECK ZUM MARMOR INNERHALB NUR EINER GENERATION.

KAPITEL 11

Präventiver Kommunismus

In einer bedrohlichen Krise ist das allerwichtigste, daß alle auf das Kommando eines einzigen unangefochtenen Befehlshabers hören.

PLUTARCH

Populus vult decipi, decipiatur.

CARDINAL CARAFA

Wenn wir somit, zwangsläufig, akzeptieren, daß die Kraft, die im Schoß gesellschaftlicher Arbeit enthalten ist, sich durchgängig als hochgradig geeignet erwiesen hat, um innerhalb kürzester Zeit selbst in den kleinsten Gesellschaften der Vergangenheit das anspruchsvollste Entwicklungsniveau zu erreichen, so stellt sich nunmehr die Frage: Wer war der Zauberer, der die dort gespeicherte wirkungsvolle Energie freisetzte? Wer lieferte das Kapital, um die Kettenreaktion des Fortschritts in Gang zu setzen?

Es gibt nur zwei Möglichkeiten, wie Länder an das notwendige Entwicklungskapital kommen können: indem sie es selbst akkumulieren oder indem sie es von denen leihen, die die Mühe der Akkumulation auf sich genommen haben. Historisch bediente man sich immer der ersteren der beiden Möglichkeiten. Wie im Falle von Churchills stolzester Leistung bedeutete das Blut und Mühsal und Schweiß und Tränen. Es hieß, einen Teil des Arbeitsertrags zunächst nicht als persönlichen, sondern als gesellschaftlichen Reichtum zu speichern, der nicht die Form von mehr Butter, sondern von mehr ökonomischen Waffen annahm – Bewässerungskanälen, Straßen, öffentlichen Gebäuden, Schiffen, Fabriken. Es bedeutete, daß ein Teil des durch Arbeit geschaffenen Werts nicht an die Arbeitenden zurückfließen konnte; daß die Menschen härter arbeiten mußten, ohne zunächst individuell angemessen dafür entlohnt zu werden.

Mit anderen Worten: Da Kapital qua Definition eingefrorene Arbeit oder nicht konsumiertes Produkt ist, war der Preis für höhere künftige Konsumstandards stets die Beibehaltung der niedrigen Standards aus der Vergangenheit in der Gegenwart. So wie die Spartaner ihr Reich durch die geringen Kosten ihrer berühmten schwarzen Brühe errichteten und die Athener den Parthenon, indem sie weiterhin dreimal täglich Brei aßen, so wurden Matratzenfabriken von Arbeitern finanziert, die weiterhin auf Stroh schliefen, und Viehhöfe von Bauern, die weiterhin lieber Knödel als Braten aßen.

Das beantwortet freilich noch nicht die Frage nach der Identität des Magiers, der für all das sorgt. Welcher Zauberer setzte die Kraft frei, die im Schoß gesellschaftlicher Arbeit verborgen ist? Welcher Führer konnte eine Gesellschaft davon überzeugen, das Opfer der Kapitalbildung auf sich zu nehmen? Welcher Agent des Fortschritts konnte den Arbeitern den Mehrwert, den sie produzieren mußten, vorenthalten, ohne ihnen sofort einen Anteil am steigenden Überschußprodukt ihrer Arbeit zu gewähren?

Die offensichtliche Antwort schiene zu sein: der den Profit hortende und damit automatisch Kapital akkumulierende Privatunternehmer, der seine Kommandoposition daraus ableitet, daß er die Produktionsmittel besitzt. Doch wie die zweite Stufe einer Rakete konnte sich der kapitalistische Unternehmer zu seinen gepriesenen Leistungshöhen erst emporschwingen, nachdem er durch den Primärkapitalschub der ersten Stufe dahin katapultiert worden war. Da er eher Beschleuniger denn Begründer war, kann er schwerlich dafür verantwortlich gewesen sein, eine Phase wirtschaftlichen Wachstums auszulösen, die seinem eigenen Auftauchen voranging.

Damit bleibt als einzige Alternative zum privaten Akkumulator der staatliche Kapitalakkumulator. In vorkapitalistischen Zeiten war er in der Tat der einzige Akteur, der genug Macht hatte, einer Gesellschaft die Last des Fortschritts aufzubürden. Der Zauberer, der die Sturzflut gesellschaftlicher Arbeit entfesselte, war somit stets eine Regierung mit ausgesprochen durchsetzungsfähiger autoritärer Führung, hinter der zudem immer eine gleichermaßen zwingende Ideologie stand, welche die Menschen dazu brachte, ihre Entbehrungen nicht mit Resignation, sondern mit Inbrunst zu ertragen.

Darin liegt das ganze Erfolgsgeheimnis der griechischen Tyrannen (ein Begriff, der noch nicht durch die Entartungen späterer Autokraten diskreditiert war), deren uneingeschränkte Autorität sich auf die Orakelsprüche Apolls stützte. Darin liegt das Geheimnis der produktiven Kraft der mittelalterlichen Kirche, deren riesige Entwicklungsprogramme ideologisch durch das Kapital produzierende Prinzip des *ora et labora* unterfüttert wurden: „bete und arbeite" statt „arbeite und dann sei fidel". Und darauf gründen die Staatengründungsaktivitäten absolutistischer Herzöge und Könige, deren merkantilistische Kapitalbildung unterstützt wurde durch die jeglichen Spaß verderbenden calvinistischen Zwillingstugenden des Fleißes und der Genügsamkeit; sie sorgten dafür, daß jeder wie verrückt arbeitete und Güter anhäufte, sich jedoch der katholischen Konsumfreuden späterer Tage enthielt in der Hoffnung, damit den Schrecken der Hölle zu entgehen.

Und in der jüngeren Zeit ist es im Gegensatz zu den würdelosen hilfsabhängigen Experimenten in Jugoslawien, im arabischen Raum sowie auf Kuba verantwortlich für den stolzen, nicht unterstützten Entwicklungserfolg des sowjetischen und maoistischen Kommunismus, dem es eine Zeitlang gelungen ist, sogar die retardierende Wirkung seines Gigantismus zu überwinden. Tatsächlich scheint der Kommunismus heute, ähnlich wie der Calvinismus in früheren Tagen, die einzige Ideologie zu sein, die es sich erlauben kann, den Arbeitern so viel Mehrwert vorzuenthalten wie der Kapitalismus zu seinen schlimmsten Zeiten; und den Massen derartige Entbehrungen zuzumuten, daß, würde das irgendjemand anders tun, die eigenen Leute sie als ungeheuerliche reaktionäre Praktiken bezeichnen würden. Es war jedoch gerade diese Verschiebung von privater zu staatlicher Ausbeutung statt von der Ausbeutung zum Überfluss, die Rußland das Opium des ersten Sputnik verschaffte, der um die Erde kreiste, und China die Eintrittskarte für den Club der atomaren Rowdys und Schläger.

Ist es angesichts all dessen unsinnig, als beste Strategie für Länder, die ihre frühen Entwicklungsstadien durchlaufen, die freimütige Übernahme von Systemen zu empfehlen, in die ihre Rückständigkeit sie ohnehin treibt? Das heißt politisch, sie dazu zu ermuntern, ganz offen in eine autokratische Regierungsform zurückzufallen, wie es der frühere Präsident der Dominikanischen Republik, Juan Bosch, während seines Wahlkampfs 1969 mutig tat, statt sie weiterhin mit der spitzen Halskette der Demokratie um die Sache herumtanzen zu lassen, nur damit eine günstige Notiz in der *New York Times* steht?[36] Und wäre es ökonomisch gesehen nicht sinnvoller, wenn sie sich gegen den Kommunismus immunisieren, indem sie eine ansehnliche Dosis davon schlucken, statt ständig von der Infektion terrorisiert zu werden? Also den Geist töten, indem man ihn zum Leben erweckt?

Mit anderen Worten: Sollten unterentwickelte Länder, statt sich erfolglos dagegen wehren zu wollen, nicht „für die Dauer" ohne Scham ein autoritäres System übernehmen, das man unter diesen Umständen als *präventiven* oder *Entwicklungs*kommunismus bezeichnen könnte?

Viele mögen angesichts eines solchen Vorschlags irritiert sein, aber er ist nicht so schockierend, wie es scheint. Zunächst findet man bei den überentwickelten „kapitalistischen" Großmächten von heute bereits so viel Staatssozialismus, daß der Entwicklungskommunismus im Vergleich dazu fast wie ein Fall von konservativem Abweichlertum erscheinen könnte. Wie sich Jaime Benitez, Präsident der Universität Puerto Rico, gerne erinnert, war eine Reihe linksradikaler Lateinamerikaner aus genau diesem Grund so überrascht, als er sie fragte, ob sie ihre sozialistischen Ideen so weit treiben wollten, wie dies in den USA geschehen sei. Sie versicherten ihm, sie hätten für ihre eigenen Länder keine so extremen Maßnahmen vorgesehen.

Zum zweiten läßt sich die vorbeugende Impfung mit *Entwicklungs*kommunismus in ihrer Wirkung zwar nicht vom *ideologischen* Kommunismus unterscheiden, doch würde sie von ihrer Natur her lediglich einen kurzzeitigen Hautausschlag verursachen. Denn während der ideologische Kommunismus die Restriktionen der Disziplin und der Unterordnung im Interesse des größeren Glanzes der Gesellschaft als Lebensweise, als Ziel offeriert, würde der Entwicklungs- oder präventive Kommunismus sie lediglich als Mittel anbieten, um das gesellschaftliche Gewebe zu stärken, bis es fest genug ist, um dem Bürger die Ausübung individueller Freiheit zu garantieren, sobald die Schwelle zur ökonomischen Reife erreicht ist.

Ähnlich wie der Familienkommunismus wäre der Entwicklungskommunismus somit *zeitlich* auf die relativ kurze Phase begrenzt, die die Gesellschaft braucht, um den Sprung ins Reifestadium zu schaffen. Wie der Staat bei Marx würde er mit der Erfüllung seiner Funktion verschwinden. Und *räumlich* wäre er auf die relativ kleinen Gebiete begrenzt, die unter der Herrschaft seiner Führer stehen. Denn da Entwicklungskommunismus, soll er Wirkung zeigen, mit dem CUV-Ansatz einhergehen muß, muß im voraus dafür Sorge getragen werden, daß die politisch vergiftenden und ökonomisch arm machenden einheitlichen Großraumstrukturen, wie ideologische Kommunisten sie so sehr lieben, aufgelöst werden. Übrig bliebe somit entweder ein Netzwerk von eine Kettenreaktion verhindernden, eigenständigen, nach außen harmlosen, kleinen Entwicklungsfürstentümern, die sich gegenseitig *checks* (und nicht Schecks) und Inspiration liefern; oder ein lockeres föderales System eigenständiger, nach innen blickender, kleiner Gemeinschaften, wie sie Robert Owen oder John Stuart Mill als Eckpfeiler einer prosperierenden und friedlichen Koexistenz erträumten.

Zum dritten würde der Entwicklungskommunismus natürlich, anders als der ideologische Kommunismus, die Einrichtung demokratischer Institutionen für nicht-ökonomische Belange nicht ausschließen. Es gibt keinen Grund, warum Funktionen wie Bildung oder Justiz nicht parlamentarischen Prozessen unterworfen bleiben sollten oder warum die Freiheit des einzelnen für die Dauer nicht vor Exzessen der Regierung geschützt werden könnte, indem man eine unabhängige und unabsetzbare Beschwerdestelle nach dem Muster des skandinavischen Ombudsmannes einrichtet. Lediglich in Wirtschaftsangelegenheiten wäre die Autorität der Regierungsspitze beinahe absolut, doch selbst dort nur innerhalb des harmlos kleinen CUV-Gebiets, das ihrer Macht untersteht.

Schließlich könnte der Entwicklungskommunismus auch einen wertvollen Nebeneffekt haben. Ideologische Obstruktionskommunisten wie die arbeitslosen überzähligen Absolventen der Universitäten in Ägypten oder Ceylon könnten endlich zum Schweigen gebracht werden, ohne den Zorn ihrer russischen, kubanischen oder chinesischen Förderer zu wecken, indem man sie ein für allemal zu Opfern statt zu Ausführenden ihrer eigenen Vorschriften macht. Man könnte sie unter Hausarrest stellen wie in Kairo. Oder man könnte sie zur „Überholung“ nach Peking, Moskau oder Havanna schicken, wie es das ehemalige Staatsoberhaupt Kambodschas, Seine Königliche Hoheit Prinz Norodom Sihanouk Varnan, zu tun pflegte. Als begabtem kameralistischen Entwicklungskommunisten gelang es ihm, selbst noch von den Menschen, von denen er niemals Unterstützung erwartet hätte, die Zustimmung zu praktisch allem, was er tat, zu bekommen. Er erhielt Beifall von den Republikanern, als er als König demütig abdankte, gleichzeitig aber die ungleich machtvolleren Positionen als Oberbefehlshaber der Streitkräfte sowie als Pontifex Maximus des Buddhismus behielt. Er fand Gehör bei den Sozialrevolutionären, als er seinem Namen so viele königliche Titel voranstellte, wie Marschall Tito Orden an seiner Uniform trägt. Als er in Peking um Exil nachsuchte, gewährten ihm ausgerechnet die ideologischen Kommunisten Schutz, die er in seinem Heimatland mit seinem Entwicklungskommunismus von der Macht fernzuhalten versucht hatte.

Andererseits ist dieser positive Nebeneffekt möglicherweise kaum relevant. Da die Mühsal, zu Hause Kapital zu generieren statt es zu importieren, von praktisch jedem in einer noch nicht voll ausgereiften Gesellschaft einen Beitrag verlangt, gäbe es ganz offensichtlich weder genug Arbeitskräfte noch genug Freizeit, um die Ränge der verärgerten Obstruktionisten überhaupt wieder aufzufüllen.

WENN MAN HARKEN STATT TRAKTOREN BEMANNT,
BESCHLEUNIGT DAS DIE ENTWICKLUNG, WEIL KEINE ZEIT BLEIBT,
GEGEN MAO GERICHTETE GEWEHRE ZU BEMANNEN.

KAPITEL 12

Die Geschenkkonsumfunktion

Du sollst nicht Geschenke nehmen; denn Geschenke machen die Sehenden blind und verkehren die Sachen der Gerechten.

GOTT DER HERR

Dem edleren Gemüte / Verarmt die Gabe mit des Gebers Güte.

aus: HAMLET

Zwar sollte eine nicht unterstützte Kapitalbildung durch die Einsetzung eines temporären rigiden, nüchternen Regimes präventiven Kommunismus, wie es auf den vorangegangenen Seiten geschildert wurde, bei denjenigen, die ängstlich darauf bedacht sind, den Kommunismus als dauerhaftes Merkmal im Leben erwachsener Nationen zu vermeiden, auf wenig Einwände stoßen, doch ist die Idee bei einer Mehrheit der heutigen Staatengründer alles andere als populär. Das hat nichts mit den kommunistischen oder autoritären Aspekten des Vorschlags zu tun, mit denen einige von ihnen ohnehin liebäugeln, sondern mit der Vorstellung, Kapital ohne Hilfe von außen zu akkumulieren. Nicht ganz zu unrecht! Denn warum sollten politische Führer ihre Vorstellungskraft bemühen und die Menschen ihre Muskel- und Willenskraft anstrengen, wenn all das Kapital, das sie brauchen, sich durch so simple Tricks wie den folgenden sichern läßt: Man läßt den Jugendflügel der herrschenden Partei die Fenster amerikanischer Bibliotheken einwerfen und sorgt dann dafür, daß der Exekutivflügel sie repariert, indem er sie im Barock demokratischer Fassaden herausputzt als Augenauswischerei zugunsten der Evangelisten aus dem amerikanischen Kongreß, die mit ihren Finanzmitteln den Globus bereisen auf der Suche nach Empfängern.

Kapital zu leihen oder es als Geschenk anzunehmen ist selbstverständlich die bei weitem einfachste Möglichkeit, es zu akkumulieren. Sie ist denn auch so effektiv, daß heutzutage, unter dem berauschenden Einfluß der erpresserischen Macht der „Neutralität", nicht nur instabile, gerade flügge gewordene Demokratien darauf zurückgreifen, sondern sogar starke, von Moskau gestützte Führer-Autokratien wie Kuba, Jugoslawien, Ägypten, Algerien oder Ghana unter seinem ehemaligen Messias Nkrumah. Statt die ungeheuren Entwicklungsvorteile ihres Autoritarismus zu Hause produktiv zu nutzen, haben sie alle gezeigt, daß sie ihn lieber vergeuden und für ihre Länder um die Korruption eines geschenkten Lebensstandards bitten statt um die Segnungen eines verdienten Lebensstandards.

Sie hätten jedoch schon längst erkennen sollen, daß ein mit ausländischem Kapital finanzierter Fortschritt aus mehreren Gründen das genaue Gegenteil von dem erreicht, was stolze Nationalisten sich für ihr Volk wünschen sollten. Zum ersten bedroht dies ihre frisch erlangte politische Unabhängigkeit nicht nur materiell, sondern auch psychologisch. Denn ausländische Investitionen „verfremden" eine Gemeinschaft noch stärker als eine fremde Besatzung. Nur zu Hause gebildetes Kapital kann diese unwillkommene Konsequenz abwenden. Das läßt sich jedoch nicht in armen Ländern akkumulieren, die entweder verfrüht der Demokratie ausgesetzt sind oder von Autokraten regiert werden, die um der Herrschaftssicherung willen eher am Beifall des Volkes interessiert sind als am Verdikt der Geschichte, das ja erst nach ihrem Tod gesprochen wird. Denn was sie brauchen, ist die Unterstützung der Mehrheit. Und die bekommt man natürlich nicht, wenn man den Menschen Blut und Schweiß und Mühsal und Tränen verspricht, die Kapital *produzieren*, sondern Transistoren, Autos, Fernseher und Sportstadien, die es *konsumieren*. Da man vor allem in einer Demokratie besonders dringend auf fortgesetzte Unterstützung durch die Mehrheit angewiesen ist, überrascht es wenig, daß ein Verfechter der Demokratie wie der ehemalige stellvertretende Außenminister unter Präsident Johnson, Harlan Cleveland, vorgeschlagen haben soll, „daß Parlamente in den ersten Jahren der Unabhängigkeit neuer Nationen ‚geächtet' werden sollten".[37] Diesem Vorschlag müßte man noch die Verfassungsklausel hinzufügen, wonach dort, wo sie bereits geächtet wurden, die siegreichen Autokraten alle praktizierende Calvinisten sein müssen.

Zweitens führt die leichte Verfügbarkeit von Auslandshilfe und geschenktem Kapital dazu, daß der Entwicklungsprozeß mit den verschwenderischen Überschüssen beginnt, die eigentlich erst in einem von Wohlstand oder sogar Überfluß gekennzeichneten Endstadium des *nation building* sinnvoll sind, wenn der Damm fertig und das Reservoir gefüllt ist, und nicht, wenn die Bauarbeiter noch eifrig den Beton fürs Fundament mischen. Der Grund für diese fatale Umkehrung der Prioritäten liegt darin, daß sich die Konsumfunktion für Geschenk- und Unterstützungseinkommen radikal von der für verdientes Einkommen unterscheidet. Statt die Ökonomie und die vernünftige Allokation von Ressourcen zu beflügeln, spiegelt es das Gefühl der Nutznießer wider, sie hätten in einer Lotterie gewonnen, was wiederum ihre Neigung befördert, nicht zu sparen, sondern jeden Pfennig völlig hemmungslos zu verpulvern.

Man muß sich nur an die Verschwendungssucht des früheren Präsidenten von Dahomey, Maga, erinnern, der das gleiche tat wie die Renaissancefürsten, jedoch mit einem Unterschied. Während letztere sich auf Einkünfte stützten, die von bereits florierenden einheimischen Ökonomien produziert wurden und den Reichtum ihrer Nationen mehrten, indem sie als krönende Errungenschaft nicht unterstützter Entwicklung im Palastbauen schwelgten, gelang es Maga, den Wohlstand zu mindern, indem er extern beschaffte Hilfsgelder in Höhe von sage und schreibe $ 3.000.000 für seine üppige Residenz abzweigte, lange bevor die Wirtschaft seines Landes in der Lage war, den entsprechenden Überschuß zu liefern.[38] Ein anderes Beispiel wurde von Teodoro Moscoso, dem ersten Vorsitzenden der amerikanischen Alliance for Progress, ans Licht gebracht, als er vor Zuhörern berichtete, wie schwer es diese berühmte Hilfsorganisation in einem nicht namentlich genannten Land hatte: „Während Wirtschaftsberater den Kauf von schweren Maschinen empfahlen, um damit die Güter und Materialien zu produzieren, mit denen sich eine ungünstige Zahlungsbilanz ausgleichen ließ, ... kauften die Menschen in diesem Land statt dessen Kühlschränke, die Eis für Cocktails produzieren.“[39] Doch selbst wenn von außen kommendes Unterstützungskapital *tatsächlich* für schwere Maschinen verwendet wird, werden sie fast durchweg für weniger rationale Zwecke verwendet, als dies bei einheimischem Kapital der Fall wäre. Wie

Ceylon gezeigt hat, baute das Land mit seiner ausländischen Hilfe als erstes ein Stahlwerk. Nun, da es eines hat, besitzt es auch das Prestige, das es sich vorstellte. Doch wie die Presse berichtet, steht die Fabrik die meiste Zeit des Jahres still, da sich der gesamte Bedarf des Landes innerhalb weniger Wochen produzieren läßt. Kein Wunder also, daß sie keine Arbeitsplätze schafft, sondern den Arbeitern für den Rest des Jahres die nötige Freizeit verschafft, um eine Revolution ausgerechnet gegen die Regierungen vorzubereiten, die den Arbeitern Stolz verschaffen wollten.[40]

Drittens *verringert* Kapital, das in einem zu frühen Entwicklungsstadium von außen in eine Volkswirtschaft importiert wird, Beschäftigungsmöglichkeiten proportional stärker, als es welche schafft; einheimische Akkumulation hingegen *erhöht* sie proportional stärker, als es sie abschafft (aus dem einfachen Grund, weil der Prozess der Kapitalschöpfung weit mehr Arbeiter erfordert als der Prozess, mit dem man bereits geschaffenes Kapital in Nutzung bringt); unterentwickelte Länder sind somit auf ewig mit der unangenehmen Tatsache konfrontiert, daß eine der ersten Früchte des Fortschritts durch ausländische Investitionen die plötzliche Entstehung eines Arbeitslosenproblems ist, und zwar in Größenordnungen, auf die sie nicht vorbereitet sind und die sie selbst *mit* Hilfe nicht lösen können. Und da eine steigende Arbeitslosenzahl ein williges Instrument der Revolution nicht nur gegen mythische Kapitalisten aus dem Ausland darstellt, sondern auch gegen die einheimische Regierung, ganz gleich ob sie sich zum Maoismus, zum Leninismus, zum Marxismus oder zur Neuen Linken bekennt, besteht die nächste Konsequenz darin, daß das Hilfskapital, das eigentlich den wirtschaftlichen Fortschritt unterstützen sollte, für militärische Zwecke mißbraucht werden muß. Denn der einzige Bereich, der genug Arbeitskräfte absorbieren kann, um die revolutionäre Zeitbombe der Arbeitslosigkeit zu entschärfen, ist die Armee.

Da jedoch die hohen Kosten einer Vergrößerung der Streitkräfte die weitere Entwicklung hemmen, erstickt die militärische Beschäftigung der Beschäftigungslosen die einmal geweckte Revolutionsstimmung nicht, sondern verschafft ihr lediglich die Professionalität, die Ausrüstung und die Führerschaft, die zu ihrer Erfüllung nötig sind. Und die Folge ist, wie die *doctores* Nkrumah, Obote oder

Sukarno schmerzlich erfahren mußten, als es zu spät war: Statt dem verschwenderischen Glanz der Befreiung eine Sicherheitsmaßnahme hinzuzufügen, schufen die Regierungen, die sich der mephistophelischen Verlockung hingaben, Reichtum mit dem Zauberstab des Hilfskapitals zu schaffen, einen Nebeneffekt, der in Wirklichkeit nicht zur Überwindung von Armut, Kapitalismus oder Reaktion führt, sondern zum Sturz der Führer ausgerechnet jener Revolution, die auf ausländische Investitionen als den leichtesten wie auch raffiniertesten Ausweg aus der wirtschaftlichen Rückständigkeit vertraute.

Und um schließlich den vielleicht unerwünschtesten Nebeneffekt ausländischen Kapitals zu nennen, das zu früh für die Entwicklung eines Landes eingesetzt wird: Damit wird es jungen Nationen ermöglicht, die identitätsprägenden Mühen der wichtigen Zwischenstufen ökonomischen Fortschritts zu überspringen, ohne damit aber den Prozeß in irgendeiner Weise zu beschleunigen. Und da dies den Gesetzen der sozialen Biologie widerspricht, könnte man, in Abwandlung eines Wortes von Bernard Shaw, darauf hinweisen, daß sie damit einzig und allein von der Abhängigkeit des Kindesalters in die Abhängigkeit des Greisentums hinübergleiten, ohne die Gelegenheit zu haben, jemals die Reifephase zu durchlaufen. Lohnt das die Abkürzung?

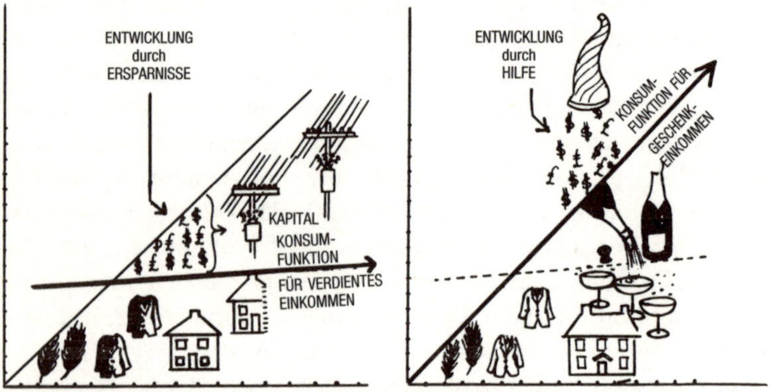

KONSUMFUNKTIONEN FÜR VERDIENTES UND GESCHENKTES EINKOMMEN. DIE ERSTE ABBILDUNG ZEIGT, WIE FINANZMITTEL, DIE DEM KONSUM ENTZOGEN WERDEN, ZU KAPITAL WERDEN; DIE ZWEITE ABBILDUNG: WIE FINANZMITTEL, DIE ZUM KAPITALAUFBAU BESTIMMT SIND, VORZEITIG IN VERSCHWENDERISCHEN KONSUM UMGELENKT WERDEN.

KAPITEL 13

Entwicklungsphasen I – Der Dorfstaat

Multum in parvo.
SPRICHWORT

Nehmen wir nunmehr an, wir haben als Führer einen Zauberer, der die Vorstellungskraft der Menschen befeuern kann; und nehmen wir weiter an, er verfügt über die Regierungsautorität, um dafür zu sorgen, daß die Arbeitskräfte an der einheimischen Kapitalbildung arbeiten, das heißt: mit Blick nicht auf die Gegenwart, sondern auf die Zukunft; für einen Produktivitäts-, aber noch nicht für einen Lohnzuwachs; für die Schaffung einer gesunden Gesellschaft, aber noch nicht für die Verbesserung der individuellen Lage, für die eine gesunde Gesellschaft Voraussetzung ist – wie sieht dann der nächste Schritt aus?

Unsere erste Aufgabe wird rein administrativer Art sein. Wir müssen unser Zielland in eine Reihe autonomer Entwicklungsbezirke von solch kleiner Größe unterteilen, daß jeder sich mit Klarheit von Menschen verwalten läßt, die nicht mit Genie gesegnet sind, was selbst in den fortgeschrittenen Ländern selten ist, sondern mit ganz gewöhnlichem „Hausverstand". Oder um den weiter oben eingeführten Begriff zu verwenden: Unsere erste Aufgabe besteht darin, das Land in CUV-Regionen zu unterteilen, die anfangs kaum größer als Klöster, mittelalterliche Rittergüter oder moderne Landwirtschaftskollektive sein müssen. Qua Definition lassen sich diese durch ihre lokalen Führer entwickeln, ohne daß dafür viel fachliche Beratung oder enge zentrale Überwachung vonnöten wären. Das wird die Verschwendungen vermeiden helfen, die Nikita Chruschtschow so treffend beschrieb, als er sich darüber beklagte, in gigantomanieversessenen Staaten wie der Sowjetunion gebe es so viele Aufseher, die Aufseher beaufsichtigen, daß das Ziel der Beaufsichtigung darüber häufig völlig aus dem Blick gerate.

Unsere zweite Aufgabe wird sozialer Natur sein. In unseren neu gebildeten CUV-Bezirken geht es um die Einrichtung dessen, was ich als Entwicklungskommunismus bezeichnet habe. Wie bereits ausgeführt, handelt es sich dabei um ein System, das anders als sein ideologischer Vetter den Kommunismus nicht als Zweck, sondern als Mittel benutzt, nicht als Kulminationspunkt, sondern als Initialzündung. Er verschwindet, sobald der Motor angesprungen ist. Je rückständiger eine Region ist, desto vollständiger wird deren Kommunismus sein müssen, so wie bei einer Rakete ins All gilt: je niedriger der Startpunkt, desto größer muß der Initialschub sein, der sie letztlich von der Kraft, die sie in die Höhe katapultiert, befreit und dafür sorgt, daß sie von da an mit eigenem Schwung vorankommt.

Mit anderen Worten: Eine Regierung, die ein rückständiges Land auf ein Leben in wohlhabender Freiheit vorbereitet, muß gerade die Restriktionen, die wir besonders gerne abschütteln würden, in einem Maße auferlegen, das direkt proportional zum Grad der Rückständigkeit ist. Im Falle extremer Unterentwicklung bedeutet dies, daß zunächst so gut wie alle bestehenden Eigentumsverhältnisse vorübergehend aufgehoben werden. Möglicherweise müssen wir in Baracken untergebracht, in Gemeinschaftsräumen verköstigt und allgemein Disziplinierungen unterworfen werden, die nicht mit freien, sondern mit Kontrollgesellschaften assoziiert werden. Beispiele für diese extreme Form von *vita communis* in der Phase des „take-off" finden sich selbst in unseren Tagen in den Produktionskommunen Chinas, in den Kibbutz-Kommunen in Israel, in den Klosterkommunen der Katholischen Kirche, in den Militärkommunen der Armee oder in den Sportkommunen der Bergsteiger, die eine Besteigung des Mount Everest vorbereiten. Und es gibt keinen Grund, warum – unter der Anleitung eines einfallsreichen Führers, der unserer Ansicht nach in den frühen Wachstumsphasen unverzichtbar ist – die Soldaten der nationalen Entwicklung die vorübergehenden Restriktionen der heroischen Phase im Kampf um ein besseres Leben mit weniger Bereitwilligkeit und Ritterlichkeit akzeptieren sollten als die Soldaten der nationalen Verteidigung.

Haben wir durch *administrative* Aufteilung und *gesellschaftliche* Reorganisation den Boden bereitet, so können wir nun die dritte und wichtigste Aufgabe in Angriff nehmen: die Organisation der

Entwicklung auf *ökonomischer* Ebene. Während sich die beiden ersten Ziele sofort und gleichzeitig durch einen schlichten Gesetzesakt erreichen lassen, erfordert die dritte Aufgabe Zeit. Und alles, was Zeit braucht, muß in eine Sequenz zerlegt werden, in eine Abfolge von Stufen, einen Zeitplan, der Prioritäten festlegt; das wird sich im Hinblick auf die angestrebten Ergebnisse als um so produktiver erweisen, je natürlicher sie angeordnet sind.

Doch wie sieht die natürliche Ordnung ökonomischer Entwicklung in unserer gutsgroßen grundlegenden CUV-Kommune aus? Sollen wir mit dem Bau von Straßen beginnen? Mit den Autos, die darauf unterwegs sind? Mit Stahlwerken, die für beides vonnöten sind? Mit Unterkünften für die Arbeiter, die man für alle drei Dinge braucht?

Wird Entwicklung durch Unterstützung von außen finanziert, ist die eine Ordnung so gut wie die andere, so wie sich jede noch so verschwenderische Art der Haushaltsführung als erfolgreich erweist, wenn die damit betraute Hausfrau mit einem Millionär verheiratet ist, der sie abgöttisch liebt. Doch im Falle von Entwicklung ohne Unterstützung ist nur eine logische Ordnung eine natürliche Ordnung. Und eine Ordnung ist nur dann logisch, wenn jedem einzelnen Schritt die Vollendung des Schritts vorangeht, dessen unmittelbare historische Konsequenz er ist. Es ist wie mit dem menschlichen Körper. Soll er wohlgeformt sein, muß er in den neun Monaten bis zur Geburt in verkürzter und verdichteter Form alle vorangegangenen historischen Phasen des Lebens durchlaufen: vom Meeres- zum Landwesen; vom Fisch über das Säugetier bis zum Menschen. Würde er irgendeine davon überspringen, würde dies das Wachstum nicht beschleunigen, sondern hemmen.

Die natürliche, die logische Ordnung ist somit die historische Ordnung. Und historisch gesehen muß jede Gesellschaft als erstes ihre Nahrungsversorgung sicherstellen. Das ist kaum problematisch, wenn man bedenkt, daß es von den vereisten Ozeanwelten der Eskimos bis zum leeren Hochland von Tibet auf der ganzen Erde keine Region gibt, die nicht die für das Überleben der dort ursprünglich Ansässigen nötige Menge und Vielfalt an Nahrung liefert.

Doch bloßes Überleben ist noch kein Fortschritt. Will sich eine Gesellschaft entwickeln, muß sie nach mehr streben als nur nach den Mitteln bloßen Auskommens. Sie muß Wege finden, um die eigene Nahrungsmittelproduktivität über den Punkt hinaus zu steigern, bis zu dem das Überleben alle verfügbare Arbeitskraft absorbiert. Doch auch das ist kaum problematisch. Denn alles, was man zunächst braucht, um die Primärproduktivität zu steigern, ist: eine bessere Organisation der Arbeit; eine klügere Nutzung des Landes; verbesserte Anbaumethoden; und erste Spezialisierungen. Auf diese Weise läßt sich der Output je Arbeitseinheit steigern, ohne daß dies Auswirkungen auf die grundlegende Eigenständigkeit jeder unserer gutsgroßen CUV-Kommunen hat und ohne daß man somit Ressourcen von außerhalb der lokalen Ökonomie benötigt.[41]

Sobald die Nahrungsmittelproduktivität zunimmt, können die ersten Brigaden gesellschaftlicher Arbeit aus der Subsistenzproduktion entlassen und für den zweiten Schritt auf dem Weg des Fortschritts eingesetzt werden: die Akkumulation noch nicht industriellen, aber unseres ersten landwirtschaftlichen Kapitals. Das geschieht in Form von Dämmen, Bewässerungskanälen, Karren, Feldwegen, Zäunen und Scheunen sowie von Lagerhäusern und Vertriebszentren für unsere bislang gemeinsam produzierten und in gemeinsamem Besitz befindlichen Subsistenzgüter. Alles, was wir zur Finanzierung brauchen, ist die produktive Re-Investition der freien Zeit, die wir als ersten Ertrag unserer gesteigerten Nahrungsmittelproduktivität gewonnen haben, anstatt sie sofort für ein leichteres Leben auszugeben, was vergnüglicher wäre. Damit aber hätten wir dann keine Zeit mehr für den Kapitalaufbau übrig, und der Fortschritt würde, kaum begonnen, schon wieder zum Stillstand kommen.

Gestützt auf neues Landwirtschaftskapital, wird unsere Nahrungsmittelproduktivität nunmehr sofort eine zweite Steigerung erleben. Infolgedessen können neue Brigaden an Arbeitskraft für den dritten Schritt in unserer historisch logischen Entwicklungsordnung freigesetzt werden. Er besteht in der Schaffung von Annehmlichkeiten, die erstmals nicht mehr nur der Gesellschaft zugute kommen, sondern auch ihren Bestandteilen, nämlich den Bürgern. Der neue Aktivitätenzyklus, der den allmählichen Übergang vom sozialen zum individuellen Zweck, vom Staats- zum Privateigentum, vom Leben in Schlafsälen zum Leben zu Hause einläutet, liefert uns somit unsere ersten individuellen Residenzen, die ersten Drainage- und Wasserversorgungssysteme im Eigenheim, unsere ersten selektiven Wirtshäuser, Geschäfte, Kirchen und Schulen.[42]

Gruppiert um den entspannten, kostengünstigen Charme eines Marktplatzes und angesiedelt neben den noch in staatlichem Besitz befindlichen kommunalen Lagerhäusern und Vertriebszentren, stellen die Strukturen, die in diesem dritten Schritt hinzukamen, das Erreichen unseres ersten umfassenden Hauptentwicklungsziels dar: der eigenständigen ländlichen CUV-Gesellschaft; der prosperierenden Gutskommune; des beinahe souveränen *Dorfstaates*. Und wir haben es erreicht ohne Wirtschaftshilfe von außen, ganz gleich welcher Art – ohne Rohmaterialien, denn wir haben nur die Ressourcen genutzt, die wir in unserer unmittelbaren Umgebung gefunden haben; ohne Nahrungsmittel, denn unser erster Fortschritt bestand in einer Steigerung der eigenen Nahrungsmittelproduktivität; ohne Finanzmittel, denn alles, was unseren Reichtum mehrte, wurde bislang durch die Nutzung eingesparter Arbeit finanziert, die durch jede der aufeinanderfolgenden Wellen höherer Effizienz im Gefolge jeder erfolgreichen Steigerung unserer Nahrungsmittelproduktivität frei wurde.[43]

Mit anderen Worten: Dank direkter Finanzierung durch Arbeit anstatt komplizierter und indirekter Finanzierung durch importiertes Kapital hat unsere Entwicklung bislang nichts gekostet. Das gilt selbst dann, wenn wir das Ergebnis nicht im Hinblick auf ausländisches Kapital, sondern auf einheimisches Opfer bemessen. Denn der gleiche Arbeitsaufwand, der uns früher weniger brachte, bringt uns heute mehr – zum Teil aufgrund besserer Organisation, was nichts kostet; zum Teil durch Primärkapital, das durch bessere Organisation geschöpft wurde, was wiederum nichts kostet außer in der einzigen Währung, die jedem zur Verfügung steht: Zeit.

Ebensowenig haben wir es hier einfach mit einem weiteren Fall von Elfenbeinturmökonomie oder Ritterromantik zu tun. Der bodenständige Realismus könnte keine bessere Bestätigung finden als in dem Augenzeugenbericht, den die hartgesottene, geradlinige, große Joan Robinson aus Cambridge, der man beides wahrlich nicht vorwerfen kann, im *Listener* (30. Januar 1964) veröffentlichte. Die große alte Dame der Wirtschaftswissenschaften beschreibt darin die nicht unterstützte landwirtschaftliche Kapitalbildung in einer chinesischen Kommune mittels Arbeit, die (in ihrem Beispiel) nicht durch erhöhte Nahrungsmittelproduktivität frei wird, sondern, was auf das gleiche hinausläuft, durch die saisonale Anpassung der bäuerlichen Aktivitäten, und weist in diesem Zusammenhang höchst emphatisch darauf hin, daß all dies erreicht wurde, ohne daß man auch nur einen Pfennig ausgegeben hätte. Arbeit nämlich, der Hauptfaktor hinter jeder Primärkapitalbildung, „kostet nichts, denn während der saisonalen Flaute gibt es nichts anderes zu tun", und die Arbeiter müssen natürlich trotzdem unterstützt werden. Auf diese Weise „bereichern sich die Kommunen fortwährend selbst, indem sie Fruchtbarkeit und Eignung ihres Landes erhöhen, das sie in Zukunft bearbeiten werden. Man kann dort mit bloßem Auge erleben, wie die Organisation der Kommunen dazu beiträgt, daß sie Wohlstand für sich selbst schaffen."

Gleiches gilt natürlich auch für „antikommunistische" Kommunen wie das südvietnamesische Dorf Hoaimy, dessen unerwartete Freisetzung sozialer Energie laut *Time* (1. Mai 1964) einen ganzen Schwarm von Beobachtern in „staunendes" Erschrecken versetzte. Was war geschehen? „Plötzlich und, soweit man das beurteilen kann, aus eigener Initiative traten 10.000 Dorfbewohner 27 volle Tage lang an" und errichteten ohne Unterstützung, freiwillig und ohne Bezahlung mit Hacken und Körben eine 10 Fuß hohe, unten 20 Fuß und oben 4 Fuß breite Mauer. Dann versahen sie diese auf ganzer Länge mit einem Graben, der „mit Wasser gefüllt war, das sie mit einer Schaufelradvorrichtung aus dem Fluß geschöpft hatten".

Der *Time*-Korrespondent sah das offenbar eher durch die Brille von Hoffmanns Erzählungen statt mit Joan Robinsons „bloßem Auge" und glaubte, die „große Mauer von Hoaimy" habe „etwas Geheimnisvolles und Mystisches an sich". Und seine Chefredakteure hatten das Gefühl, daß „die Antworten nicht einfach sind und nicht eindeutig sein können". Doch schon im nächsten Satz liefern sie eine ebenso einfache wie eindeutige Antwort. „Hoaimy", so erklären sie, „ist eine auf einzigartige Weise zusammenhaltende Gemeinschaft"; das macht sie zu einer idealen operationalen CUV-Einheit, die in der Lage ist, sofort Arbeitskraft freizusetzen. Und sie wurde geleitet von Truong, „einem außergewöhnlich guten Bezirksvorsteher, der mit den Dorfbewohnern lebte und arbeitete"; sie hatte damit den idealen Gutsherrn in Sachen Entwicklung, der in der Lage war, die verfügbare überschüssige Arbeitskraft für die kapitalschaffenden Projekte einzusetzen, welche die Situation erforderte.

Das ist das ganze Wunder und Geheimnis von Hoaimys nicht unterstützter Leistung inmitten der nichts erreichenden und großzügig unterstützten Nicht-Wunder im Rest Vietnams. Was der Nationalstaat *mit* Hilfe nicht schaffen konnte, vollbrachte der Dorfstaat *ohne* Hilfe.

KAPITEL 14

Entwicklungsphasen II – Der Stadtstaat

Ich habe nie gelernt, wie man eine Harfe stimmt oder die Laute spielt; aber ich weiß, wie man eine kleine und unbedeutende Stadt zu Glanz und Größe führt.
THEMISTOKLES

Doch so glücklich der eigenständige und materiell prosperierende Dorfstaat auch sein mag: vollständige wirtschaftliche Entwicklung erfordert es, größere Höhen zu erklimmen. Zusätzlich zum ländlichen Reichtum wollen wir städtische Annehmlichkeiten. Wir wollen Bibliotheken und Wirtshäuser; Marktplätze und Universitäten, Theater und Cafés; Krankenhäuser und Kathedralen; gepflasterte Bürgersteige und Marmorbrunnen; Architektur und Stil. Und wir wollen Werkstätten und Fabriken, das soziale und industrielle Kapital, das zusätzlich zu unserem großen Vorrat an ursprünglichem landwirtschaftlichen Kapital vonnöten ist, wenn unsere hochgesteckten Ziele Wirklichkeit werden sollen. Doch da kein Dorfstaat für sich genommen über eine ausreichend große Bevölkerung verfügt, um für die Spezialisierung zu sorgen, die man zur Erfüllung dieser hohen Ziele benötigt, besteht unser nächstes großes Ziel darin, deren Ressourcen durch die föderale Integration mehrerer der nunmehr reifen Gutskommunen zu einer größeren CUV-Entität zu bündeln – nämlich dem Stadtstaat.

Wie bei jeder Integration wird der dabei erfolgende Eigenständigkeitstransfer von einer Reihe kleinerer Einheiten auf eine einzige größere Einheit die vorherige Eigenständigkeit der nunmehrigen Bestandteile in gewisser Weise verringern. Zudem müssen wir, wenn eine unabhängige lokale, nicht handeltreibende Gemeinschaft zu einer interdependenten regionalen Handelsgemeinschaft wird, die Kosten für zusätzliche Ausrüstung, Transportwege und Bürokraten aufbringen, die wir brauchen, um unsere erweiterten neuen Aufgaben des Austauschs und des Vertriebs meistern zu können. Da jedoch zugleich der höhere Spezialisierungsgrad, der durch die regionale Integration möglich wurde, die Grundlage für einen neuen und mehr als nur proportionalen Produktivitätszuwachs liefert, verschafft er uns automatisch die zusätzlichen Arbeitsbrigaden, die für die Bewältigung der vor uns liegenden Hauptaufgabe erforderlich sind – die Errichtung einer Stadt sowie die Einrichtung der zugehörigen Verwaltungs-, Kultur-, Handwerks- und Handelsinstitutionen.

Die Fähigkeit, auf dem Höhepunkt des Dorfniveaus neue Wellen an überschüssiger Arbeit freizusetzen, erklärt somit ganz *allgemein*, warum es zur Erfüllung der deutlich erweiterten Ambitionen des Stadtstaates ebensowenig äußerer Unterstützung bedarf wie bei der Verwirklichung der bescheideneren Zielsetzungen der früheren Dorfstaaten. Es gibt jedoch auch noch eine ganze Reihe *spezieller* Gründe dafür.

1. Zunächst einmal müssen wir bedenken, daß wir die einzelnen Dorfgemeinschaften integrieren, nachdem – und nicht bevor – sie ein hohes Niveau an Reife und Prosperität aus eigenem Recht erreicht haben. Ihre neue Interdependenz wird somit lediglich eine Ausweitung ihrer bereits bestehenden ländlichen Aktivitäten mit sich bringen und keine kostspielige Veränderung in Sachen Ausrichtung und Grundstruktur implizieren; sie wird schlicht die Organe stärken und nicht die Funktionen auf komplizierte Weise verändern. Die begrenzte Reichweite der Integration wird somit die vorherige hundertprozentige Eigenständigkeit der Dörfer um allenfalls vielleicht 10 Prozent verringern. Denn die Zahl der *neuen* innerregionalen Verkehrsadern und anderen Einrichtungen, die man braucht, um die entstehende Stadt zu füttern und wirtschaftlich mit ihrem Hinterland zu verschmelzen, ist naturgemäß so klein, daß sie die gemeinsamen Ressourcen der konstituierenden Gemeinschaften, die sich bereits in individuellem Wohlstand von hohen Graden sonnen, kaum belastet.

Zudem wird der minimale Verlust an ländlicher Eigenständigkeit nicht nur die Integrationskosten niedrig halten, sondern nebenbei auch noch den unschätzbaren Vorteil bieten, daß der neue Staat den gesunden Dualismus der kontrastierenden Formen von Land- und Stadtleben bewahren kann. Denn insoweit die Dörfer in der Lage sind, ein substantielles Maß an Autarkie zu behalten, verfügen sie automatisch über die einzige ökonomisch wirksame Waffe gegen die andernfalls unausweichliche Erosion ihrer Identität und die Abwanderung ihrer Bewohner in die verheerende Gleichförmigkeit der Vorstädte – ein wucherndes Krebsgeschwür, das weder Land noch Stadt ist und, in den Worten von Aristoteles, dazu führt, „daß ein Staat, der so fortschreitet und immer mehr *einer* wird, gar kein Staat mehr ist. Denn seiner Natur nach ist der Staat eine Vielheit..." (*Politik* 1261a).

2. Neben dem hohen Grad an wohlhabender ländlicher Eigenständigkeit liegt ein zweiter Grund dafür, daß das Erreichen der nächsten Entwicklungsphase ohne Hilfe möglich ist, in den geringen Kosten der *Art* von Stadt, die wir aus dem zugrundeliegenden Konglomerat von Dorfstaaten entstehen lassen. Denn anders als bei den riesigen politischen Zusammenschlüssen der Moderne ermöglicht es die Beschränkung des Stadtstaates auf sein nationales und urbanes Territorium, die drei sterilsten wie auch bedrückendsten ökonomischen Verschwendungen unserer Zeit zu vermeiden: a) die stupenden Kosten, die heutzutage mit dem städtischen Pendeln verbunden sind und wegfallen, wenn Städte wieder als dichte, kompakte, verkehrssparende Zentren mit Fußgängerdimensionen gebaut werden; b) die gleichermaßen stupenden Kosten des Transports über lange Strecken, die wegfallen, wenn eine kleine Gesellschaft ihre Entwicklungsbegierden an das anpaßt, was sich mit der Arbeitskraft und den Materialressourcen produzieren läßt, die innerhalb der engen Grenzen der eigenen Gegend zur Verfügung stehen; c) die ausufernden Kosten gut ausgebildeter Techno- und Bürokraten in Gestalt auswärtiger Berater und einheimischer Verwalter, die ebenso unverzichtbar wie nutzlos sind bei Nationen, welche über die Dimensionen einer Überschaubarkeit „mit bloßem Auge" hinausgewachsen sind, auf die man jedoch im Falle der unbelasteten CUV-Proportionen eines ungebundenen Stadtstaates getrost verzichten kann.

Daß man sich die zuletzt genannte Verschwendung sparen kann, bildet eine nicht gerade unwichtige wirtschaftliche Maßnahme, wie sie in einer kleinen Gemeinschaft möglich ist. Um das zu ermessen, müssen wir nur die astronomischen Kosten einer modernen Techno-Bürokratie bedenken, die aus einem zweifachen Hemmnis resultieren: aus der hohen Entlohnung, die sie aufgrund ihrer langen Vorbereitung verlangt, und aus dem erstickenden Bürokratismus, den sie aufgrund des notorisch reziproken Verhältnisses zwischen dem Bedarf an ihren Diensten und der Effizienz ihrer Leistung erzeugt. Denn wie Northcote Parkinson so eindrucksvoll gezeigt hat: Je weniger ein Bürokrat leistet, desto länger muß der Bürger ihn beknien. Und je stärker er beratend am Entwicklungsprozeß beteiligt ist, desto größer wird das Heer zusätzlicher Bürokraten, die man zu Rate ziehen muß, um die Bänder der Berater zu entwirren (der verstorbene Howard Gossage bezeichnete sie gerne als Menschen, die sich die Armbanduhr von einem leihen und einem dann sagen, wie spät es ist. Und die, so hat jemand hinzugefügt, die Uhr dann auch noch behalten).

Sich die unsinnigen Ausgaben für Bürokratie zu sparen hat überdies den Vorteil, daß es uns den selbstgenerierenden heimischen Talentpool verschafft, aus dem wir im weiteren Verlauf all die Ärzte, Lehrer, Künstler, Modedesigner, Entertainer, Architekten, Anwälte, Goldschmiede und anderen rekrutieren können, die man braucht, um die ganze Bandbreite städtischer Berufe abzudecken, die entstehen, wenn physischer Aufbau und Kapitalbildung den Punkt erreicht haben, an dem man sich darauf beschränken kann, sie aufrechtzuerhalten. Das ist der Fall, wenn an die Stelle der ressourcenverbrauchenden Wachstumsökonomien die dividendebringende Ökonomie der Form tritt; und wenn die Begrenzung der Beschäftigung, die mit dem Abschluß der Ausweitung einhergeht, weniger von der befürchteten Heraufkunft des statischen Staates kündet als vielmehr von der Entstehung einer anderen *Art* von Beschäftigung, die das Erreichen der Zivilisation markiert.

3. Schließlich gibt es einen dritten wichtigen Grund, warum sich der Stadtstaat ohne Unterstützung von außen vollständig entwickeln kann: die vorübergehende Bewahrung des Systems eines Entwicklungskommunismus. Wie wir gesehen haben, wurde dies in den Dörfern historisch unter der disziplinierten Führung dessen erreicht, den man früher als Gutsherrn bezeichnet hätte und den unser militaristisches Zeitalter eher als Bezirkshauptmann oder Entwicklungskommissar tituliert. Und den Akteur, der ihn im entstehenden Stadtstaat durchsetzt, hätte früher den eher bescheidenen Titel eines

Fürsten getragen, doch in unserer republikanischen Welt nennt man ihn allgemeiner Präsidenten auf Lebenszeit, Wohltäter, Befreier, Generalissimo oder Erlöser.

Der Grund, warum der Entwicklungskommunismus auch weiterhin ein wesentlicher Faktor bei der Eigenfinanzierung des Fortschritts in den Frühphasen des Stadtstaates bleibt, liegt darin, daß er uns die bei weitem kostspieligste aller *politischen* Verschwendungen erspart (immer vorausgesetzt, daß unser Entwicklungsfürstentum daran gehindert wird, dem Beispiel des antiken Rom zu folgen und sich über die Überschaubarkeit seiner ursprünglichen CUV-Proportionen hinaus zu vergrößern): die Verschwendung der verfrühten Demokratie.

Um dies ermessen zu können, müssen wir nur den Aufwand an Zeit, Geld und Schnaps betrachten, der für Beratschlagungen, Überlegungen, Nachdenken, Unterhaltung des Ausschusses, Debatten, Wahlkämpfe und was nicht noch alles betrieben werden muß. Wie die Demokratie als solche werden auch derartige Praktiken als inspirierende Luxusgüter geschätzt, die man sich nicht nur leisten kann, sobald man das Stadium der Reife erreicht hat; sie sind vielmehr sogar von essentieller Bedeutung, um die ansonsten explosive Menge an bürgerlicher Energie in Schach zu halten, die mit Erreichen der vollen materiellen Entwicklung freigesetzt wird. Doch für rückständige Gesellschaften, die sich noch mitten im Kampf um rasches Vorankommen befinden, sind solche Reifepraktiken in etwa so sinnvoll – und so ruinös – wie parlamentarische Debatten für Armeen, die sich mitten in der Schlacht befinden. Denn was beide in diesem kritischen Augenblick brauchen, ist nicht Beratschlagung, sondern Handeln; nicht Zögern, sondern Entscheidung; nicht Konsens, sondern Führung; nicht Zustimmung, sondern Vision; nicht Angst vor dem Irrtum, sondern den Mut, selbst auf das Risiko hin, falsch zu liegen, voranzuschreiten. Denn ein schnell begangener Fehler läßt sich auch schnell korrigieren. Und das ist allemal besser als die Sicherungen des Ausschußkompromisses, der Verantwortung nicht konzentriert, sondern sozialisiert; und der nicht vor Irrtum schützt, sondern ihn verschlimmert, indem er ihn einstimmig macht und damit den Kosten der zeitlichen Verzögerung auch noch die Kosten hinzufügt, für lange Zeit unrecht zu haben.

Es gibt deshalb offenbar keinen Grund, warum ein moderner Stadtstaat mit CUV-Proportionen nicht in der Lage sein sollte, ohne Hilfe das höchste Niveau florentinischer Entwicklung zu erreichen,[44] solange er nur willens ist, die oben skizzierten, historisch erprobten simplen Leitlinien anzuwenden: 1. Dorfgemeinschaften erst dann integrieren, wenn sie genug Eigenständigkeit und ländlichen Wohlstand erreicht haben, um den Überschuß zu produzieren, mit dem sich eine selbst geschaffene urbane Gesellschaft versorgen läßt. 2. Die *ökonomischen* Verschwendungen der Integration vermeiden, indem man (a) die urbane Ausbreitung durch die Errichtung kompakter Städte bekämpft, die ein hohes Maß an Fußgängerproportionen bewahren; und (b) die Interdependenz von Stadt und Land einerseits und zwischen den Dörfern andererseits auf ein unverzichtbares Minimum begrenzt. 3. Die *politischen* Verschwendungen vermeiden durch die temporäre Einrichtung eines autoritären Entwicklungskommunismus oder, wenn einem eine historischere Bezeichnung lieber ist, eines kameralistischen Absolutismus oder wohlwollenden Despotismus an Stelle einer verfrühten Demokratie, die Debattenerfahrung verlangt, noch ehe man Erfahrung im Handeln gesammelt hat.

DER KOSTENGÜNSTIGE LUXUS STÄDTISCHER KONTRAKTION.

KAPITEL 15

Kulminationspunkt – Die überschaubare Gesellschaft

Demnach ist es also klar, daß dies die beste Bestimmung des Staates ist: das größte statthafte Übermaß der Volksmenge, das im Hinblick auf die Selbstgenügsamkeit des Lebens leicht überschaubar ist.

ARISTOTELES

Au volant, la vue est la vie.

AUTOAUFKLEBER IN FRANKREICH

Was mich betrifft, so könnte nunmehr die Entwicklung ebensogut enden, sobald sie die höchste Ebene des Stadtstaates erreicht hat.

Wir haben nun eigentlich alles, wonach eine reife Gemeinschaft verlangen könnte. Der Dorfstaat hat uns mit allem versorgt, was wir uns an Nahrung, Unterkunft und Kleidung nur wünschen können. Und der Stadtstaat hat dem ganzen Freizeit, Eleganz, Anmut und Stil hinzugefügt. Wir haben gut 100 hübsch gebaute, dicht bewohnte, kleine ländliche Gemeinden vereint und dabei die umliegenden Wälder und Felder gründlich aufgeräumt, sie mit einem Netzwerk von Wegen und klaren Bächen überzogen, hier und da gekreuzt von einer baumgesäumten Straße, die dem Freizeitverkehr in die Stadt angepaßt ist. Und inmitten von all dem haben wir unsere krönende Zitadelle errichtet: eine schwirrende, dichte kleine Metropole, deren funkelnde Spitzen herabblicken auf die wimmelnde Fußgängerweite marmorner Plätze, arkadenumschlossener Anlagen, versteckter Innenhöfe, verträumter Brunnen, von Gehsteigen, Cafés, Brücken, Fabriken und schattigen, von Balkonen gesäumten Straßen, die, frei von der Verkehrsflut, wie die Linien eines komplexen Spinnennetzes am herausgeputzten Hauptplatz unseres Gemeinwesens zusammenlaufen.[45]

Und obendrein haben wir noch etwas anderes geschafft. Nun, da unser Stadtstaat das Reifestadium erreicht hat, können wir auf das System eines autoritären Entwicklungskommunismus verzichten, der zum Erreichen dieses Stadiums beigetragen hat. Denn endlich können wir uns leisten, was zuvor ein Reichtum und Zeit verschwendender Luxus gewesen wäre. Politisch können wir uns Freiheit und Demokratie leisten, denn nun haben wir Zeit. Und wirtschaftlich können wir uns die die Vielfalt vergrößernden Verdoppelungen und „Verschwendungen" eines konkurrierenden freien Unternehmertums leisten, denn wir verfügen über Reichtum. Mit anderen Worten: Wenn der Stadtstaat voll ausgereift ist, ist die Bühne bereitet, um gleichzeitig die politische wie die ökonomische Regierungsmaschinerie zu verkleinern und den Großteil der Wirtschaft individuellen Unternehmern zu überlassen.

Genau das geschah die ganze Geschichte hindurch. Jedesmal wenn eine Gesellschaft die Aufgabe, die kommunale Grundlage für ihre Wirtschaft zu legen, erfüllt hatte, verwandelte sich die Raupe der Kontrolle in den Schmetterling der Freiheit. Daher das (keineswegs widersprüchliche) scheinbare Paradoxon, daß in die Fußstapfen der autokratischsten Entwicklungs- und Kontrollsysteme durchweg uneingeschränkte *laissez-faire*-Systeme treten. Im 19. Jahrhundert folgten sie auf den Staatssozialismus kameralistischer und merkantilistischer Prägung. Heute werden sie in den kleineren Ländern, die davon betroffen sind, auf den Kommunismus folgen. Und sie werden ihn nicht nur in seiner entwicklungstechnischen, sondern auch in seiner ideologischen Variante beerben.

Das widerspricht zugegebenermaßen Nikita Chruschtschows düsterer Prophezeiung vor seinem eigenen politischen Ende, wonach der Kommunismus den Kapitalismus zu Grabe tragen werde. In Wirklichkeit hatte er gar nicht unrecht. Er *wird* ihn in der Tat aus zwei Gründen zu Grabe tragen. Zum ersten ist der Kommunismus, wie ich zu zeigen versucht habe, das einzige System, das die Entwicklungsprobleme unserer Zeit rasch und ohne Hilfestellung lösen kann. Und zweitens geraten die im Niedergang befindlichen überentwickelten, großen kapitalistischen Nationen dieser Welt – die nicht deshalb verfallen, weil sie kapitalistisch sind, sondern weil sie über die eigenständig zu bewältigenden CUV-Dimensionen hinausgewachsen sind – zunehmend in Abhängigkeit von der sozialisierten Regierungsführung, wie dies bislang nur für die aufstrebenden unterentwickelten Länder des 18. und 20. Jahrhunderts galt. Man denke nur an die Hilflosigkeit von Rolls Royce.

Chruschtschow hat jedoch offenbar übersehen, daß der Kommunismus – insofern die Hauptaufgabe aller Formen von Kommunismus darin besteht, unter Verwendung eines heilenden CUV-Musters die Wirtschaftskraft von Gesellschaften wiederherzustellen, die aus Gründen der Unter- oder Überentwicklung ins Wanken geraten sind – letztlich, sobald er sein Ziel erreicht hat, in die gleiche Lage gerät, wie sie Marx für den Staat vorausgesagt hat. Er wird seine Funktion verlieren. Er wird überflüssig werden. Er wird somit wie das merkantilistische Kontrollsystem vor ihm verschwinden. Daß es sich dabei nicht um eitle Spekulation handelt, läßt sich aus der Tatsache ersehen, daß der bedeutende sowjetische Ökonom Esvey Liberman bereits dazu aufruft, wieder stärker auf private Initiative und andere typische *laissez-faire*-Anreize zu setzen – und er lehrt nicht an der Universität Detroit, sondern in Charkow; nicht in einer Hochburg des Kapitalismus, sondern im Herzen des Kommunismus. Und bemerkenswerterweise konnte er das offenbar wagen, ohne Angst haben zu müssen, als kapitalistischer Totengräber gebrandmarkt zu werden; dieses Schicksal wäre ihm ein paar Jahre zuvor zuteil geworden, als die kommunistische Entwicklung noch nicht weit genug vorangeschritten war.[46]

Da dies nun jedoch der Fall ist, ist es weder überraschend noch revolutionär, daß ein Theoretiker wie Professor Liberman auftaucht und im kommunistischen Rußland in gleicher Weise als ideologischer Eisbrecher fungiert, wie dies 200 Jahre zuvor im merkantilistischen England Sir James Steuart getan hatte, dessen bahnbrechende Lehre vom Gleichgewichtsmechanismus von Angebot und Nachfrage ebenfalls in die Forderung mündete, die damals noch allgegenwärtigen Regierungskontrollen zu reduzieren.

Wie sein heutiger sowjetischer Nachfolger war zwar auch Steuart weiterhin der Ansicht, daß der Staat letztlich Vorrang vor privaten Interessen habe, und wird deshalb nicht zu unrecht als „der letzte Merkantilist" und nicht als „der erste Kapitalist" bezeichnet. Doch da sich das Zeitalter des *nation building* allmählich dem Ende zuneigte und in der Folge die fortgesetzte individuelle Unterordnung unter den gesellschaftlichen Entwurf rapide schwand, hatte Steuart gerade in *Principles of Political Economy* (1767) seine abgemilderte Form von Merkantilismus veröffentlicht, als Adam Smith mit seinem *Wealth of Nations* (1776) die Bühne betrat. Und Smith verurteilte sogar die abgemilderten Regierungskontrollen, da sie den natürlichen Prozessen zuwiderliefen und der Architektur einer Ökonomie, die ihr Reifestadium erreicht hatte, fremd seien. So wie das Holzgerüst von Kathedralen entfernt werden muß, wenn diese, vielleicht erst nach Jahrhunderten, in Stein errichtet sind, müsse laut Smith das Gerüst der Regierungskontrollen abgebaut werden, wenn das Bauwerk der Nation vollendet ist, wie ehrwürdig auch immer ihr Alter sein mag und wie tief verwurzelt auch immer die Interessen der mit dem Bau Befaßten sein mögen, die sich daran gewöhnt haben, von ihnen zu leben.

Es ist deshalb durchaus einsichtig, daß der Kommunismus den Leichnam des Kapitalismus in Zeiten der Vorzeitigkeit und des Niedergangs mit den Sterbesakramenten versieht. Doch ist es gemäß der Logik der Entwicklung und den historischen Vorläufern weniger vernünftig, davon auszugehen, das freie Unternehmertum des Kapitalismus im Smithschen Kleinmaßstab werde zu gegebener Zeit die freundliche Geste erwidern und seinerseits den Leichnam des Kommunismus bestatten, sobald die gesellschaftliche Reife erreicht ist, die der Kommunismus allein durch sein Gelingen auf so selbstmörderische Weise mit sich bringen muß? Das großzügige Totengräberangebot des Kreml basiert somit auf strikter Gegenseitigkeit. Denn so wie Smith im England des 18. Jahrhunderts auf Steuart folgte, so wird vermutlich im heutigen Rußland gleich nach Esvey Liberman ein Adamow Smithowitsch kommen – immer vorausgesetzt natürlich, daß der Regionalisierungstrend, der damit begann, daß Chruschtschow die riesige Sowjetunion wirtschaftlich in ein Netzwerk aus Distrikten mit CUV-ähnlichen Proportionen aufteilte, unter seinen Nachfolgern, die ihn absetzten, nicht wieder zu zentralisierter Gigantomanie führt.

Doch ähnlich wie der Mensch in seiner Blütezeit über selbstbewußte Freiheit verfügt, können freie politische und wirtschaftliche Systeme ihre Kraft nur in Zeiten der Reife bewahren. Bedeutet dies, daß Demokratie und freies Unternehmertum stets nur kurzlebige Phänomene sein werden? Keineswegs. Denn während sich Reife beim menschlichen Körper überhaupt nicht dauerhaft bewahren läßt, kann man sie beim politischen Körper unbegrenzt aufrechterhalten. Dazu muß man lediglich das menschliche Maß wahren, wie es in unverminderten CUV-Proportionen verkörpert ist. Mit anderen Worten: Sobald das gesellschaftliche Reifestadium erreicht ist, bewahrt man seine politischen und ökonomischen Freiheiten nicht dadurch vor den Totengräbern aus dem Kreml, daß man auf weiteres Wachstum setzt, sondern indem man es letztlich völlig stoppt. Gelingt das nicht, werden stets Überwachstum und Zusammenbruch die Folge sein.

Und genau wegen dieser Gefahr, daß es zu einem Überwachstum kommt, sobald die *natürliche* Wachstumsmission erfüllt ist, habe ich zu Beginn dieses Kapitels behauptet, wegen mir könne die Entwicklung gerne zum Stillstand kommen, wenn sie im ungestörten, unverbundenen, dem Krebs widerstehenden Kleinzellensystem des weitgehend den Fußgängern überlassenen Stadtstaates ihren Höhepunkt erreicht hat. Damit würden dem Menschen nicht nur die Vorzüge der Wohlstandsgesellschaft zuteil, sondern – wichtiger noch – auch die der überschaubaren Gesellschaft, deren begrenzte Größe Probleme dadurch lösbar macht, daß man sie mit bloßem Auge erkennen kann.

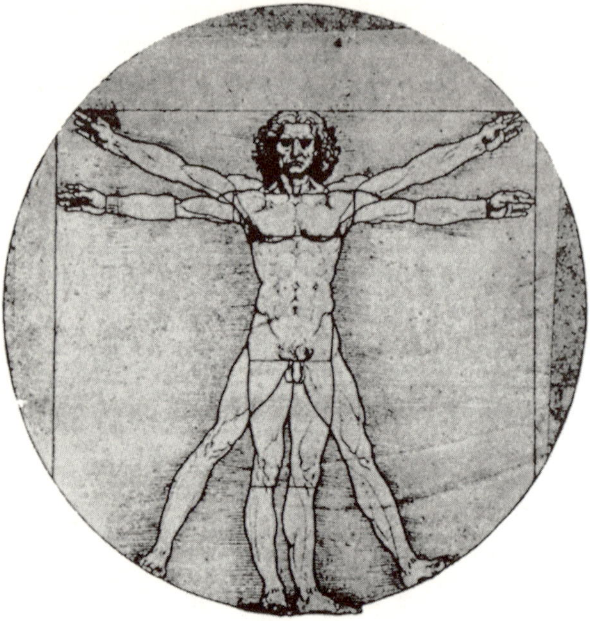

NICHT DER STAAT, NICHT DIE NATION, NICHT DIE MASCHINE –
DER *MENSCH* IST DAS MASS ALLER DINGE.

KAPITEL 16

Entwicklungsphasen III – Der Nationalstaat

Magna civitas, magna solitudo.

LATEINISCHES SPRICHWORT

Trotz meines von Aristoteles und Augustinus geprägten Glaubens an die überschaubare Gesellschaft und trotz meiner Überzeugung, daß dem Menschen am besten gedient wäre, wenn das materielle Wachstum ein Ende fände, sobald der Kulminationspunkt des Stadtstaates erreicht ist, bin ich mir bewußt, daß dies im Gegensatz zur einheitsseligen und erweiterungstrunkenen Stimmung unserer Zeit steht. Möglicherweise steht es sogar im Gegensatz zum Entwurf der Natur an sich, die in ihrem periodischen Bedürfnis nach Selbsterneuerung durch genau jenen Prozeß bestehende Systeme abstößt, den wir zu verhindern suchen: indem sie sie alt werden läßt. Und das gelingt ihr paradoxerweise dadurch, daß sie wieder einmal die aufgestauten Wachstumsenergien der Zellen, aus denen diese Systeme bestehen, freisetzt, indem sie die Mauern schwächt, die eigentlich deren Größe innerhalb der Grenzen ihrer funktionsbestimmten Form halten sollten.[47] Denn die Natur weiß genau, daß erneutes Wachstum im Reifestadium nicht das gleiche ist wie in der Jugend. Es befördert sie nicht auf ein höheres Niveau, sondern in die Maßlosigkeit; nicht zu größerer Reife, die logisch nicht vorstellbar ist, sondern in die Senilität, die nicht dadurch hoffnungsvoller wird, daß man sie als zweite Kindheit bezeichnet. Doch während die Natur all das weiß, scheinen unsere Staatsmänner und deren Ökonomen es als veralteten Fall obsoleter Physiokratie abzutun.

Deshalb müssen wir weitermachen und, ob nun zum Besseren oder zum Schlechteren, den Prozess wirtschaftlichen Wachstums eine unangenehme Stufe weitertreiben, indem wir eine Reihe gesunder Stadtstaaten zur ungeheuer ausgedehnten Entität des Nationalstaates zusammenschließen.

Eines der wenigen Dinge, das sich zugunsten des Nationalstaates anführen läßt, ist, daß wir ihn uns an diesem Punkt zumindest leisten können. Insofern läßt sich selbst diese letzte Entwicklungserweiterung ohne einen Pfennig Hilfe von außen finanzieren. Und der Grund dafür ist der gleiche, der auch schon für die nicht unterstützte Schaffung des Stadtstaates aus Dorfstaaten galt: Wir verschmelzen regionale Ökonomien nicht, *um* sie zu entwickeln, sondern *nachdem* sie bereits das volle Maß an wohlhabender Reife aus eigenem Recht erreicht haben. Im Gegensatz zu vorzeitig vergrößerten Ökonomien muß deshalb nur ganz wenig ganz neu aufgebaut werden. Genau gesagt müssen wir einzig und allein den materiellen und institutionellen Überbau hinzufügen, den wir für die Vereinheitlichung und weniger für die Entwicklung des neuen Nationalstaates brauchen.

Deshalb liegen die Kosten der fortgesetzten Erweiterung erneut deutlich im Rahmen unserer Möglichkeiten, und zwar trotz der Tatsache, daß wir endlich den Punkt erreicht haben, an dem wir diese kostspieligen Fetische brauchen – und sie uns dank des gemeinsamen Reichtums unserer regionalen Stadtstaatökonomien erstmals beschaffen können –, welche die Werbebilder des modernen Fortschritts so strahlend schön machen: die ausladenden Superhighways, Fernzüge, Autos, LKWs, Jumbo-Jets, Concordes, aber auch Kraftwerke, Stahlfabriken und all die andere Ausrüstung, die sich in der Tat kein Stadtstaat für sich genommen hätte leisten können. Allerdings hätte sie auch kein Stadtstaat und deshalb auch kein Bürger gebraucht, dessen Ambitionen beim Streben nach Glück der ehemalige Präsident Johnson selbst im Falle der gesättigten USA nicht als „allzu groß“ einstuft. „Sie beschränken sich auf Nahrung, Wohnen und Kleidung.“[48] Diese Bedürfnisse freilich kann auch ein Dorfstaat in Hülle und Fülle befriedigen.

Das gute Geschäft, das ein Nationalstaat bieten kann, ist deshalb kaum der Rede wert. Er kann höchstens unseren sozialen und nicht unseren persönlichen Konsumgütern etwas hinzufügen. Er kann uns mit Heil- statt Glücksmitteln überschütten; mit notwendigen Dingen gegen die Schwierigkeiten eines im Grunde irrationalen Existierens im erweiterten Maßstab, das die Lebenshaltungskosten erhöht, statt mit Luxusgütern, die vielleicht unseren Lebensstandard steigern und uns mehr Freizeit verschaffen, ihn zu genießen. Kurz: Er verspricht uns die große *Gesellschaft* statt der Größe des *Menschen* – was nun wirklich kaum als gutes Geschäft gelten kann.[49]

Das wahre Problem des Nationalstaates ist jedoch ganz anderer Art. Seine Organisation bildet territorial gesehen den ersten Schritt auf dem Weg zu den Größenordnungen, die jenseits handhabbarer CUV-Proportionen liegen. Er ist größer, als wir mit unserem natürlichen Blick ohne Hilfe erfassen können, und öffnet damit der Gefahr Tür und Tor, daß er letztlich der Unüberschaubarkeit der eigenen Dimensionen zum Opfer fällt. Tatsächlich geschieht genau dies bereits in Nationalstaaten wie Deutschland, Großbritannien, Italien, Frankreich oder den USA. Nach einer lebhaften Phase scheinbar unzerstörbaren *laissez-faire*-Daseins ist die egozentrische Kraft ihrer Volkswirtschaften nun offenbar aufgebraucht. Infolgedessen finden sie sich heute in der gleichen Position wieder, in der sie schon vor 150 Jahren waren, als sie noch weitgehend unterentwickelt waren. Nun, da sie auf der anderen Seite des Berges nach unten schlittern und sich in immer schnellerem Tempo Chruschtschows berüchtigten Grabstätten nähern, sind sie wieder, wie schon einmal, von einem hohen Maß an Regierungskontrolle abhängig.

Doch der Trend in Richtung zunehmender Regierungsabhängigkeit muß nicht schicksalhaft seinen Lauf nehmen. Er läßt sich vermeiden, wenn der Nationalstaat bereit ist, die unschätzbaren CUV-Vorteile seiner ursprünglichen Stadtstaat-Ökonomien zu bewahren (oder sie wiederherstellen kann) und ihnen so viel regionale Eigenständigkeit zu lassen, daß man den Nationalstaat, ökonomisch betrachtet, eigentlich gar nicht braucht.[50] Dazu müßte er allerdings der Versuchung widerstehen, seinen Einfluß auf jede Lebensphase auszudehnen. Vielmehr müßte er seine größenbestimmten „nationalen" Aufgaben auf das unvermeidliche Mindestmaß reduzieren. Statt die Wirtschaft als ganze zu integrieren, müßte er nur diejenigen Fäden miteinander verweben, die sie am Laufen halten wie etwa Telephon, interregionaler Verkehr oder die Einrichtung von Speise- und Schlafwagen. Mit anderen Worten: Seine Einheit müßte an die Einheit eines Mietshauses erinnern, das in ähnlicher Weise nicht die individuellen Wohnungen seiner Bewohner vereinheitlicht, sondern nur die grundlegenden Dienstleistungen, die sie für die Aufrechterhaltung ihrer gemeinsamen Struktur benötigen wie etwa Stromversorgung, Müllabfuhr, Heizung, Wasser, Treppenhaus, Pförtner und Aufzug.

Ähnlich müßte sich der interregionale Handel auf die Operationen beschränken, die dem Bürger noch einen positiven Zugewinn gegenüber dem lokalen Überfluß des Stadtstaates verschaffen. Er sollte deshalb dort gefördert werden, wo er dafür sorgt, daß die Handvoll an Delikatessen und Luxusgütern, die sich natürlicherweise nur in ihren jeweiligen Regionen produzieren lassen, im ganzen Land zu haben sind. Er sollte jedoch nicht bis zu dem Punkt gefördert werden, an dem das Medium zur Botschaft wird, das heißt, an dem er zum Selbstzweck wird und die Bürger mit einer Unmenge an Segnungen überschwemmt, die man wie etwa die Ausrüstung fürs Pendeln und Reisen nicht will, aber braucht, um Entfernungen zu überwinden, die durch die übermäßige Integration nicht mehr Abenteuer, sondern Arbeit sind.

Beachtet man diese einschränkenden Prinzipien, lassen sich auch die *Instrumente* nationaler Integration und nationalen Handels so klein wie möglich halten. Da ihre Größe von der Größe der politischen Einheit abhängt, der sie dienen, wären Integrationsinstrumente wie etwa Eisenbahnnetze noch immer gefährlich groß. Doch da es davon naturgemäß nur wenige gibt, würde deren geringe Anzahl zum Ausgleich dazu beitragen, die Vorteile kostengünstiger CUV-Proportionen zu wahren, die ansonsten in der Riesenhaftigkeit territorialer Größe eher verloren gehen.[51] Auf diese Weise könnte der Nationalstaat auch weiterhin als lebensfähiges Wirtschaftsprojekt florieren, ohne daß dies ein Übermaß an Regierungslenkung oder an Hilfe von außen erfordern würde.

Andererseits ist es so: Wenn der Nationalstaat, wie er das üblicherweise tut, dem Krebs seiner Größe erliegt und der Versuchung nachgibt, seine territoriale Einheit zu nutzen, um unnötigerweise jede Faser seines Daseins zu integrieren, kommt es zu derartigen Verkomplizierungen, daß – wie die überdehnten Länder unserer Tage so ausgiebig gezeigt haben – weder Regierungskontrolle noch ausländische Unterstützung und schon gar nicht eine noch weiter gehende Integration sie lösen können. Das mag sich vielleicht kompensieren lassen durch den erstaunlichen Produktivitätszuwachs der

Automatisierung, wie ihn nur ein großer „National"-Staat leisten kann. Das Problem dabei ist jedoch: So wie man durch ein Rinnsal verdursten kann, kann man auch von einer Sturzflut mitgerissen werden und kommt aller Wahrscheinlichkeit nach noch schneller um. Computergestützte Automatisierung ist deshalb keine Antwort auf den Verlust der Überschaubarkeit, die mit den CUV-Dimensionen schwindet.

Insgesamt gesehen ist der „National"-Staat ökonomisch ein Luxus, der sich unter bestimmten Voraussetzungen im Reifezustand finanzieren läßt. Im Falle der Unterentwicklung jedoch ist er einer der Hauptgründe für Rückständigkeit, und es gilt ihn *unbedingt* zu zerschlagen, wenn Fortschritt gelingen soll. Und auch politisch ist er kein großer Gewinn. Wie im Falle der Fahrergewerkschaft in den USA haben wir es nicht mit einem Wohlfahrts-, sondern mit einem Machtkomplex zu tun. Ich glaube deshalb weiterhin mit dem heiligen Augustinus: Die Welt wäre besser dran, „wenn sie nicht aus ein paar wenigen Ansammlungen bestehen würde, die sich durch Eroberungskriege schützen und in ihrer Begleitung Despotie und Tyrannenherrschaft mit sich bringen, sondern aus einer Gemeinschaft kleiner Staaten, die in Freundschaft zusammenleben, die Grenzen des jeweils anderen nicht überschreiten und nicht von Eifersüchteleien zerfressen sind"; oder mit Aristoteles, der der Meinung war, die beste Gesellschaft sei diejenige, die „sich leicht überschauen läßt".[52]

KAPITEL 17

Fünf Revolutionen

Je mehr wir tun, desto mehr können wir tun.
HAZLITT

Faßt man die drei vorangegangenen Kapitel zusammen, so kann man sagen: Soll wirtschaftliche Entwicklung sowohl schnell als auch ohne Unterstützung von außen gelingen, muß ein Land eine angemessen abgestufte historische Abfolge von fünf Revolutionen durchlaufen:

1. Zunächst muß es eine *administrative* Revolution durchlaufen. Es muß sich selbst in Entwicklungseinheiten von so geringer Größe aufteilen, daß sich die Probleme dort jeweils automatisch mit den lokal verfügbaren Mitteln bewältigen lassen.[53] Auf der grundlegenden Ebene des Dorfstaates sind diese Probleme im allgemeinen am zahlreichsten. Doch sie sind zugleich auch so einfach, daß man ihrer sogar mit ungelernten lokalen Fertigkeiten Herr wird. Auf der zweiten Ebene des Stadtstaates werden sie allmählich anspruchsvoller, so daß die Fähigkeiten, damit umzugehen, in der Regel mittels Bildung erweitert werden müssen. Doch zu diesem Zeitpunkt haben wir die Schulen, die für diese Erweiterung sorgen müssen, schon gebaut. Auf der obersten Ebene des Nationalstaats sind auch die Probleme am größten. Da jedoch auch die Möglichkeiten der Schulen, die Fertigkeiten zu vergrößern, begrenzt sind, müssen die Probleme, die im Nationalstaat auftreten, genau andersherum gelöst werden: nicht indem man die Fähigkeiten noch einmal auszudehnen versucht, sondern indem man die „nationale" Beteiligung auf ein Minimum reduziert. Dann werden selbst Probleme, die durch das Ausmaß nationaler Expansion vergrößert wurden, wieder mit bloßem Auge zu bewältigen sein, weil es insgesamt so wenige sind. Wenn man also lokale Probleme lokal, regionale Probleme regional und nationale Probleme national löst; und wenn man damit die Zahl der Probleme umgekehrt proportional zur Größe der betrof-

fenen Einheiten hält, dann wird auf allen Ebenen das angemessene, aus eigenen Mitteln zu finanzierende Gleichgewicht zwischen Entwicklungszielen und Entwicklungsressourcen gewahrt bleiben.

2. Die zweite Revolution ist *politischer* Natur. Um die praktische Entwicklungsaufgabe schnell und effizient zu erledigen, muß ein autoritäres Regime errichtet werden, das ich als Entwicklungskommunismus bezeichnen will (um die ideologischen Kommunisten ein wenig zu verwirren), das man aber auch (um erschreckte Antikommunisten zu beruhigen) mit süßer klingenden Namen versehen könnte wie etwa fürstlicher Kameralismus, Merkantilismus, Wachstumsdespotismus nach Art des Peisistratos oder Neo-Irgendwas, denn alles war schon einmal da. Doch ganz gleich wie man das Pflänzchen nennt und welche Absicht die Autokraten, die es gießen, verfolgen, es wird allmählich verkümmern und verschwinden, wenn die Entwicklung die Eigenständigkeit der *laissez-faire*-Reife erreicht.

3. Sind die *administrative* und die *politische* Revolution abgeschlossen, ist der Boden bereitet, um in drei aufeinanderfolgenden Wellen die unerläßlichen *wirtschaftlichen* Revolutionen zu inszenieren, die eine effektive eigenständige Entwicklung erfordert.

Gemäß der logischen, natürlichen, historischen Prioritätenordnung besteht unser erster Schritt darin, die Produktivität unserer grundlegenden Dinge fürs Überleben zu erhöhen – Nahrung, Unterkunft und Kleidung. Das ist naturgemäß eine ländliche Angelegenheit. Unsere erste ökonomische Revolution ist deshalb eine *landwirtschaftliche* Revolution; unser erstes Ziel: die starke Grundstruktur des Dorfstaates; unser erster sichtbarer Ertrag: Bewässerungskanäle, aufgeräumte Wälder, Fischweiher, Wiesen, gesunde Viehherden, Äcker, Obstgärten, Scheunen, Steinbrüche und, an einer Flußbiegung oder auf einer Anhöhe, ruhig und friedlich aneinandergedrängt: stabile Häuser, eine Bäckerei, eine Metzgerei, eine Schule, eine Kirche, ein Wirtshaus, ein Platz – das Dorf.

4. Unser nächster Schritt ist es, auf der Grundlage einer ausreichenden Versorgung mit Überlebensgütern einen Überbau von Verfeinerungen zu errichten. Das ist naturgemäß eine städtische Angelegenheit. Um das mit den Mitteln zu erreichen, die durch die nunmehr prosperierenden, eingespielten Dorfgemeinschaften freigesetzt werden, ist die zweite ökonomische Revolution eine *Fertigungs-*

revolution; unser zweites Hauptziel: der Stadtstaat; und die Symbole unseres neuen Wohlstands: Fabriken, Geschäfte, Handwerksarbeiten, Modeläden, Restaurants, Wirtshäuser, Buchhandlungen, Zeitungen, Parkbänke, Bibliotheken, Krankenhäuser, Rathäuser, Künstlerateliers, Musikakademien, Spielfelder, Theater, Universitäten, anmutige Wohnhäuser, gepflasterte Gehsteige, Marmorbrunnen, Kathedralen – alles in allem das, was man zum *summum bonum* braucht.

5. Sind die Stadtstaaten fest verankert, können wir, wenn wir wollen, mit ihrer Integration zu einem dritten Hauptziel weitergehen, dem Nationalstaat. Da wir bereits mit dem zweiten Ziel das Reifestadium erreicht haben, das uns sowohl die *Wohlstandsgesellschaft* als auch die *überschaubare Gesellschaft* beschert hat, müssen wir nun keine Lebens-Mittel, sondern Integrations-Mittel hinzufügen. Und da eine großangelegte Integration Unmengen an großen Vorrichtungen erfordert, müssen wir statt Qualität nunmehr Quantität produzieren, statt handwerklich nunmehr maschinell fertigen; statt in der Werkstatt nunmehr am Fließband. Unsere dritte ökonomische Revolution ist somit eine *technische* Revolution. Da sie dem inzestuösen Integrationsverlangen dienen müssen, zeichnen sich die so produzierten Waren dadurch aus, daß sie eher den nationalen Output anschwellen lassen als dem individuellen Wohlergehen zusätzlich etwas bringen. Sie sind von ihrem Wesen her eher sozial als persönlich und finden ihren höchsten Ausdruck in Konstruktionen wie Automobilfabriken, Superhighways, Maschinen für Erdbewegungen, Stahlwerken (immer diese Stahlwerke), Ölraffinerien, Flugzeugen, Computern und vielen anderen Dingen, die Dichter und Philosophen in Unruhe versetzen. Doch sie verwirren auf ewig die schockierte Medizinmannmentalität der Primitiven in niederen wie in gehobenen Positionen, in unter- wie in überentwickelten Ländern.

Für Entwicklungsexperten ist hier freilich nicht von Interesse, ob die Dinge, nach denen wir verlangen, sinnvoll sind oder ob man die Nationalstaaten nicht lieber in die Luft jagen sollte, sondern ob man sie sich mit den Mitteln leisten kann, die einer Gesellschaft üblicherweise zur Verfügung stehen. Und genau das haben die drei vorangegangenen Kapitel zu zeigen versucht: Wenn man das einfache Prinzip der Direktarbeitsfinanzierung anwendet und sich von Grund auf rigoros an die *natürliche* Entwicklungsreihenfolge hält, lassen sich die benötigten Ressourcen immer selbst aufbringen. In einem spontanen Schöpfungsakt akkumulieren sie sich jedesmal, wenn die Phase, in der sie freigesetzt wurden, zu Ende ist, so wie bei einer Pyramide jedesmal, wenn eine Lage gelegt ist, die technische Voraussetzung dafür erfüllt ist, daß man mit der Konstruktion der höheren Ebenen fortfährt. Ein Außengerüst braucht man dafür nicht.

Mit anderen Worten: Entwicklung ohne Hilfe verbindet – vorausgesetzt, sie ist angemessen in Phasen unterteilt und logisch in ihrer natürlichen, historischen Abfolge angeordnet – die komplexesten und oftmals widersprüchlichen Erfordernisse wirtschaftlichen Fortschritts. Sie sorgt nicht nur für die expandierende Wachstumsdynamik, sondern auch für die begrenzende Stabilität der Form und stellt damit inmitten des Nach-oben-Hievens innerhalb der gleichzeitig dicker und höher werdenden Mauern sicher, daß zwischen den Kräften, Ressourcen und Bestrebungen, die es vorantreiben, die unverzichtbare Konstanz des Gleichgewichts herrscht.

Mehr noch: Zwar läßt sich jede Entwicklung somit auch ohne Hilfe erreichen, doch braucht die Variante ohne Hilfe paradoxerweise nicht länger als die mit Hilfe. Im Gegenteil. Mit Hilfe von außerhalb hätte es vermutlich drei Jahre gedauert, die Mauer von Hoaimy zu bauen, und statt in dieser Zeit ein Grundbedürfnis zu befriedigen, hätte man nur das Prestige ausländischer Berater gesteigert und die Taschen lokaler Unternehmer und Bürokraten, die sie ins Land holten, gefüllt. Ohne Hilfe brauchte man 43 Tage. Und mit dem Bau der Bewässerungsdämme in den kommunistischen Volkskommunen Chinas hätte man vermutlich gar nicht erst angefangen. Denn welche Expertenmission verfügt über ausreichend Köpfe, um noch den hintersten Winkel in der endlosen Weite Chinas zu erreichen? Ohne Hilfe, so betont Joan Robinson, wurden die Dämme in der Zeit fertiggestellt, als nichts anderes zu tun war. Damit sollte bewiesen sein, daß – im Rahmen von CUV-Dimensionen – Entwicklung ohne Hilfe nicht nur möglich, sondern auch schneller und billiger ist als die Variante mit Unterstützung.

KAPITEL 18

Entwicklungskommunismus I – Die besitzenden Klassen

Macht ist das überzeugendste Argument.

SCHILLER

Eine letzte Frage gilt es allerdings noch zu beantworten: Werden die betroffenen Menschen die revolutionären Maßnahmen akzeptieren, die für eine Entwicklung ohne Hilfe erforderlich sind? Wie werden die Demokraten die Idee einer kommunistischen Diktatur aufnehmen? Wie werden die besitzenden Klassen auf die Verstaatlichung ihres Eigentums reagieren? Und wie die Arbeiterklassen auf die temporäre Beibehaltung ihres niedrigen Lebensstandards inmitten steigender Produktivität ihrer Arbeit?

Diese Frage ließe sich zum einen beantworten, indem man eine andere stellt. Wie akzeptierten die kubanischen Demokraten die kommunistische Diktatur? Wie reagierten die besitzenden Klassen in Ungarn auf die Verstaatlichung ihres Eigentums oder die chinesischen Massen auf ihren weiterhin niedrigen Lebensstandard? Es geht nicht darum, *inwiefern* jeder von ihnen die Implikationen von Entwicklung akzeptierte. Entscheidend ist vielmehr, daß sie sie historisch immer *akzeptierten*, sofern es eine Autorität gab, die stark genug war, sie durchzusetzen. Und da wir von einer solchen Autorität ausgehen, könnte man sagen, daß sich die Frage der Akzeptanz in Wirklichkeit niemals stellt.

Trotzdem stellt sie sich. Denn es macht einen gehörigen Unterschied, ob die ergriffenen Maßnahmen auf Zustimmung stoßen oder abgelehnt werden. Im einen Fall bedeutet dies Behinderung, Rückschläge, Verzögerung; im anderen Begeisterung, Effizienz und Schnelligkeit. Aus diesem Grund muß man die Betonung nicht nur auf einen Autokraten, sondern auf einen *geistvollen* Autokraten legen; oder wie Cyrus Sulzberger aus Nairobi berichtet: „Viele kluge Beobachter in Afrika und Europa sind davon überzeugt, daß der

Großteil dieses Kontinents zumindest in der ersten Generation seiner Freiheit von einer starken, zentralisierten Administration regiert werden muß. Damit soll nur auf andere Art zum Ausdruck gebracht werden, daß wohlwollende Despoten, so sie sich denn finden lassen, die Antwort sind."[54]

Doch selbst für einen wohlwollenden oder geistvollen Despoten kann es schwierig sein, die beiden Klassen, welche die Hauptlast der Entwicklung zu tragen haben, lange genug zu begeistern – also die enteigneten Besitzer und die nicht belohnten, hart schuftenden Arbeiter –, sofern nicht zusätzliche Umstände diese Last erträglich machen. Und es gibt solche Umstände; am wichtigsten ist dabei, daß sich zuallererst die *Richtung* ändert, in die die gewohnten Aktivitäten gelenkt werden. Die Aktivitäten selbst jedoch (Arbeiten, Lernen, Bauen, Handeln, Bankwesen) werden wie zuvor weitergehen und von den gleichen Menschen ausgeführt werden, so daß die unmittelbare Wirkung des Entwicklungskommunismus auf die Beteiligten so gering ausfällt, daß sie kaum zu spüren ist.

Sicher, die besitzenden Klassen – der große Landadel und sein begütertes bourgeoises Gefolge – werden keine Besitzer mehr sein. Aber sie können weiterhin herrschen,[55] und genau darauf kommt es an. Schließlich ist der Hauptgrund für Großbesitz nicht der Eigentumswert, den er impliziert, sondern die Herrschaft, die er mit sich bringt. Und wenn sich Herrschaft aus ihrer anderen Quelle ableiten läßt, nämlich dem politischen Amt, läßt sich genausogut auch das Eigentum aufheben. Was Adel und Bourgeoisie somit durch die Verstaatlichung in ihrer Eigenschaft als Besitzer verlieren, gewinnen sie in ihrer Eigenschaft als herrschende Klassen, was ihnen, wie jeder Kommunist sehr wohl weiß, ohne daß sie es besitzen, die Kontrolle über sogar noch mehr Eigentum verschafft, als ein Sterblicher zuvor jemals haben konnte.

Das heißt jedoch nicht, daß sie die politische Kontrolle unter dem Entwicklungskommunismus aufgrund ihrer früheren wirtschaftlichen Macht als Besitzende erben würden. Sie würden sie erben, weil sie in ihrer Eigenschaft als frühere Besitzer als einzige gebildet genug sind, um die anspruchsvollen Aufgaben sowohl der zweckgerichteten Autokratie als auch eines raschen Wirtschaftswachstums zu bewältigen. Aus diesem Grund befanden es sogar die ideologischen Kommunisten der Sowjetunion 1921 für nötig, in einer Kehrtwende, die seither als Neue Ökonomische Politik (NÖP) bekannt ist, die alte Bourgeoisie entscheidende sechs Jahre lang wieder in wirtschaftliche Machtpositionen zu bringen, nachdem die Parteitheoretiker ihr Experiment in drei Jahren weltfremder Flitterwochenromantik völlig an die Wand gefahren hatten. Heutzutage bezeichnen die ideologischen Kommunisten der jüngeren unterentwickelten Länder, die die Erfahrung ihrer älteren Moskauer Brüder offenbar vergessen haben, solche NÖPs als reaktionäres Abweichlertum oder als Neokolonialismus.

Ein weiterer Grund, warum die besitzenden Klassen den Entwicklungskommunismus akzeptieren werden und warum sich aus diesem Grund die Demokraten mit dem damit verbundenen Despotismus versöhnen lassen, liegt wie bereits mehrfach betont darin, daß beide nur von begrenzter Dauer sein sollen. Wie die Diktatur im antiken Rom dient der Despotismus hier nicht als Zweck, sondern als Mittel zur Vorbereitung auf die Freiheit; und Kommunismus nicht als Endstation, sondern als Abschußrampe für künftiges Privatunternehmertum. Mit anderen Worten: Akzeptabel werden sie dadurch, daß ihr Erfolg sie beide entbehrlich macht.

Das bedeutet freilich nicht, daß das verstaatlichte Eigentum am Ende wieder an seine früheren Besitzer zurückgegeben wird. Denn bis dahin werden auf seiten der Angehörigen einer nunmehr deutlich angewachsenen und gebildeten Mittelschicht neue Besitzansprüche entstanden sein, und zwar sowohl wegen der verdienstvollen Rolle, die sie gespielt haben, als auch wegen der Erfahrungen, die sie bei der Bewältigung kommunaler Aufgaben gesammelt haben. Das sollte die früheren Besitzer jedoch nicht beunruhigen, die schließlich aufgrund von Verdienst und Kompetenz ähnlichen Anspruch auf einen angemessenen Anteil an dem haben, was früher qua Geburt in ihrem Besitz war. Zwar wird dieser Anteil deutlich geringer sein, aber gerade diese Begrenzung wird ihn umso sicherer machen, denn sie wird verhindern, daß es zu einem Ungleichgewicht und zum Wiederaufleben gefährlicher Neidgefühle kommt. Zudem wird eine gleichmäßige Verteilung des Privateigentums nicht nur die Sicherheit der alten wie der neuen Besitzer erhöhen, sondern auch das wiederhergestellte System freien Unternehmertums stärken, denn sie schützt es vor dem Krebsgeschwür der übermäßigen Anhäufungen und Konzentrationen, die zu allen Zeiten hauptverantwortlich dafür waren, daß der Staat interveniert.

Insofern die Lust an der Ausübung staatlicher Macht die früheren Besitzer nicht von Entwicklungs- zu ideologischen Kommunisten gemacht hat; und insofern sie ein Interesse an freiem Unternehmertum statt an großem Besitz und an Wettbewerb zwischen vielen statt an Kontrolle durch wenige bewahrt haben, wird ihnen somit der teilweise Verlust dessen, was einst ihnen gehört hat, nichts ausmachen. Vielmehr werden sie, wie alle Überlegungen der Human- und Sozialpsychologie nahelegen, die nivellierende Wirkung des Entwicklungskommunismus so bereitwillig akzeptieren, wie die Juden in der Antike den Zustand der *tabula rasa* akzeptierten, in den sie kraft ihrer Gesetze alle dreißig Jahre zurückfielen; diese nämlich erklärten alle bestehenden Eigentumsverhältnisse für ungültig, so daß ihre Gesellschaft, verjüngt und von allen Verkrustungen gereinigt, wieder völlig von vorn anfangen konnte.

DER LENIN DER ÖLREVOLUTION – DER IRANISCHE SCHAH MOHAMMED REZA PAHLEVI.

KAPITEL 19

Entwicklungskommunismus II – Die Arbeiter

Armut besteht darin, sich arm zu fühlen.

EMERSON

Aber wie sieht es mit den Arbeitern aus? Wie werden *sie* auf ein Regime reagieren, das ihnen weiterhin genau die Wohltaten vorenthält, um derentwillen das gesamte Entwicklungsprogramm überhaupt ins Gang gesetzt wurde? Und solange es andauert, *müssen* sie ihnen natürlich vorenthalten bleiben. Denn wie wir gesehen haben, finanziert ja gerade ihre fortgesetzte Entbehrung den Fortschritt ohne Hilfe.

Doch gerade weil für die Arbeiter alles vorübergehend unverändert bleiben wird, werden sie die Beibehaltung ihres niedrigen Lebensstandards nicht stärker als Entbehrung empfinden, als dies die Besitzenden infolge der Verstaatlichung taten. Niedrige Standards sind schlimm für diejenigen, die von einem höheren Niveau nach unten schlittern. Denjenigen jedoch, die noch nicht aufgestiegen sind, machen sie nicht viel aus. Für sie ist das lediglich die gewohnte Lebensweise. Wenn sie bislang von Reis und Bohnen gelebt haben, werden sie vermutlich nicht dagegen protestieren, wenn sie ihre kostengünstigen Lieblingsgerichte noch ein wenig länger bekommen, ebensowenig wie die erobernden Spartaner gegen ihre kostengünstige, aber geliebte schwarze Brühe protestierten, außer vielleicht wegen der Fleischklöße darin. Würde man ihnen bessere Kost anbieten, würden sie sich wahrscheinlich wie der empörte amerikanische Soldat in einer berühmten Karikatur aus der Kriegszeit fühlen, der sich in einer Phase, als die Zivilbevölkerung außerhalb des Lagers einschneidende Fleischrationierungen erlebte, bei seinem Verpflegungsunteroffizier beschwerte: „Immer nur Steak, Steak, Steak!"

Gleiches gilt für die Wohnsituation, die zunächst ebenfalls auf dem gewohnten einfachen Niveau gehalten werden muß.[56] Doch wenn die Russen das problemlos fünfzig Jahre lang schafften, so könnte man annehmen, daß die Ghanaer es zehn Jahre lang schaffen. Nur weil Damen aus der früheren Entourage des Ex-Messias nur noch in einem goldenen Bett schlafen zu können glauben,[57] heißt das noch lange nicht, daß einfache Arbeiter ein Gefühl der Entbehrung haben, wenn sie weiterhin in Baracken auf Stroh, in Hängematten oder Feldbetten schlafen müssen. Von so manchem Fünfsternegeneral weiß man, daß er sie nicht aus Liebe zur Askese weichen Federkernmatratzen vorzieht, sondern weil es der einzige Ort ist, an dem er vor seiner Oberschichtschlaflosigkeit sicher ist. Und was würde ich nicht darum geben, könnte ich aus meiner gegenwärtigen Umgebung „landesweit beworbener" Fortschrittsmatratzen die Kraft, die Ruhe und den Frieden ziehen, die ich als Student daraus bezog, daß ich, in einen Lodenumhang gehüllt, in verfallenen Schlössern auf dem Boden oder in irgendwelchen Heuschobern hoch in den Bergen schlief.

Die „statistisch" Unterprivilegierten werden sich denn auch ihrer Entbehrung so wenig bewußt sein, daß sie nicht so sehr gegen ihr objektiv gesehen elendes Schicksal protestieren, sondern vielmehr gegen die Versuche, es zu verbessern, noch ehe die ungerecht behandelten Nutznießer emotional und pädagogisch darauf vorbereitet sind. So schreibt Kurt Bach über ein puertoricanisches Regierungsprogramm, mit dem eifrig versucht wird, den berüchtigten Lagunenslum von El Fanguito aus der Welt zu schaffen: „Unter den Slumbewohnern gab es beträchtlichen Widerstand dagegen, in die Wohnsiedlungen zu ziehen. Als man mit der Zerstörung von El Fanguito begann, verließen sie den Ort in langen Prozessionen und trugen als Zeichen der Trauer über die Zerstörung ihres Zuhauses schwarze Fahnen. Derartiger Widerstand mußte an jedem neuen Schauplatz überwunden werden, und Möbelpacker mußten die Bewohner dazu überreden, in die Wohnsiedlungen zu ziehen." (*Slums, Projects, and People*. Durham, N.C.: Duke University Press, 1962).

Damit die Arbeiter bereit sind, ihr bestehendes niedriges Lohn- und Lebensniveau temporär noch weiter zu akzeptieren, müßte man deshalb zunächst einzig und allein verhindern, daß Umsiedlungsbeauftragte sie dazu bringen, zu einem Zeitpunkt bessere Wohnungen und andere verbesserte Einrichtungen zu fordern, da man sich diese noch nicht leisten kann, glücklicherweise aber auch noch kein Verlangen danach besteht.

Das heißt nicht, daß Arbeiter nicht Aufwallungen von Unruhe empfinden, die möglicherweise bereits an diesem Punkt besänftigt werden müssen. Ursache dieser Aufwallungen wird jedoch nicht die Schlichtheit, sondern die Unsicherheit ihres niedrigen Lebensstandards sein. Gerade diesen Aspekt wollen sie auf der Stelle geändert haben, wenn sie sich nicht resigniert, sondern begeistert am Entwicklungsprogramm beteiligen sollen. Gleichzeitig wird gerade dieser Aspekt allein durch den Charakter des Entwicklungskommunismus gelöst, denn er bietet ein ganzes Arsenal an bislang unbekannten Wohlfahrtsleistungen: kostengünstige, aber reichliche Nahrungsversorgung, garantierte Einkünfte je nach Bedarf, Sicherheit, Freizeit zur Erholung, Renten, Bildung, unbegrenzte medizinische Versorgung.

Doch wenn man sich während der militanten Phase nicht unterstützter Entwicklung kein besseres Essen und keine besseren Unterkünfte leisten kann, wie soll sich das dann ein Wohlfahrtsstaat leisten können? Er kann es nicht, wenn seine Angebote sich an dem orientieren, was Sozialarbeiter in Boston, London oder Kopenhagen beobachtet haben.[58] Es wird jedoch kein Problem darstellen, wenn man sich dabei an die einheimische Umwelt anpaßt sowie an das gewohnte und weniger an das letztlich ersehnte Leistungsniveau. Das reduziert die Kosten seiner Leistungen automatisch auf Beträge, die sich die Wirtschaft bereits leisten kann. Und das Ergebnis wird für die Empfänger ebenso erfreulich sein, wie es Reis und Bohnen für diejenigen sind, die Mutter damit großgezogen hat.

Das zeigt sich sehr schön an dem Enthusiasmus, mit dem die Bewohner Gabuns das berühmte medizinische Zentrum begrüßten, das der verstorbene Dr. Albert Schweitzer im Dschungeldorf Lambaréné gründete. Seine Einrichtungen sind zweifellos noch heute höchst einfacher Art. Entscheidend aber ist, daß sie angemessen sind. Sie sind genau das, was die Patienten wollen. So erklärte sein verehrter Gründer einmal: „Die Umstände erforderten es, daß das Krankenhaus primitiv war, damit es dem primitiven Zustand der Menschen entsprach“, denn man glaubte, wie *Time* (21. Juni 1963) hinzufügte, daß primitive „Afrikaner Unbequemlichkeit mögen und vor einem strahlend weißen modernen Krankenhaus oftmals Angst haben".

Das Geheimnis von Dr. Schweitzers heldenhaftem Erfolg lag deshalb nicht darin, daß er das Beste zu bieten hatte, wie es die weltfremde neue Spezies der Reagenzglasreformer verlangt hätte. Das hätte er sich weder leisten können noch wäre es angesichts des damals herrschenden Geschmacks- und Bildungsniveaus gewürdigt worden. Sein Geheimnis war, daß er das Angemessene bot, was noch besser als das Beste ist. Denn das Angemessene kann man sich naturgemäß immer leisten: Die Primitiven können sich das den Primitiven Angemessene leisten, die Fortgeschrittenen das den Fortgeschrittenen Angemessene. Hätte Schweitzer in einem Dschungel, der es gar nicht brauchte, ein Superkrankenhaus hingestellt, hätte er Hilfe von den Vereinten Nationen bekommen. Dadurch, daß er es an der bestehenden und nicht an der erwarteten sozialen Umgebung ausrichtete, konnte er es fast ohne fremde Hilfe errichten und so vermutlich auf billige Weise mehr Gutes tun, als er das mit viel Geld gekonnt hätte.

Das Gleiche läßt sich im größeren Maßstab eines Wohlfahrtsstaates wiederholen und erhält den gleichen Beifall von einer Arbeiterklasse, die aufgerufen ist, im Kampf um Entwicklung die größte Last zu tragen, wie ihn Dr. Schweitzer von den Kranken für sein einfaches Landkrankenhaus bekam. Die jeweiligen Regierungen müssen lediglich ein Bündel sozialer Dienstleistungen anbieten und sich dabei an das bestehende Niveau der Wertschätzung bei der Bevölkerung halten statt an die kostspieligen Hirngespinste, die sich weltweit aktive Reformer ausmalen, während sie im Hilton von Nairobi an visionenfördernden Drinks nippen.

Es gibt somit zwei Gründe, mit denen die Arbeiter dazu bewegt werden können, im Interesse einer nicht unterstützten Entwicklung ihre weiterhin niedrigen Standards zu akzeptieren. Der eine ist, daß sie nie etwas anderes gekannt haben; und der andere, daß sie ein ganzes Arsenal Sicherheit gebender Wohlfahrtsleistungen erhalten werden. Der eine kostet die Gesellschaft nichts; und der andere kostet sie nicht viel, da er von ihrem traditionell niedrigen Niveau ausgeht; beide Anreize bleiben somit im Rahmen ihrer eigenen finanziellen Ressourcen. Es gibt jedoch noch einen dritten Grund, warum Arbeiter die entscheidende Fortdauer ihres niedrigen Lebensstandards akzeptieren werden. Sie werden beschäftigt. Dafür, daß Unzufriedenheit aufkommt, bleibt keine Zeit.[59] Denn jede Entwicklungsanstrengung ohne fremde Unterstützung hat den unschätzbaren gesellschaftlichen Vorteil, daß sie jede Hand für essentielle Dinge braucht.

Dies steht in scharfem Gegensatz zur unterstützten Variante, die mit arbeitssparender Ausrüstung beginnt, wenn es noch keinerlei neue Beschäftigung für die eingesparte Arbeitskraft gibt. Infolgedessen wird gleich zu Beginn des wirtschaftlichen Fortschritts ein Wust aus Verzerrung, Unzufriedenheit und Arbeitslosigkeit erzeugt, der eigentlich durch Entwicklung *behoben* werden sollte, in diesem Fall jedoch wegen der Abkürzung über Hilfe von außen gerade durch sie *verursacht* wird. Statt ein ausbalanciertes Vorankommen zu gewährleisten, sorgt das zu rasche Tempo für ein Ungleichgewicht zwischen Beschäftigung und Beschäftigungsmöglichkeiten. Dadurch steigt eine Gruppe von Arbeitern zu höherem Einkommensniveau und offensichtlich verbessertem Lebensstandard auf, während andere zur Untätigkeit verdammt sind oder, wenn nicht, relativ gesehen hinter ihre glücklicheren Kollegen zurückfallen, indem sie einfach auf dem gleichen Niveau verharren oder langsamer vorankommen.[60] Doch während sie früher die gemeinsame Armut nicht beklagten, tun sie das nun, da sie nicht mehr für alle gilt; daraus entsteht eine neurotische statt einer konstruktiven Unzufriedenheit, so daß die Arbeiter zu einem Zeitpunkt zur Brutstätte politischer und sozialer Unruhe werden, da sich eine Gesellschaft solche zusätzlichen Probleme am allerwenigsten leisten kann.

Das wiederum erzeugt das paradoxe Gefühl, die erhöhte Geschwindigkeit infolge ausländischer Unterstützung sei plötzlich nicht mehr schnell genug. Statt das Vorankommen zu beschleunigen, vergrößert sie nur umso schneller die Kluft zwischen den Extremen hochproduktiver Beschäftigung und völliger Untätigkeit, zwischen prohibitiven Mindestlöhnen und überhaupt keinen Löhnen. Das erinnert an die Notlage in Goethes *Zauberlehrling*, der im „reichen, vollen Schwalle" zu ertrinken droht, denn ein wasserschleppender Besen löst eine Kettenreaktion von atomarer Wirkung aus, als er in sich immer weiter vervielfältigende wassertragende Teile gespalten wird. Doch sobald dieser Ablauf einmal im Gange ist, kann es niemand, der nicht als Reaktionär gelten will, riskieren, das ärgerliche Dilemma zu lösen, wie es Vespasian tat, als ein das Gleichgewicht störender Erfinder anbot, riesige Säulen so billig wie nie zuvor aufs römische Kapitol zu schaffen. Wie Sueton berichtet, belohnte der Kaiser ihn reichlich dafür, lehnte seine Dienste jedoch mit der Bemerkung ab, „er möge ihm erlauben, den kleinen Mann sich seinen Lebensunterhalt verdienen zu lassen".[61]

Denjenigen, denen unterstützte Entwicklung wegen ihrer Unfähigkeit, sie in produktive wirtschaftliche Beschäftigung zu bringen, das Gefühl genommen hat, gesellschaftlich nützlich zu sein, bleibt somit nichts anderes übrig als mitzuhelfen, einen Prozeß entweder der Implosion oder der Explosion auszulösen. In dem einen Fall werden sie den internen Konflikt kräftig anschwellen lassen, indem sie politischer Agitation zum Opfer fallen. Im anderen Fall werden sie die Gefahr erhöhen, daß Druck von außen entsteht, denn sie werden zur einzigen nicht-ökonomischen Beschäftigung herangezogen, die Regierungen stets anzubieten hatten – zu den Streitkräften. Wie die Ereignisse unserer Zeit von einem Winkel des Erdkreises bis zum anderen so überzeugend bestätigt haben: Die beiden Alternativen, welche die erhöhte Geschwindigkeit unterstützten Fortschritts für junge Nationen zu bieten hat, sind Revolution und Krieg. Oder beides.[62]

Auf der anderen Seite stellt nicht unterstützte Entwicklung den einzigen Ausweg aus dieser paradoxen Konsequenz dar, den Fortschritt schneller voranzutreiben, als junge Nationen das bewältigen können. Zwar ist ihr Tempo wie bei einem Bergsteiger zu Anfang niedrig; doch ihre Beschleunigung und das richtig proportionierte Wachstum sind stets den Möglichkeiten, die sie schafft, angemessen. Dadurch daß genau in dem Maße, wie Arbeitskraft aus herkömmlicher Beschäftigung freigesetzt wird, neue Beschäftigung entsteht, vermeidet man darüber hinaus den sozialen Unsinn der effizienzbedingten Arbeitslosigkeit. Da sie infolge der anfangs niedrigeren Effizienz in allen Phasen jede Hand benötigt, erspart sie den Arbeitern das unruhig machende, die Entwicklung behindernde Gefühl, daß die Gesellschaft sie nicht mehr braucht. Statt also Spannungen und Friktionen auszulösen, verringert sie diese, was es ihr wiederum trotz geringerer Effizienz und geringerem, aber stetigerem Tempo ermöglicht, die größere Schnelligkeit der unfallgefährdeten unterstützten Fortschrittsvariante wettzumachen. Und zu guter Letzt hat sie einen unbezahlbaren Vorteil: Wenn sie endgültig abgeschlossen ist, hat die Gesellschaft ihre Identität nicht an die Unterstützer verloren.

KAPITEL 20

Nachbemerkung

Für sich entwickelnde Länder ist es von absolut entscheidender Bedeutung, daß sie sich für das angemessene technische Niveau entscheiden.

E. F. SCHUMACHER

Im letzten Kapitel habe ich zu zeigen versucht, daß es keinen vernünftigen Grund zu der Annahme gibt, Arbeiter müßten durch unangemessene, unübliche Lohnangebote bestochen werden, wenn man ihre bereitwillige Mitarbeit zugunsten der eigenen Entwicklung gewinnen will. Ebensowenig müssen sie mittels eines sofortigen fortgeschrittenen sozialen Sicherungssystems betäubt werden, wie es nur durch fremde Hilfe angeboten werden kann und wie es sich selbst fortgeschrittene Länder wie England oder Schweden erst leisten können, nachdem ein langer Reifungsprozeß Früchte trägt. Mit anderen Worten: Das Kapitel versuchte zu zeigen, daß viele der Entbehrungen, die von Sozialreformern aus der angenehmen Perspektive vollklimatisierter Regierungsbüros festgestellt werden, von einer Arbeiterschaft nicht als solche empfunden werden, die noch immer die angenehme Brise, welche durch verschlafene Bambushütten zieht, als angemessene Annehmlichkeit empfindet; und daß die temporäre Beibehaltung dessen, was als angemessen betrachtet wird, kein Hindernis für einen Fortschritt ohne Unterstützung darstellt.

Damit jedoch meine wiederholte Betonung des Angemessenen statt des Besten – daß Jíbaros als Jíbaros behandelt werden, nicht als Millionäre; Kinder wie Kinder, nicht wie Erwachsene; Primitive als Primitive, nicht als hoch entwickelte Skandinavier; Arbeiter als Arbeiter, nicht als Umzugsbürokraten – nicht als reaktionäres Plädoyer für Ausbeutung und Rückständigkeit verstanden wird, wie das bei einigen meiner Freunde offenbar der Fall ist, sei abschließend noch einmal nachdrücklich darauf hingewiesen: Was auf diesen Seiten propagiert wird, ist Fortschritt. Aber ein richtig proportionierter Fortschritt; ein Fortschritt ohne Hilfe von außen; ein angemessener Fortschritt; ein Fortschritt, der nicht seinen Schwung verliert, weil er die zentralen Gesetze ökonomischen Gleichgewichts mißachtet. Denn diese müssen in einer dynamisch wachsenden Gesellschaft ebenso berücksichtigt werden wie in einer statischen, so wie ein Flugzeug die Gleichgewichtsregeln beim Abheben ebenso beachten muß wie am Boden, und dort sogar noch stärker.

Das bedeutet natürlich nicht, daß mit dem Insistieren auf Balance, auf Gleichgewicht, auf dem Angemessenen, auf der temporären Beibehaltung des Gewohnten als Ausgangspunkt verhindert werden soll, daß Jíbaros zu Bankiers werden, Kinder erwachsen werden, Arbeiter höhere Löhne bekommen, Slumbewohner in bourgeoise Viertel ziehen, Superkrankenhäuser die Lambarénés beerben, Primitive zu Doktoranden werden, Gesellschaften sich entwickeln oder Flugzeuge abheben.

Im Gegenteil, es soll all das erleichtern. Es ist die wesentliche Voraussetzung dafür, daß die Ambitionen während ihrer Reise zu den jeweiligen Zielen auf Kurs bleiben. Zugegebenermaßen wirken die Kräfte des Fortschritts statisch oder sogar, wenn man so will, reaktionär, während sie nacheinander verschiedene Ebenen durchlaufen, die sie zunächst jeweils verstärken müssen, bevor sie zur nächsthöheren aufsteigen können. Wie isolierte Schnappschüsse einer feststehenden Kamera scheinen sie nicht Bewegung oder Wachstum widerzuspiegeln, sondern die friedliche Ruhe eines Gleichgewichts, das das Handeln auf jeder Ebene im Rahmen der momentan bestehenden Bildung, Ressourcen und Erfordernisse hält. Macht man daraus jedoch eine Sequenz und läßt sie in einer Filmkamera lebendig werden, offenbaren die gleichen Schnappschüsse die volle Entwicklungsdynamik, welche die Wirtschaftsstruktur als ganze dramatisch emporhebt, nicht indem sie deren Ebenen anhebt, sondern indem sie wie bei Korallenriffen stetig neue Schichten auf die alten legt.

Mir geht es deshalb nicht darum, daß die Arbeiter in unterentwickelten Ländern auf ihrem gewohnten Niveau verharren. Ebensowenig soll das heißen, daß sie grundsätzlich mit diesem Niveau zufrieden sein sollten. Entscheidend ist, daß sich Zufriedenheit, die über Tausende von Jahren zur Perpetuierung der Armut benutzt wurde, gleichermaßen dazu verwenden läßt, ihre ausgeglichenen Opfer schneller aus ihren Slums zu treiben, als dies möglich wäre, wenn man sie mit der Unzufriedenheit ihrer schuldbewußten Reformer infiziert. Denn hat letztere einmal Wurzeln geschlagen, wird die Selbstbeschleunigung der Unzufriedenheit ein solches Ausmaß annehmen, daß es am Ende, wie beispielswiese in Ceylon, zu einer Revolution gegen die Revolutionäre kommt, bei der Reform lediglich als Preis für die Unterstützung der siegreichen Anführer und nicht als eigenständiges Ziel ins Spiel kommt; in ganz ähnlicher Weise hatten die römischen Kaiser ihre unzufriedenen Soldaten als Preis dafür, daß sie gewählt wurden, und weniger als Programm, um ihr Los zu verbessern, mit Geldgeschenken überhäuft.

Falls einige meiner geschätzten „progressiven" Freunde darin weiterhin einen hinterlistigen Plan sehen wollen, mit dem die historische Zufriedenheit der Arbeiter ausgebeutet werden soll, um das Aroma ihrer Slumbehausungen in Flaschen zu füllen und in den nostalgischen Kellern mittelalterlicher Romantiker für eine traditionsbewußte Nachwelt ablagern zu lassen, kann ich nur den Vorschlag machen, meine Seiten aus ihren Diaprojektoren zu nehmen und in ihren Filmkameras abzuspulen. Wenn sie sie nicht gerade rückwärts laufen lassen oder, um einen Begriff aus dem romantischen Mittelalter zu verwenden, „*arsy-versy*", gelangen sie vielleicht doch noch zu der Überzeugung, daß ich für unterentwickelte Länder nicht die Lagunen von El Fanguito propagiere, sondern diejenigen Venedigs.

Aber mir ist natürlich bewußt, daß selbst Venedig, das ich wiederholt als Symbol für den Höhepunkt erwähnt habe, bedrückend reaktionär ist, wenn man es mit den sterilisierten Forest Lawns moderner Städte und Wohnviertel vergleicht. Ihm fehlen deren elegante kleine Betonmausoleen, die sich schön brav in ununterscheidbarer Gleichförmigkeit aneinanderreihen und nachts von dem Geist bewohnt werden, der vom Tage übrigblieb, die über und über in Grabschmuckarrangements eingebettet sind und die ganz oben dünne Drahtskulpturen schmücken, die höchst ökonomisch unseren gleichzeitigen Glauben an das Kreuz der Christenheit und das des Fernsehens symbolisieren. Amen.

„Oho! Er sagt: „Sollte es im Laufe kybernetischer Ereignisse nötig werden, eine Trennung von der Elternspezies vorzunehmen, zwingt uns der Respekt vor den Meinungen der Menschheit, bekanntzugeben...' "

Abdruck mit freundlicher Genehmigung von Ed Fisher.

TEIL 2

Die Debatte

Audiatur et altera pars

Einführender Hinweis

Möge die Auseinandersetzung geführt werden in „Nachahmung des Beispieles der griechischen Philosophen, welche ihre Sätze zu verfechten verstünden, ohne ihren Gleichmuth zu verlieren, und ihre Freiheit behaupteten, ohne ihrer Freundschaft nahe zu treten".

GIBBON ÜBER KONSTANTINS EMPFEHLUNG AN DIE GEISTLICHKEIT VON ALEXANDRIA

In einer so knappen Darstellung wie der vorliegenden mußten zahlreiche theoretische Überlegungen, Belege und Argumente beiseite gelassen oder konnten nicht ausreichend hervorgehoben werden. Diese Sünden der Kürze ließen sich einzig und allein dadurch wiedergutmachen, daß ich Freunde und Kollegen einlud, mit mir in einen Dialog nach Art des griechischen Symposions zu treten, was sowohl gemeinsames Trinken als auch Streitgespräch bedeutete.

Herausgekommen ist die folgende Debatte. Da sie fast alle Punkte abdeckt, die gewöhnlich von Kollegen aus der Wirtschaftswissenschaft gegen meine Theorien vorgebracht werden, ließ sich die andere Streitpartei auf zwei höchst scharfsinnige Kritiker beschränken. Der eine ist mein verehrter Kollege Alfred Thorne aus Guyana, Professor für Ökonomie an der Graduate Planning School der Universität Puerto Rico und zusammen mit Sir Arthur Lewis der herausragendste Beitrag der karibischen Staatengalaxie zur Wirtschaftswissenschaft, insbesondere auf dem Gebiet der Planung und Entwicklung. Der andere ist Professor Robert J. Alexander von der Rutgers University, Verfasser von 16 Büchern über lateinamerikanische Probleme (darunter das in viele Sprachen übersetzte *Primer of Economic Development*) und einer der wichtigsten Lateinamerikaberater sowohl des amerikanischen Gewerkschaftsverbandes AFL-CIO als auch des US-Außenministeriums. Beide gehören seit vielen Jahren zu meinen heftigsten Kritikern und zu meinen engsten Freunden. Darum bin ich ihnen für ihre Teilnahme an dem folgenden freundschaftlichen Duell doppelt dankbar.

KAPITEL 1

Anmerkungen von Professor Alfred Thorne*

Tatsachen sind etwas Störrisches.
SMOLLETT

Die charmanten und herrlichen Kapitel über das Verhältnis von Hilfe und Entwicklung müssen jeden faszinieren, der sie alle liest. Einige Vorschläge sind reizvoll, wenn auch zunächst ein wenig schockierend. Ein paar grundlegende historische Fakten jedoch sind der Aufmerksamkeit des Autors leider entgangen. Hätte der Autor sie berücksichtigt, hätte ihm das zweifellos deutlich bei seiner schwierigen Aufgabe geholfen, die Einstellung der führenden Politiker aus den Kolonien und ehemaligen Kolonien gegenüber „Hilfe" und internationalem Handel zu bewerten. Aus Platzgründen lassen sich an dieser Stelle nur ein paar historische Probleme erwähnen. Sie werden nur deshalb dargestellt, weil sie die Grundprämissen verändern würden, auf denen einige Kapitel, insbesondere die ersten, beruhen. Entsprechend würden wichtige Schlußfolgerungen und Ratschläge, die in diesem Buch präsentiert werden, grundlegend anders ausfallen.

1. Wie die Armen die Reichen unterstützten und noch immer unterstützen

Ein interessantes und spezifisches Beispiel dafür, wie ein reiches und einflußreiches Unternehmen selbst heute noch von einer armen Kolonie profitiert und wie es kommt, daß eine arme Volkswirtschaft und ein armes Volk den Starken Hilfe leisten, ist das folgende. Der Preis für Bauxit aus Guyana, eines der beiden Hauptexport-

* Weitere aktuelle Anmerkungen von Professor Thorne finden sich auf den Seiten 215–219.

produkte dieser ehemaligen Kolonie, lag 1938 bei durchschnittlich $ 6,00. 1960 war er nahezu unverändert ($ 6,85). Die Preise für billige importierte Kleidung und Bekleidungsmaterial sowie für zahlreiche importierte Nahrungsmittel hingegen stiegen im gleichen Zeitraum um mehr als 100%! Und der Preis für in Arkansas abgebautes Bauxit stieg ebenfalls um 100%! Gleichzeitig rieten Ökonomen, allesamt aus England, der Regierung der Kolonie und den Menschen dort beharrlich, es sei ökonomisch nicht erstrebenswert und unsinnig, überhaupt irgendwelche produzierenden Betriebe aufzubauen. Ganz ähnliche Erfahrungen hat man in Jamaika gemacht. [Vgl. *die Economic Reports* (1943–45) des verstorbenen Professor F. Benham, der damals an der London School of Economics lehrte; die Antwort von Professor W. Arthur Lewis in *Agenda* 1943; die Bemerkungen von Professor Berrill (aus Cambridge) zum Entwicklungsplan für Britisch-Guyana; sowie die Anmerkungen dazu von A. P. Thorne in *Social and Economic Studies*, März 1961 und Juni 1963].

1961 berichtete Aluminium Ltd., das kanadische Tochterunternehmen von Alcoa, das in Britisch-Guyana Bauxit produzierte, seine Nettogewinne beliefen sich auf $ 30 Millionen. Drei Viertel des Bauxit, das Aluminium Ltd. zur Herstellung seines Aluminiums benötigte, stammte aus Britisch-Guyana – zu den oben erwähnten alten „Vorkriegspreisen“. Zudem gab das lokale Tochterunternehmen in Britisch-Guyana (Demerara Bauxite Co.) bekannt, seine Nettogewinne lägen bei über $ 2 Millionen. In diesem Jahr belief sich die US-Hilfe für Britisch-Guyana auf ein Darlehen in Höhe von $ 3,5 Millionen. Übrigens erhielt die kanadische Regierung auf die $ 30 Millionen Gewinn Steuern in Höhe von $ 12,5 Millionen und bot Britisch-Guyana Hilfe in Höhe von $ 0,06 Millionen an. Aus mir unbekannten Gründen hat sie Britisch-Guyana in dem entsprechenden Zeitraum dann jedoch weder diese noch irgend eine andere „Hilfe“ gewährt.

Trindidad erhält keine Hilfe. Vor ein paar Jahren lieh es sich eine geringe Summe „billigen Geldes“. Das gilt in gleicher Weise auch für die anderen Kolonien und früheren Kolonien.

Die Kolonien und ehemaligen Kolonien erhalten nicht wirklich „großzügige Hilfe“. Im Gegenteil, sie bekommen in der Regel überhaupt keine *Netto*hilfe.[1] Die Verluste aufgrund der *terms of trade* machen selbst in den letzten Jahren die Hilfe, die vorwiegend in Form von Krediten mit Zinssätzen unter den aktuell geltenden Sätzen (weiche Kredite) gewährt wird, im allgemeinen mehr als „wett". „Hilfe" besteht nicht aus ganz und gar Geschenktem, wie man offensichtlich angenommen hat. Der Hilfsgehalt eines weichen Kredits besteht in der Differenz zwischen dem marktüblichen und dem tatsächlichen Zinssatz. Bei $ 10 Millionen macht das rund $ 300.000 pro Jahr aus. Der Verlust aufgrund der Handelsbedingungen beläuft sich innerhalb eines Jahres üblicherweise auf ein Vielfaches davon. [An die zahlreichen veröffentlichten Stellungnahmen und Publikationen von Raul Prebisch, dem herausragenden Professor aus Argentinien und Chefvolkswirt der United Nations Economic Commission für Lateinamerika, wird man sich zweifellos erinnern. Dr. Hans Singer, UN-Sonderberater, hat ebenfalls derartige Stellungnahmen in seine Veröffentlichungen aufgenommen. Es gibt natürlich noch viele andere, die ebenfalls auf die Handelsverluste dieser Länder hingewiesen haben.]

Die *terms-of-trade*-Verluste sind zum Teil auf unterschiedliche Angebots- und Nachfrageelastizitäten zurückzuführen und würden sich sogar unter den Bedingungen eines „vollkommenen Wettbewerbs" ergeben. Tatsache aber ist, daß die meisten Importe aus den entwickelten Ländern aus industriell gefertigten, ausdifferenzierten Produkten bestehen, die unter halbmonopolistischen Bedingungen angeboten werden und deren Preise nicht vom Markt festgelegt, sondern den armen Käufern von den reichen Lieferanten administrativ aufgezwungen werden. Solche administrierten Preise waren jüngst wieder Thema im Wirtschaftsbericht von Präsident Johnson sowie in den Berichten von Kennedy für die Jahre 1962 und 1963. Dieses Phänomen ist natürlich aber auch für den Großteil der Produktion der europäischen Industriestaaten charakteristisch.

Die Kolonien und ehemaligen Kolonien erhalten nicht nur keine üppige Hilfe, ihre Führer erwarten dies auch gar nicht. Ihnen geht es vielmehr – und ich kenne einige von ihnen persönlich – um weniger nachteilige Handelsbedingungen. In der Zwischenzeit versuchen sie einige ihrer Verluste aufgrund der *terms of trade* durch möglichst viel „Hilfe" oder weiche Kredite auszugleichen.

Die Politiker unterentwickelter Länder wissen sehr wohl, daß ihre Völker unmöglich jemals voll für die erzwungenen Beiträge entschädigt werden, die Generationen von ausgebeuteten und geschundenen Vorfahren für die damals armen, heute aber reichen entwickelten Länder geleistet haben. Sie halten es jedoch nicht für ungerechtfertigt, wenn sie den heutigen Abfluß der Ressourcen ihrer armen Länder zu den entwickelten Ländern so weit wie möglich durch „Hilfe" oder weiche Kredite zu reduzieren versuchen.

All die akademischen „Empire"-Geschichten, die ich gelesen habe, haben darauf hingewiesen, welch enormen Beitrag der hoch profitable „imperiale", merkantilistische und monopolistische Handel, den die heute „entwickelten" Länder jahrhundertelang mit den Kolonien und ehemaligen Kolonien trieben (und diesen aufzwangen), für die Entwicklung und damit für das militärische, politische und kulturelle Wachstum der ersteren spielte (abgesehen von den Gewinnen aus Plünderung und Piraterie). Ob man nun das berühmte und voluminöse Werk von Professor Clapham von der Universität Cambridge aus dem 19. Jahrhundert heranzieht; oder das gleichermaßen berühmte Werk aus den dreißiger Jahren von Professor W. Cunningham, ebenfalls Cambridge; oder die bemerkenswerten Beiträge von Ashton und Ashworth; oder nur das durchschnittliche Lehrbuch zur Geschichte des British Empire (Pflichtthema für alle angehenden Historiker und Ökonomen an britischen Universitäten) – man findet eindeutig und einstimmig bestätigt, daß das „Mutterland" vom Besitz seiner Kolonien in hohem Maße profitierte. Das hätte man natürlich ohnehin vermutet, denn der Besitz war immer freiwillig – jedenfalls von seiten des Mutterlands. Über Jahrhunderte wurde die imperiale Kontrolle niemals freiwillig aufgegeben – es sei denn, die Abtretung war Teil eines Geschäfts, um andere Kolonien zu bekommen oder zu behalten, und erschien profitabler.

1929 erklärte der britische Schatzkanzler ein wenig chauvinistisch im Namen seiner Kollegen: „Aus externen territorialen Investitionen beziehen wir stetige Einnahmen von fast £ 300 Millionen [damals rund $ 1500 Millionen]. Das erklärt, aus welcher Quelle wir soziale Dienstleistungen bestreiten können, deren Niveau höher liegt als in jedem anderen europäischen Land oder überhaupt in jedem anderen Land." Wer das sagte? Mr., später Sir, Winston Churchill.

Vielleicht sind ein paar weitere spezifische Hinweise hilfreich.

Laut Adam Smith waren „die Entdeckung Amerikas und des Seeweges nach Indien um das Kap der guten Hoffnung ... die beiden größten und bedeutendsten Ereignisse in der Geschichte der Menschheit". Die Bedeutung der Entdeckung Amerikas hatte nichts mit den Edelmetallen zu tun, die es dort gab, sondern damit, daß es einen neuen und unerschöpflichen Markt für europäische Waren bot. Das trug unter anderem dazu bei, „dem merkantilistischen Wirtschaftssystem zu soviel Glanz und Ruhm zu verhelfen, wie es sonst niemals erlebt hätte".[2] Das führte zu einem enormen Wachstum des Welthandels. So wie das 19. Jahrhundert bei Historikern allgemein als Jahrhundert der industriellen Produktion gilt, kann man das 17. und 18. Jahrhundert als Jahrhunderte des Handels bezeichnen. Für Großbritannien war dies in erster Linie der berühmte „Dreieckshandel" – Afrika, Westindien und Amerika sowie Großbritannien. Schon 1718 hatte William Wood davon gesprochen, der Sklavenhandel sei „Quell und Ursprung, aus dem alles andere fließt".[3] In diesem Dreieckshandel sorgte England (und Frankreich; später auch das koloniale Nordamerika) für die Schiffe und den Export von Manufakturgütern; Afrika mit seinen menschlichen Gütern sowie die Plantagen Westindiens und Amerikas lieferten die kolonialen Rohstoffe.

Einige Jahre später schrieb Postlethwayt, daß „der Sklavenhandel das erste Prinzip und Grundlage alles übrigen war, Antriebskraft für die Maschine, die jedes Rad in Bewegung setzt".[4]

Als wir vor vielen Jahren als Studenten die Erträge der Wissenschaft auf diesem alten Feld der Forschung und Reflektion durchforsteten, fanden wir solche gleichermaßen präzisen wie ungesicherten Feststellungen wie die folgende: „Die Zuckerplantagen in unseren westindischen Kolonien werfen allgemein einen viel höheren Gewinn ab als jeder andere Anbau, den wir in Europa oder Amerika kennen."[5] (Es sei auch daran erinnert, daß der britische Premierminister William Pitt das jährliche Einkommen, das Briten aus den westindischen Plantagen bezogen, 1798 auf das Vierfache der gesamten Einkünfte aus der übrigen Welt schätzte).

Die Profite aus der Produktion in Westindien und anderen Kolonien waren die Hauptströme der Kapitalakkumulation in England, die die Industrielle Revolution finanzierte. Schon 1750 gab es kaum eine Handels- oder Manufakturstadt in England, die nicht in irgendeiner Weise mit dem Dreiecks- oder dem direkten Kolonialhandel verbunden war (J. Gee, *The Trade and Navigation of Great Britain Considered*, Glasgow, 1750).

Jeder auf einer Zuckerrohrplantage Beschäftigte war für England 130 Mal mehr wert als jemand im eigenen Land (Sir Dalby Thomas, „An Historical Account of the Rise and Growth of the West Indian Colonies, and of the Great Advantages they are to England in Respect of Trade“, veröffentlicht in *The Harleian Miscellany*, II, S. 347).

Einige Kolonialhändler gründeten führende britische Banken, die dann nicht nur die Ausweitung des Kolonialhandels finanzierten, sondern auch britische Industrien und den Binnenhandel in Großbritannien. Ein bekanntes Beispiel ist die Barclays Bank. Zwei Angehörige der Quäker-Familie Barclay, David und Alexander, betrieben 1756 Sklavenhandel. David Barclay besaß eine Zuckerrohrplantage auf Jamaika (*Cambridge History of the British Empire*, 1, S. 565).

James Watt und die Dampfmaschine wurden mit Kapital finanziert, das aus dem Handel mit den West Indies stammte. Boulton und Watt erhielten Vorschüsse von Lowe, Vere, Williams und Jennings – die später die Williams Deacons Bank gründeten (J. Lord, *Capital and Steam Power, 1750–1850*, London, 1923, S. 113).

Die in anerkannten geschichtswissenschaftlichen Werken veröffentlichten Beispiele gehen buchstäblich in die Hunderte. Doch die wenigen hier genannten sollten für unsere Zwecke genügen – wir wollen einzig und allein dem Verfasser von „Entwicklung ohne Hilfe“ helfen.

2. *Koloniale Wirtschaftsverzerrung und Abhängigkeit vom Außenhandel*

Den Politikern und den Menschen in den Kolonien und den jüngst befreiten Kolonien die Schuld an der beispiellosen Spezialisierung und Schieflage ihrer Ökonomien zu geben hieße, die gut dokumentierten und leicht zugänglichen historischen Tatsachen außer acht zu lassen. Unter Wissenschaftlern war niemals zweifelhaft und umstritten, daß die Ökonomien der Kolonien von ihren Mutterländern derart geprägt bzw. verzerrt wurden, daß sie nur ein oder zwei Nahrungsmittel- oder Rohstoffprodukte für das Mutterland produzierten. Die Entwicklung selbst einfacher Manufakturbetriebe sah man nicht nur mit Unbehagen, sondern sie wurde aktiv und strikt behindert. Die strengen gesetzlichen Regelungen, die England in dieser Hinsicht seinen nordamerikanischen Kolonien auferlegte, haben vor allem deshalb weithin Bekanntheit erlangt, weil sie in hohem Maße den Anstoß zu einer der weltweit größten Revolutionen lieferten. Die bewußte Zerschlagung der Musselinindustrie in Indien ist vielleicht ähnlich bekannt. Aber die restriktive Politik behinderte alle Kolonien.

Doch schon bevor man die Beschränkungen für Manufakturbetriebe einführte, pochten sowohl die englischen Plantagenbesitzer als auch die Händler und Bankiers, die sie finanzierten, auf eine Spezialisierung der Agrarproduktion für den Export. (Das galt auch für das französische Empire.) Um Cunningham zu zitieren: „Die Entwicklung der südlichen Kolonien und der Inselgrupe der West Indies wurde von vermögenden Leuten in England vorangetrieben, die die Energien der Plantagenbesitzer darauf richteten, Waren für den Export anzubauen. Diesen Händlern war es nicht besonders darum zu tun, eigenständige Gemeinschaften zu fördern; ihnen war es lieber, wenn die Plantagenbesitzer ihre Güter mit Blick auf die Erfordernisse ausländischer Märkte betrieben.“[6]

An gleicher Stelle weist Cunningham darauf hin, daß „Charles I. das Gedeihen Virginias sehr am Herzen lag und er darauf bedacht war, daß die Kolonie zumindest ihren eigenen Nahrungsbedarf deckte; er befürchtete, *die Zukunft des Gebietes werde dem unmittelbaren Gewinn der Plantagenbesitzer geopfert.*“ Leider hatte

Charles I. auch dieser Entwicklung nichts entgegenzusetzen. Die Ökonomien der Kolonien, die später gegründet wurden, erlitten dasselbe Schicksal. Für Puerto Rico kam die Wende im 20. Jahrhundert. Die Insel hatte jedoch das Glück, durch ihren gemeinsamen Markt mit den USA aus der ökonomischen Zwangsjacke des „bitteren" Zuckers ausbrechen zu können; dadurch konnte sie Manufakturen entwickeln und deren Produkte exportieren und damit die eigene Wirtschaft diversifizieren.

In seinem Buch über Britisch-Guyana berichtet der englische Soziologe Raymond Smith, wie Zuckerpflanzer in dieser Kolonie andere davon abhielten, sich Aktivitäten jenseits des Zuckerrohranbaus zu widmen. Zu den dabei angewandten Methoden gehörten das Fällen von Obstbäumen, die Vertreibung aus Häusern in den riesigen Gebieten, die von den Zuckerbaronen regiert wurden, und ein Fischfangverbot.[7] Einige Zeit sorgten Zuckerpflanzer dafür, daß unternehmerisch tätige Menschen kein Land kaufen konnten. Die Besitzer der Zuckerplantagen setzten bei der Regierung durch, daß sie (a) den Preis für Grund erhöhte, (b) Land nur in großen Einheiten von 100 Hektar oder mehr verkaufte und (c) hohe zusätzliche Gebühren für die rechtliche Übertragung erhob (Parliamentary Papers XIII. Select Committee On West Indian Colonies, S. 173).

Falls nicht jüngst einige schwere Defizite der verschiedenen Geschichten Europas, die ich gelesen habe, aktenkundig geworden sein sollten, dann mußten Österreich, Frankreich, Deutschland, Holland, Liechtenstein und die berühmten italienischen Stadtstaaten keine solch sorgfältig geplante und streng exekutierte Politik der Verzerrung überstehen – eine Politik, die über Jahrhunderte vorherrschte.

3. Entwicklung durch einen gemeinsamen Markt

„Geblendet vom Erfolg des Gemeinsamen europäischen Marktes, besteht Konsens in der Ansicht, man brauche sich für raschen Fortschritt nur zusammenzuschließen." (vgl. Kap. 1) Man fragt sich, auf welche Informationsquelle sich eine so definitive und extrem verallgemeinernde Feststellung stützt. Die vielen sogenannten

„Entwicklungspläne" der unterentwickelten Länder stützen diese Behauptung jedenfalls mit Sicherheit nicht. Im Gegenteil, man sucht darin üblicherweise vergeblich nach irgendeinem Hinweis auf Handelsmöglichkeiten. Selbst in den Ländern Mittelamerikas, wo ein gemeinsamer Markt bereits Wirklichkeit ist und das Wachstum befördert, enthalten die Pläne selten mehr als einen beiläufigen Verweis auf den gemeinsamen Markt. In viel stärkerem Maße finden sich dort die bekannten Arten von Programmen zur Wachstumsförderung.

Doch einige Staatsmänner der unterentwickelten Länder und viele ihrer Berater verstehen die grundlegende quantitative Logik, auf der sowohl industrielle Entwicklung als auch Handel beruhen;[8] ihnen stehen zudem einige historische Beispiele vor Augen, unter anderem aus vorchristlicher Zeit. Sie wissen, daß die Kultur Athens im goldenen Zeitalter Griechenlands auf einer für die damalige Zeit soliden ökonomische Grundlage ruhte und daß die Grundlage zum Großteil aus einem erfolgreichen Handel bestand. Sie haben von Karthago gehört und vom phönizischen Wohlstand durch Handel. Und sie wissen, daß die europäischen Handelsvölker wie die Skandinavier, die Holländer oder die Engländer jahrhundertelang über einen deutlich höheren Lebensstandard verfügten als die Völker Mitteleuropas, unter ihnen die Deutschen. Und schließlich sind sie sich bewußt, daß die mit dem Handel einhergehende Vielfalt kultureller Kontakte von Wissenschaftlern seit jeher als wichtiger Stimulus geistiger Aktivität hervorgehoben wurde.

Da die fortgeschrittenen Länder ihre fehlende Bereitschaft gezeigt haben, den Zugang für nicht aus dem Primärsektor stammende Waren aus den Kolonien und ehemaligen Kolonien zu gestatten (die Beziehung zwischen Puerto Rico und den USA ist in dieser Hinsicht eine Ausnahme), waren diese armen Länder realistisch genug, um zu erkennen, daß sie zunehmend untereinander Handel treiben müssen.[9] Die Zeit der Verzerrung der Kolonialökonomien war auch von einer Verzerrung des Handels gekennzeichnet. So wurde jede Form des regelmäßigen Kontakts zwischen Kolonien aktiv behindert und manchmal sogar verboten. (Bis ich erwachsen war, habe ich niemals einen Jamaikaner zu Gesicht bekommen. Engländer hingegen kannte ich seit meinem achten Lebensjahr, als sie mich als kleinen Jungen unterrichteten.) Wenn England die Quotenbeschränkung für industrielle Produkte aus Hongkong aufhebt; und wenn die USA ihre Quotenbeschränkungen für Fabrikwaren aus Jamaika lockern; und wenn ... und so weiter, dann wird der Wunsch der unterentwickelten Länder, sich zu Handelszwecken zusammenzuschließen, schwächer werden. Bis dahin versuchen diese Länder offenbar, durch friedliche Verhandlungen Handel untereinander zu entwickeln und nicht, indem sie versuchen, die stattlichen internationalen Kriege nachzuahmen, die den Kampf der Deutschen und der Japaner um Märkte begleiteten.

4. Sparen, Investieren und Stadtplanung

Die Bemerkungen des Verfassers zum Konsum und zu unangemessenen Investitionsformen schätze ich sehr. Es läßt sich nicht oft genug wiederholen und betonen, daß man Prestigekonsum vermeiden muß. Und schließlich bin ich sicher, daß Professor Kohrs hartnäckiges Eintreten für einen völlig neuen Ansatz bei der Stadt- und Regionalplanung in armen Ländern vollauf gerechtfertigt ist durch das, was wir in einigen entwickelten – aber auch bereits in einigen unterentwickelten – Ländern erlebt haben.

KAPITEL 2

Erwiderung des Verfassers

Der erste, der die Römer ruinierte, war derjenige, der ihnen als erster Verträge und Geldzuwendungen gab.

PLUTARCH

In einer Zeit, in der eine immer größere Zahl von Wissenschaftlern vor allem damit beschäftigt ist, mittels Selbstdarstellung voranzukommen, bin ich meinem verehrten Freund besonders dankbar dafür, daß er einem der ältesten und fruchtbarsten Aspekte akademischen Lebens, der heute leider im Schwinden begriffen ist, seine Zeit gewidmet hat: der Lektüre und kritischen Begutachtung der Überlegungen eines Kollegen. Ich habe nie etwas von Professor Thorne gelesen oder ihm zugehört, ohne anschließend durch seine Zahlen, sein Wissen und seine Erfahrung bereichert und oftmals auch berichtigt zu sein. Das gilt auch für seine Kommentare zu meinem Buch *Entwicklung ohne Hilfe*.

Als er zum ersten Mal von der Notwendigkeit sprach, eine ganze Reihe meiner Annahmen in Frage zu stellen, sagte ich, ich würde seine Kommentare entweder berücksichtigen oder ihn zu widerlegen versuchen. Nachdem ich nun seine Kritik im Detail gelesen habe, kann ich glücklicherweise sagen, daß ich die meisten Zahlen und Zitate, die er genannt hat, berücksichtigen kann und einzig und allein deren offenbar kritische Implikation zu widerlegen versuche. Denn sie stützen oftmals in stärkerem Maße, als ich mir das hätte wünschen können, meine Schußfolgerungen ebenso wie die seinen. Das gilt insbesondere für die „grundlegenden historischen Fakten", die der Aufmerksamkeit des Autors entgangen seien. Das stimmt in der Tat. Sie widersprechen mir jedoch selten. Eher füllen sie ein Tableau, das ich mittels allgemeinerer Begriffe skizziert habe, mit einigen aussagekräftigen Details.

1. Wie die Armen die Reichen unterstützten und noch immer unterstützen

Seine Zahlen zeigen beispielsweise, inwiefern die armen Länder stets den reichen Ländern geholfen haben statt umgekehrt. Dies ist einer der Hauptgründe für meine Behauptung, die Staatsmänner der Armen seien doppelte Narren, wenn sie weiterhin Beziehungen mit den Reichen anstreben. Professor Thorne unterstreicht somit nur meine Ansicht, wenn er am Beispiel des Verhältnisses zwischen Kanada und Britisch-Guyana zeigt, daß das, was so oft als Hilfe durchgeht, selbst heute unter einer entwaffnenderen Bezeichnung keine Hilfe darstellt, sondern eine fortgesetzte Ausbeutung der Unterstützten durch ihre Unterstützer, die nicht aus bösem Willen heraus an anderweitigem Handeln gehindert werden, sondern aufgrund ihres riesigen Vorsprungs.

Angesichts gerade dieser Erfahrung lautet meine Frage nun: Sollte man weiterhin Hilfe erbitten oder annehmen, die, wie gut sie auch immer gemeint sein mag, dem Gebenden mehr nützt als dem Empfänger? Oder sollte man – und das erscheint mir als die logischere Alternative – eine Entwicklung *ohne* Hilfe anstreben? Ich mag unrecht haben, aber zumindest ein Nachkriegsführer der unterentwickelten Welt, dessen Motive von anderen selten angezweifelt wurden, nämlich der inzwischen verstorbene indonesische Staatspräsident Sukarno, hatte die gleiche Idee, als er am 8. Januar 1965 sowohl an die Vereinigten Staaten wie an die Vereinten Nationen gewandt sagte: „Zum Teufel mit Ihrer Hilfe... Stellen wir uns jetzt allen Konsequenzen. Stellen wir uns allen Schwierigkeiten. Nur wenn wir Schwierigkeiten überwinden, können wir zu einer großen Nation werden ... und immer weitermarschieren, immer weiter, und niemals zurückweichen." Zwar habe ich das Gefühl, daß der zugrundeliegende chauvinistische Größenwahn Sukarnos nicht halb so attraktiv war wie seine Armee von Freundinnen, die die Hilfe konsumierten, doch war ich erfreut über seine verspätete Einsicht und erwog denn auch ernsthaft, meinem Buch den Titel „Zum Teufel mit der Hilfe" zu geben.

Ich muß somit nicht mit Professor Thorne streiten, wenn er sagt: „Die Kolonien und ehemaligen Kolonien erhalten nicht wirklich

‚großzügige Hilfe'“, auch wenn es bei einigen durchaus der Fall ist, sogar in den kritischen Augen der Sowjetunion. So haben laut einem Bericht der UN-Wirtschaftskommission für Lateinamerika vom Januar 1965 Rußland und seine Satelliten zwischen 1959 und 1963 Kuba, das auf die eigenen Beine zu kommen versuchte, mit nicht weniger als $ 700 Millionen an nicht rückzahlbaren Zuwendungen, Krediten und anderer Hilfe unterstützt oder, wie ich es nennen würde, belastet. Ich würde das als ziemlich großzügig bezeichnen, selbst wenn man die zusätzliche $ 1 Milliarde an Militärhilfe ignoriert, die unvermeidlich zur Folge haben wird, daß Kuba weniger sozialisiert als vielmehr militarisiert ist; und weniger kubanisiert als vielmehr – dieses Schicksal ereilt jeden Großempfänger ausländischer Ausrüstung – international standardisiert und entfremdet – eine tolle Leistung von Fidel Castro, einem Sozialreformer und stolzen nationalistischen Politiker, der entgegen aller akademischen Ansicht damit begann, ohne Hilfe dermaßen spektakulär eine Revolution anzuzetteln, daß er zum Achilles des amerikanischen Kontinents geworden wäre, wenn er das Glück gehabt hätte, am Tage seines Einmarschs in Havanna ermordet zu werden.

Doch ich bin wie gesagt grundsätzlich der gleichen Meinung wie Professor Thorne, wenn er behauptet, die unterentwickelten Länder würden nicht wirklich üppige Hilfe *erhalten*. Was mich dazu brachte, den gesunden Menschenverstand ihrer Führer in Frage zu stellen, war die Tatsache, daß sie darum *bitten*. Denn wie Professor Thorne selbst so überzeugend gezeigt hat, helfen sie damit unwissentlich den Ausbeutern von gestern dabei, mit der Ausbeutung ihrer Länder fortzufahren, wenn sie Abmachungen unterzeichnen, die in Gestalt schuldbewältigender Hilfsabkommen daherkommen, unprofitabel sind, den Gewinn aufteilen und damit wenig zu ihrer eigenen Entwicklung beitragen.

2. *Weiche Kredite vs. Hilfe*

Diese Führer erscheinen auch nicht in günstigerem Licht, wenn man Professor Thornes Deutung akzeptiert, die Hilfe, die sie erhielten oder erbäten, sei nicht nur alles andere als üppig, sondern erfolge vor allem in Gestalt von weichen Krediten, die sich nicht wirklich als Hilfe klassifizieren ließen. Zwar könnten sie unter günstigen Bedingungen zurückgezahlt werden, aber sie müßten eben doch zurückgezahlt werden, so wie Bassanios Kredit an Shylock.

Ich würde mich dieser Interpretation gerne anschließen, aber ob rückzahlbar oder nicht, ob weicher oder harter Kredit – der Kreditnehmer fragt offensichtlich danach, weil er überzeugt ist, seine Ziele ohne den Kredit nicht erreichen zu können. Insofern kann sogar ein Kredit als Hilfe gelten, und das Ausmaß seiner Hilfe bemißt sich nicht an der geringen Differenz zwischen harten und weichen Zinssätzen, sondern an der Höhe des Kapitals.

Es gibt zudem ein weiteres Element, das den Hilfscharakter von Krediten betont, welche man von reichen ausländischen Regierungen erhält. Gemeint ist die Chance, daß sie möglicherweise niemals zurückgefordert werden, weniger weil das unterstützte Land nicht zurückzahlen kann, als vielmehr weil das Geberland letztlich möglicherweise nicht in der Lage ist, Rückzahlungen anzunehmen, etwa wenn zu viele ähnliche Rückzahlungen infolge einer früheren Flut ähnlicher Zahlungen gleichzeitig fällig werden. Aus diesem Grund erlaubten die USA es nach dem Ersten Weltkrieg lediglich Finnland, die Rolle des einzigen ehrenhaften Hilfsempfängers unter den Verbündeten zu spielen und im Rahmen einer regelmäßig photographisch festgehaltenen Zeremonie auf den Stufen des Finanzministeriums in Washington die jährliche Rückzahlungsrate abzuliefern – denn es handelte sich nur um ein paar Groschen. Der Rest Europas wurde zur Zahlungsverweigerung gezwungen, nicht weil er nicht hätte zahlen können, sondern weil das wohlhabende Amerika nicht in der Lage war, die enormen Rückzahlungssummen Europas aufzunehmen, ohne dabei Gefahr zu laufen, die eigene Wirtschaft in Mitleidenschaft zu ziehen. Aus diesem Grund hatte fünfzig Jahre zuvor Bismarck verlauten lassen, wenn er das nächste Mal einen Krieg gewinne, werde er vom besiegten Gegner nicht verlangen, Entschädigungszahlungen zu leisten, sondern welche *anzunehmen*. Er hatte nämlich gerade die bittere Lektion gelernt, daß er die riesigen französischen Reparationszahlungen nach 1871 angenommen und nicht abgelehnt hatte und deshalb die reiche Wirtschaft des siegreichen Deutschland in die Depression gerutscht war, während das besiegte Frankreich die Chance bekommen hatte, sich selbst zum Wohlstand hochzuarbeiten.

Wenn also die Führer der unterentwickelten Länder „nur" um Kredite bitten, sind sie am Ende möglicherweise dazu gezwungen, sie als Geschenke zu akzeptieren, wenn auch nur deshalb, um dem Geber aus seiner *embarras de richesses* zu helfen. Das wäre natürlich im Falle von Verbraucherkrediten ein willkommener Glücksfall. Im Falle von Entwicklungskrediten jedoch bedeutet eine Befreiung von den Rückzahlungsverpflichtungen, wie das depressionsgeplagte Europa in den 20er Jahren erfahren mußte, zugleich eine Beschränkung der sehr produktiven Kraft und des sich daraus ergebenden Handelspotentials, für die der Kredit eigentlich hätte sorgen sollen.

Ob Kredite nun Kredite bleiben oder zu Geschenken werden – ich jedenfalls sehe wenig praktischen Sinn darin, zwischen beidem zu unterscheiden. Beide sind als eine Form von Hilfe erwünscht, denn jemand, der keine Hilfe will, würde nicht darum bitten; und beide nützen tendenziell den beteiligten Parteien proportional zu ihrer jeweiligen Entwicklungsstufe: Trotz bester Absichten bringen sie dem Geber mehr Vorteile als dem Empfänger, dem Reichen mehr als dem Armen, dem Fortgeschrittenen mehr als dem Rückständigen, so wie der gleiche Schub bei Körpern, die sich mit unterschiedlicher Geschwindigkeit bewegen, den schnelleren stärker beschleunigt als den langsameren, mit der Folge, daß sich die Kluft zwischen beiden vergrößert und nicht verkleinert.

Doch ganz gleich, was man von der Unterscheidung zwischen weichen Krediten und Geschenken hält, mein Hauptargument gegen umfangreiche Hilfe in welcher Form, unter welcher Bezeichnung und aus welchen Gründen auch immer – selbst wenn sie zum materiellen Vorankommen des Empfängers beitragen *sollte* –, ist noch immer, daß die Einführung fremder Instrumente, die in Reaktion auf eine fremde Umgebung von fremden Geistern entwickelt wurden, eine Nation nur von ihrer eigenen Identität entfremden kann. Und mit dieser Vorstellung stehe ich keineswegs alleine. Der gleichen Ansicht ist auch Karl Marx, der in entstehenden Nationen so sehr verehrt wird, daß man es dort für unnötig hält, sich mit diesem zentralen Dogma vertraut zu machen. Es lautet, daß Handeln und Entwicklung in der Geschichte nicht von Religionen, großen Führungspersönlichkeiten, Wirtschaftssystemen oder Ideologien bestimmt werden – alles Opium fürs Volk und dazu da, den Verzicht schmerzlos zu entlocken; sie werden vielmehr bestimmt von der *Produktionsweise*; davon, wie und mit welchen Werkzeugen wir unseren Lebensunterhalt verdienen. Werkzeuge, die unserer Erfahrung fremd sind, entfremden uns, was natürlich für verachtete internationale Kapitalisten und nicht gar so verachtete internationalisierende Kommunisten ein völlig legitimes Ziel sein mag, nicht aber für die nationalistischen Führer ganz junger Nationen, die für ihre Völker eine Lebensweise zu kreieren versuchen, die sie von allen anderen absetzt und unterscheidbar macht. Und eine national spezifische Lebensweise läßt sich nur auf die harte Tour kreieren. Oder wie Sukarno sagte, als er jede ausländische Hilfe verteufelte: „Nur wenn wir Schwierigkeiten überwinden", kann eine Nation groß werden und damit ihre Seele finden.

3. Günstige terms of trade vs. Hilfe

Was für weiche Kredite gilt, gilt auch für die andere Alternative, die die Staatsmänner unterentwickelter Länder angeblich der Hilfe vorziehen: günstigere Handelsbedingungen. Denn ähnlich wie bei den weichen Krediten, handelt es sich auch dabei nicht um eine Alternative zur, sondern nur um eine andere Form von Hilfe. Sie fordert man, weil sich die unterentwickelten Länder zu schwach fühlen, um sich angesichts von Handelsbedingungen, die durch das Zusammenspiel riesiger amoralischer Kräfte bestimmt werden, welche die internationalen Märkte dominieren, nicht weil sie böse,[10] sondern weil sie stark sind, *ohne Hilfe* zu entwickeln. Also bitten sie diese amoralischen Riesen, sie möchten doch bitte so gut sein und ihnen Bedingungen gewähren, die es ihnen erlauben, aus dem Schatten zu treten, den ihre übermäßige Stärke wirft.

All das wäre sinnvoll, wenn Länder unterentwickelt wären, weil sie unter ungünstigen *terms of trade* zu leiden haben. Doch es ist genau umgekehrt. Sie leiden unter ungünstigen *terms of trade*, weil sie unterentwickelt sind. Sie sind handelsschwach, weil sie strukturschwach sind, und sie werden nicht stärker, wenn man ihnen Bedingungen gewährt, die nicht die Ursache, sondern die Folge von Stärke sind, so wenig wie ein Junge erwachsen wird, wenn man ihn in Erwachsenenhosen steckt. Im Gegenteil!

Wollen unterentwickelte Länder der Behinderung durch ungünstige *terms of trade* entgehen, so geschieht das meiner Ansicht nach am logischsten dadurch, daß sie in entgegengesetzter Richtung nach Abhilfe suchen: ihr Handicap zu überwinden, indem sie nicht ihren Körper vergrößern, sondern die Hosen kürzen, indem sie nicht um mehr, sondern um weniger Handel bitten, indem sie sich darauf konzentrieren, nicht zu kaufen, sondern zu produzieren, was sie nicht selbst im Handel haben; indem sie nicht auf weiterer Expansion beharren, sondern auf einer Verkleinerung ihres einseitigen überentwickelten Exportsektors; und indem sie die dabei frei werdenden Ressourcen verwenden, um statt dessen eine verzerrungsresistente, konsumorientierte Industrie für den heimischen Markt aufzubauen.

Die von mir vorgeschlagene Alternative lautet kurzgefaßt so: ein ausgeglichenes Wachstum anstreben, indem man sich zuerst physisch entwickelt, und die Brücke des internationalen Handels nur überqueren, wenn der Überschuß aus einer anders strukturierten, auf gesunde Weise diversifizierten heimischen Produktion dafür ausreicht. Dann werden die *terms of trade* automatisch durchgängig der zunehmenden natürlichen *Handelskraft* eines Landes entsprechen, ohne daß man um Unterstützung bitten müßte. Denn sobald der Handel *nach Abschluß* der physischen Entwicklung und nicht *zum Zwecke* physischer Entwicklung aufgenommen wird, werden die importierten Manufakturgüter nicht mehr aus primären grundlegenden Dingen bestehen, die man um jeden Preis braucht und die man nur entweder unter Verzicht auf Konsum oder mit Hilfe günstiger Handelsbedingungen bezahlen kann, sondern aus Luxusgütern, die man mit dem Überschuß bezahlt, der sich aus der erhöhten Produktionseffizienz ergibt. Das ist zugegebenermaßen in ihrer Anfangsphase die etwas härtere Alternative. Aber ich bin sicher, ich muß Sukarnos bereits zweimal zitierte Ode an die Mühsal nicht noch ein drittes Mal bemühen.

Kehrt man diese natürliche Wachstumsabfolge, in der Handel Ergebnis und weniger Werkzeug des Fortschritts ist, um und legt die Betonung auf den Handel, noch ehe die volle physische Entwicklung geschafft ist, wird das ökonomische Vorankommen nicht nur *nicht* unterstützt. So wie ein Junge beim Gehen von der viel zu großen Erwachsenenhose behindert wird, wird es doppelt so schwer. Darin lag denn auch zuallererst der Grund für die Rückständigkeit der Kolonialökonomien. Sie wurden gleich von Beginn an für den Handel, aus Handel und vom Handel aufgebaut; und sie profitierten von einer vorzeitigen Einbindung in die immensen freien Imperial- und Weltmärkte; die Gesetze des absoluten und des komparativen Vorteils, die den Propagandisten internationaler Spezialisierung so lieb und teuer sind, funktionierten deshalb nur zugunsten derjenigen, die mit einem Vorsprung ins Rennen gingen, und zuungunsten derjenigen, die mit einem Rückstand starteten.[11] Denn sie begünstigten die einseitige Überentwicklung einiger weniger profitabler Exportrohstoffe wie Kaffee, Baumwolle oder „bitteren" Zucker dermaßen, daß selbst dann, wenn keine Obstbäume gefällt worden wären, keine Ressourcen mehr vorhanden gewesen wären, um die Wirtschaft in anderen Bereichen zu diversifizieren, die von zentraler Bedeutung für den heimischen Konsum und ein ausgeglichenes Wachstum, aber schädlich für profitablen Auslandshandel sind.

Rückständigkeit durch Handel war somit seit der Antike das unvermeidliche Schicksal jeder hinterherhinkenden Region, die Handelsbeziehungen mit den überlegenen Marktkräften fortgeschrittener Länder unterhielt. Petron liefert uns ein Bild davon, wenn er in seinem *Satyricon* in einem Gedicht davon berichtet: „Afrika lieferte Marmor und China Gespinste aus Seide, / ausgeplündert hatte Arabiens Volk seine Fluren."[12] Und Professor Thorne hat selbst diese zu Verwerfungen führende Beziehung hervorgehoben, als er Cunningham zitierte, wonach es Händlern in den südlichen Kolonien und auf den West Indies nicht wirklich darum gegangen sei, „eigenständige Gemeinschaften zu fördern; ihnen war es lieber, wenn die Plantagenbesitzer ihre Güter mit Blick auf die Erfordernisse ausländischer Märkte betrieben". Diese Handelsfixierung, die, wie das auch heute der Fall ist, von einem sterilen Kern übernommener Wirtschaftsdoktrin befördert wurde, war denn auch so verheerend, daß, wie Professor Thorne weiter zitiert, Virginia Gefahr lief, nicht einmal den eigenen Nahrungsbedarf durch den reichen eigenen Boden zu decken, und Charles I. befürchtete, „die Zukunft des Gebietes werde dem unmittelbaren Gewinn der Plantagenbesitzer geopfert". Ebenso stehen heute viele der jüngst befreiten Länder vor der Gefahr, dem Verlangen ihrer handelsorientierten Befreier nach sofortigem Prestige zum Opfer zu fallen; diese streben zwar nicht nach privatem Gewinn, von dem zumindest irgendjemand profitieren würde, dafür aber nach sterilen öffentlichen Postamenten für ihre eigenen Monumente, die niemandem etwas bringen.

4. Entwicklung durch Handel

Das heißt nicht, daß unterentwickelte Länder sich nicht auch mit Hilfe günstiger *terms of trade* entwickeln können. Es bedeutet vielmehr, daß entgegen dem, was Professor Thorne nahelegt, Handelsbegünstigungen im gleichen Sinne wie weiche Kredite als Hilfe einzustufen sind. Angesichts dessen werden sie auf Länder, die um ihre Identität ringen, zwangsläufig den gleichen Entfremdungseffekt haben wie jede andere Art von großangelegter Hilfe.

Doch damit noch nicht genug. Richtet man eine solcherart unterstützte Volkswirtschaft von Anfang an auf die Möglichkeiten des externen und nicht des heimischen Marktes aus, wird die daraus resultierende industrielle Diversifizierung vermutlich ebenso einseitig ausfallen wie die vorangegangene Spezialisierung. Denn handelsorientierte Entwicklung schafft tendenziell mit einem ganzen Haufen an Produktionsbereichen, was die koloniale Entwicklung schon mit ein paar wenigen geschafft hat. Es fügt den natürlichen Marktvorteilen künstliche hinzu und überentwickelt damit diese Produktionsbereiche. Statt eine nach innen gerichtete Diversifizierung vorzunehmen, diversifiziert sie den auf andere ausgerichteten Exportsektor und verstärkt damit den Verzerrungsfaktor, indem sie eher mehr als weniger der Wirtschaft der Gnade auswärtiger Entscheidungsträger überläßt.

Eine solche Entwicklung steht überdies vor einer ganzen Reihe weiterer Probleme, denn man versucht, eine Steigerung des einheimischen Lebensstandards auf indirekte Weise mittels Handelsprofiten zu erreichen, statt sie direkt anzugehen durch die Entwicklung eines Produktionsmusters, das in direktem Bezug dazu steht. Zum ersten versickert unvermeidlich einiges durch Ineffizienz und Korruption, was den Vorteil reduziert, der sich sonst aus Umwegansätzen ergibt. Zweitens zeigt sich der Ertrag von Umwegansätzen stets zuerst auf dem Radarschirm der Statistik. Und Verbesserungen des Lebensstandards, die vermittelt über den Handel statt durch Direktproduktion erreicht werden, sehen in Zahlen, von denen Politiker leben, möglicherweise eindrucksvoller aus als in der Substanz, die den Eßtisch desjenigen, der von Reis und Bohnen lebt, betrifft. So beklagte sich die Jugend: „Laut Statistik kommen auf jeden Mann 2,7 Frauen – und ich habe keine." Und drittens besteht das dringlichste Ziel jeder Wirtschaftsentwicklung darin, zuallererst den Standard derjenigen zu heben, die auf dem niedrigsten Niveau leben. Doch die Welt des internationalen Handels ist so komplex und bedarf einer solchen Vielzahl von Experten und von Organisationstalent, das überdies noch nicht im Land verfügbar ist, sondern für hohe Gehälter von außen importiert werden muß, daß zuerst die Händler, die Spediteure, die Bankiers, die Makler, die Kontaktmänner, die Berater, die Ökonomen, die Statistiker, die Anwälte, die Erzieher und die Bürokratie entlohnt werden, während es eine ganze Generation dauern kann, ehe die Handelsprofite möglicherweise ein Loch in die Slums reißen. Mit anderen Worten: Entwicklung durch Handel kehrt die Prioritätenhierarchie um und stellt diejenigen, die als erste vom Fortschritt profitieren sollten, an die letzte Stelle.[13]

Ich gestehe nach wie vor zu, daß Länder mit Hilfe günstiger *terms of trade* am Ende – wenn auch mit geringerer Geschwindigkeit, dafür aber mit der Chance, die ersten Gewinnernten früher einzubringen – durch eine für den internationalen Handel diversifizierte Ökonomie das gleiche hohe Entwicklungsniveau erreichen können wie mit einer Ökonomie, die für den näherliegenden heimischen Markt diversifiziert wurde und den Handel auf die Überschüsse begrenzt. Doch anders als letztere – und das ist mein prinzipieller Einwand gegen die heutigen Nationengrüder aus streng politischer Sicht – wird ihre Wirtschaft zwar durchaus gedeihen, aber eben in tiefster Abhängigkeit von Märkten jenseits ihrer Grenzen und von

Kräften außerhalb ihrer Kontrolle. Ist das das einzige, was sich ihre Führer vorstellen können? Politische durch ökonomische Abhängigkeit zu ersetzen? Und sich nicht viel anders zu verhalten als jene kolonialen Plantagenbesitzer, die Professor Thorne nicht gerade als Modellfälle richtigen Verhaltens zitiert und die, statt „eigenständige Gemeinschaften zu fördern", lieber „ihre Güter mit Blick auf die Erfordernisse ausländischer Märkte betrieben"? Ich hätte gedacht, daß sie an der Philosophie von *Entwicklung ohne Hilfe* mehr Gefallen gefunden hätten oder auch an Thomas von Aquin, der in *Über die Herrschaft der Fürsten* (II,3) schrieb: „Denn ein Ding ist um so mehr wert, je mehr es als autark befunden wird; was eines anderen bedarf, beweist eben darin einen eigenen Mangel. Diese Selbstgenügsamkeit aber wird eine Stadt, der die umliegende Gegend für ihre Lebensbedürfnisse genügend zu bieten vermag, in weit vollerem Maße besitzen, als jene, die es nötig hat, sich von andern auf dem Wege des Handels zu erhalten."

5. Entwicklung durch einen gemeinsamen Markt

Da Professor Thorne selbst darauf hingewiesen hat, daß die Führer unterentwickelter Länder sich lieber mit Hilfe günstiger *terms of trade* entwickeln, wird er mit mir übereinstimmen, daß günstige *terms of trade* nur für diejenigen sinnvoll sind, die an Außenhandel interessiert sind. Er wird auch zustimmen, daß diejenigen, die am Außenhandel interessiert sind, versuchen werden, sich fremde Märkte zu sichern. Und er wird zustimmen, daß sich Handelspartner mit bescheidenen Binnenmärkten ausländische Märkte am besten dadurch sichern, daß sie sich zur Bildung eines vertraglich abgesicherten *gemeinsamen* Marktes zusammenfinden, der ihre Territorien ökonomisch miteinander verschmilzt, ihren politischen Status aber unangetastet läßt. Darum schrieb ich auf den ersten Seiten dieses Buches: „Geblendet vom Erfolg des Gemeinsamen europäischen Marktes, besteht Konsens in der Ansicht, man brauche sich für raschen Fortschritt nur zusammenzuschließen."

Professor Thorne fragt sich, „auf welche Informationsquelle sich eine so definitive und extrem verallgemeinernde Feststellung stützt", und behauptet: „Die vielen sogenannten ‚Entwicklungspläne‘ der unterentwickelten Länder stützen diese Behauptung jedenfalls mit Sicherheit nicht... Selbst in den Ländern Mittelamerikas, wo ein gemeinsamer Markt bereits Wirklichkeit ist und das Wachstum befördert, enthalten die Pläne selten mehr als einen beiläufigen Verweis auf den gemeinsamen Markt. In viel stärkerem Maße finden sich dort die bekannten Arten von Programmen zur Wachstumsförderung."

Das stimmt. Aber besteht nicht ein riesiger Unterschied zwischen Wachstumsprogrammen, die durch begrenzte heimische Märkte stimuliert werden, und solchen, die auf den Impuls viel größerer gemeinsamer Märkte reagieren? Man sollte es zwar vielleicht nicht überbewerten, aber ohne den Hintergrund von Puerto Ricos gemeinsamem Markt mit den USA hätte sich die phänomenale Hotelentwicklung auf der Insel mit dem Bau einiger weniger Gästehäuser begnügt. Wenn, wie Professor Thorne behauptet, der gemeinsame Markt Mittelamerikas das Wachstum bereits fördert, so ist ähnlich offensichtlich, daß die lokalen Wachstumsprogramme seiner Mitgliedstaaten bereits eine radikal andere Gestalt angenommen haben müssen, als sie ohne diesen Markt gehabt hätten, selbst wenn sie die Ursache für diese Veränderung lediglich mit einem „beiläufigen Hinweis" erwähnen. Gleiches scheint auch für die „bekannten Arten" von wachstumsfördernden Programmen in der übrigen Karibik zu gelten, von denen zugegebenermaßen keines auch nur einen beiläufigen Hinweis auf die Perspektive eines gemeinsamen Marktes enthält. Doch die hochoffizielle, nun freilich absterbende Carribean Organization, die alljährlich eine Zusammenstellung aller Entwicklungsprogramme der Länder, für die sie tätig ist, sowie einen Band mit *Intra-Caribbean Trade Statistics* veröffentlicht, macht das aus dem ganz spezifischen Grund, um damit deren Anpassung an einen künftigen gemeinsamen Markt vorzubereiten.

Die Zusammenstellungen der Caribbean Organization sowie die Bemerkungen ihrer Vertreter sind eine der Quellen, auf die sich meine „Verallgemeinerung" stützt. Eine andere ist eine Studie von Carlos E. Chardon, die die Möglichkeit eines gemeinsamen Marktes von Puerto Rico und der Dominikanischen Republik untersucht; sie wurde 1962 von der offiziellen staatlichen Entwicklungsbank

Puerto Ricos veröffentlicht unter dem Titel: *Datos que Sugieren la Integracion de Una Parte de la Region del Caribe: La Republica Dominicana y Puerto Rico.* Eine dritte Quelle ist meine eigene annotierte Dokumentation zum Thema, die ich in zweijähriger Arbeit für den Carnegie Endowment for International Peace zusammenstellte und die so umfangreich ist (6000 – sechstausend – Seiten), daß allein die Liste mit den Dokumenttiteln sowie meine Bibliographie in Jacob Viners *The Customs Union Issue* (New York: Carnegie Endowment for International Peace, 1950, S. 141–211) siebzig Seiten Anhang ausmachen.

Insbesondere durch diese Zusammenstellung erfuhr ich, daß das unterentwickelte Lateinamerika als eifrigster Student des deutschen Zollvereins, lange bevor man die Europäische Wirtschaftsgemeinschaft überhaupt nur erwog, für eine veritable Menge an inoffiziellen und offiziellen Projekten zur Schaffung ähnlicher Wirtschaftsgemeinschaften auf regionaler, kontinentaler und sogar weltumspannender Grundlage verantwortlich war. Einige davon fanden Eingang in die Präambeln einer Reihe formeller Abkommen wie etwa zwischen Argentinien und Brasilien (1941), Argentinien, Chile und Paraguay (1943) sowie Argentinien und Bolivien (1947). Andere führten zu Vereinbarungen wie der Charta von Quito 1948, die Kolumbien, Ecuador, Panama und Venezuela zur Einrichtung der Großkolumbianischen Wirtschafts- und Zollunion verpflichtete; und wiederum andere zu Vereinbarungen, die tatsächlich solche Gemeinschaften begründen wie etwa der Vertrag von 1958 zwischen Honduras, Guatemala, El Salvador, Nicaragua und Costa Rica; und der Beschleunigungsvertrag von 1960 zwischen Honduras, Guatemala und El Salvador. Eine ähnlich eifrige Vertragstätigkeit findet sich auch in Afrika; eines der bekanntesten Abkommen, das 1964 unterzeichnet wurde, etabliert einen gemeinsamen Markt der vormals „vereinten“ arabischen Republiken.[14]

Und da ist zu guter Letzt die endlose Kette an Konferenzen, auf denen Staatsmänner, Experten und Berater unterentwickelter Länder „sich zusammenschließen“, um herauszufinden, wie sich ihre Entwicklung durch gemeinsame Planung innerhalb des größeren Kontexts ihrer gebündelten Ressourcen beschleunigen läßt. Warum sonst sollten sie zusammenkommen? Um für sich zu bleiben? Als ich die ersten Kapitel von *Entwicklung ohne Hilfe* schrieb (daher auch die Plazierung der kritisierten „Konsens"-Bemerkung auf der ersten Seite), saß denn auch eine karibische Konferenz, die von solch internationalen Koryphäen wie dem ersten Nobelpreisträger für Wirtschaftswissenschaften, Professor Tinbergen, besucht wurde, in den teuren Lounges des Condado Beach Hotel in Puerto Rico zusammen; und obwohl es stimmt, daß das Thema „gemeinsamer Markt" im offiziellen Konferenzprogramm nicht einmal beiläufig erwähnt wurde, durchzog es wirklich alle Diskussionen. Es ist wie mit Amerikas „pursuit of happiness". Sie wird in den Gründungsdokumenten nur in einem einzigen Satz erwähnt. Doch gibt es etwas anderes, das Amerikas gesamtes Leben durchdringt, als eben genau dies?

Ich glaube deshalb, daß ich bei meiner „extrem verallgemeinernden Feststellung" bleiben muß, so wie die Spitze eines Eisbergs dem unter Wasser befindlichen Teil verhaftet bleibt, von dem sie nur eine kleine sichtbare Projektion ist. Das bedeutet freilich nicht, daß meine Kritik am scheinbaren Konsens unterentwickelter Länder, ihr Vorankommen durch eine Koordination ihrer Volkswirtschaften zu beschleunigen, impliziert, gemeinsame Märkte könnten unter bestimmten historischen Umständen nicht sinnvoll sein. Sie können durchaus sinnvoll sein. Als die deutschen Länder sich zum Zollverein zusammenschlossen, berichtetete ein Augenzeuge (wie bereits in Anm. 13 auf S. 223 f. zitiert), mit welch berechtigter Freude die Handelswelt die Abschaffung der Zollschranken mit Beginn des Jahres 1834 begrüßte. „An den Straßen, die bislang von Zollschranken versperrt gewesen waren, bildeten sich lange Wagenschlangen. Schlag Mitternacht wurden alle Schlagbäume geöffnet, und unter lautem Jubel holperten die Wagen über die Grenzen, die sie fortan in völliger Freiheit überqueren konnten. Jeder hatte das Gefühl, daß damit ein großes Ziel erreicht war."

Wie dieser Augenzeugenbericht nahelegt, war der gemeinsame Markt *in der Tat* eine sinnvolle Sache, denn die künftigen Mitglieder hatten bereits ein solches Maß an unabhängigem Wachstum erreicht, daß der Überschuß aus ihrer konsequent ausgewogenen, reifen, diversifizierten, konsumorientierten heimischen Produktion schon seit langem die Transportkutschen füllte, die auf *beiden* Seiten der Grenzen freudig auf das Signal warteten, welches ihnen Bewegungsfreiheit verschaffte. Aber man stelle sich das freudige Szenario langer Autoschlangen vor, die nach Aufhebung der Zollschranken über die Grenze drängen, die, sagen wir, Bolivien und Brasilien trennt! Sie verfügen noch immer über so wenige und überdies weit voneinander entfernte Inseln ökonomischer Aktivität, und ihre weit verstreuten Bevölkerungen liegen noch immer so weit jenseits des Horizonts des jeweils anderen, daß ihre Straßen sich kaum berühren. Im Gegensatz zum Zollverein würde man somit zu dem Zeitpunkt, an dem ihre Union eingeläutet wird, nicht erleben, daß sich Händler oder Wagen oder Überschuß über abgelegene Grenzen drängen, die nicht aufgrund politischer Hindernisse voneinander trennen, sondern aufgrund der Leere wie auch der geographischen und ökonomischen Entfernungen. Jeder Versuch, sie nur deshalb zusammenzuschließen, um Verbindungen zu schaffen, noch bevor sich ihre Systeme überhaupt berühren, würde den verschwenderischen Aufbau eines so riesigen Verkehrs- und Kommunikationsnetzwerks erfordern, daß allein dies die Möglichkeit, von Grund auf eine ausgewogene Produktionsökonomie aufzubauen, um Jahrzehnte zurückwerfen würde.

Da Zusammensein, Austausch, gemeinsames Handeln hemmen, wenn man sie vorzeitig befördert, während sie ansonsten spontan auf Berührung entstehen, kann ein Zusammenschluß zu gemeinsamen Märkten oder sogar noch lockereren Handelsvereinigungen meiner Meinung nach für diejenigen, die noch nicht voll entwickelt sind, nicht sinnvoller sein als der Bund der Ehe. Er bietet nämlich keine Chancen für die Gegenwart, sondern schiebt die Zukunft hinaus, weil er eine vorzeitige Chance bietet, es zu versuchen, wenn Stärke und Klugheit noch nicht in einem angemessenen Verhältnis zum Verlangen stehen.[15]

6. *Entwicklung in historischer Perspektive: Die Vereinigten Staaten*

Mit dem Vorangegangenen will ich in keinster Weise die Idee in Frage stellen, wonach aus Handels- und Marktbeziehungen durchaus zusätzliche Reichtümer entspringen können, wie ich am Beispiel des

Zollvereins zu zeigen versucht habe. Ich wende mich jedoch gegen die Vorstellung, solche internationalen Beziehungen seien in allen Entwicklungsstadien von Nutzen, und insbesondere dagegen, von Verbindungen der Rückständigen mit den Fortgeschrittenen würden die Rückständigen profitieren. Historisch gesehen haben derartige Verbindungen stets gegenteilige Ergebnisse gebracht. Sie haben zu einer Polarisierung geführt, denn die Fortgeschrittenen wurden gefördert und die zur Ausbeutung einladende Kluft der Rückständigkeit vergrößerte sich weiter. Ich habe dies nicht nur am Beispiel zahlreicher Beziehungen zwischen Kolonie und Mutterland gezeigt, sondern auch anhand solch enger Bande zwischen ungleichen Partnern wie bei den Zusammenschlüssen zwischen England und Wales, England und Schottland, Italien und Kalabrien, Rußland und Sibirien oder Frankreich und der Bretagne (vgl. S. 28). Sowjetische Lehrbücher sind noch einen Schritt weitergegangen und haben sogar in den Beziehungen, die zwischen einer naturgemäß dominanten Metropole wie Moskau – oder auch Havanna – und dem umliegenden Gürtel durchweg rückständigerer Landgemeinden bestehen, imperialistische Ausbeutung entdeckt.[16] Und indem er meinen eigenen Beispielen noch eine Reihe von „Imperiumsgeschichten“ zur Seite gestellt hat, hat Professor Thorne, so wage ich zu behaupten, meine Position ein weiteres Mal nicht geschwächt, sondern vielmehr durch ausgezeichnete historische Belege, die in der Tat meiner Aufmerksamkeit entgangen sind, gestärkt.

Aufgrund dieser verzögernden und verzerrenden Wirkung vorzeitiger Handelsbeziehungen haben sich die unterentwickelten Länder in der Vergangenheit – anders als die heutigen – stets auf ihren Entwicklungsweg gemacht, indem sie die verfügbaren ausländischen Märkte nicht erweiterten, sondern beschränkten. Statt Handelseinrichtungen forderten sie Schutz; Schutz nicht *durch* ihre Handelsbeziehungen, sondern *vor* Handelsbeziehungen, insbesondere mit Ländern, die fortgeschrittener waren als sie selbst. Deshalb hielten es die noch jungen Vereinigten Staaten für unabdingbar für ihre Entwicklung, nach vierzig Jahren vergeblichen Kampfes ihre politischen Grenzen durch Handelsgrenzen zu ergänzen und sich nach 1812 hinter einem Schutzwall aus „Wirtschaftsnationalismus“ und „Abschreckungszöllen“ zurückzuziehen – eine Politik, die sowohl von den Sklavenhaltern und den Verfechtern des Freihandels im Süden als auch von der damals bestimmenden klassischen *laissez-faire*-Schule fortgeschrittener Wirtschaftswissenschaftler jenseits des Atlantiks in ähnlicher Weise reaktionärer Implikationen verdächtigt wurde, wie heute das Ökonomieestablishment meine Vorstellung betrachtet, wonach eine ähnliche Politik der schützenden Isolation für Länder sinnvoll sein könnte, die sich heute in einem ähnlichen Stadium der Unterentwicklung befinden.

Ich gebe gerne zu, daß Amerikas seinerzeitiger „Wirtschaftsnationalismus“ nach den Standards der damals „gültigen“ Lehre völlig falsch war. Aber was für Wunder in Sachen praktischem „Selbsthilfe“-Wachstum bewirkte er im Vergleich zu den „richtigen“ Ideen, die sie in Monographien unter Verschluß gehalten hätten, hätten die damaligen Führer nicht den Mut gehabt, ihre riesigen Sprünge nach vorn mittels der „reaktionären“ Methode, zunächst ein paar Schritte zurückzugehen, vorzubereiten. Bittere Erfahrung hatte sie gelehrt: Wollen Länder vom Handel profitieren, müssen sie bereits eigenständig ein hohes Maß an ausgewogener industrieller Diversifizierung erreicht haben, die ihre Grundbedürfnisse eingehend befriedigt und dann automatisch die Marge des überschüssigen Zusatzreichtums erreichen wird, ab der Handel möglich und profitabel wird, *ohne* daß man Gefahr läuft, die einheimische Wirtschaft zu schädigen. Würden sie andererseits zu früh in den Ozean des freien Marktes getaucht, so hatten sie gelernt, könnte noch so viel politische Unabhängigkeit nicht ihren fortgesetzten Status als Wirtschaftskolonien verhindern. Denn schon die Gesetze des komparativen Vorteils würde sie zu ungünstigen *terms of trade* verdammen, die umso ungünstiger werden, je umfangreicher der Handel ist, und umso hemmender wirken, je größer die daraus resultierende Ausgangsdiskrepanz zwischen den Handelspartnern ist.

Was die anfängliche ökonomische Verzerrung in den noch jungen Vereinigten Staaten korrigierte und sie nachfolgend vor der die Verwerfungen verschlimmernden Wirkung des Neokolonialismus schützte, die ehemalige Kolonien heute so vehement beklagen, war somit nicht die Unabhängigkeit, sondern der Wechsel vom nach außen blickenden Handel zur nach innen gerichteten diversifizierten Eigenständigkeit. Und das Gleiche ermöglichte von Anfang an die Verwerfungen vermeidende Diversifizierung in Österreich, Frankreich, Holland, Liechtenstein sowie in den meisten deutschen und italienischen Staaten, die Professor Thorne in positivem Kontrast zur hilflosen Einseitigkeit der Kolonialentwicklung sieht. Es war nicht ihre Unabhängigkeit – sie ist in der interdependenten Welt des Handels ökonomisch völlig irrelevant. Ebensowenig war es ihr *zukünftiges* Handelsvolumen. Es war ihre *ursprüngliche* Politik einer weitgehend handelslosen Eigenständigkeit, die ihre Führer auf schlichten heimischen statt geheiligten importierten Rat hin zu übernehmen wagten. Sie fand gelehrten Ausdruck in bekannten Klassikern wie Philipp Wilhelm von Hörnigks *Österreich über alles wann es nur will* oder Antoine de Montchrétiens *Traicté de l'oeconomie politique* – angeblich übrigens das erste Buch, in dem sich der Begriff der „politischen Ökonomie" findet –, und ihr zentrales Dogma der stolzen Eigenständigkeit wurde vielleicht am prägnantesten in dem Appell auf den Punkt gebracht, den der zuletzt Genannte an den französischen König richtete: „Faites-nous donc jouissance du fruict de nostre industrie; c'est a dire, rendez-nous á nous mesmes."[17] Gib uns uns selbst zurück!

7. Das Beispiel Athen

In der Geschichte finden sich deshalb nur selten Nationen, die ihren ursprünglichen Reichtum dem Handel zu verdanken haben. Viele von ihnen sind vermutlich erst ins Rampenlicht getreten, nachdem sie einen gedeihlichen Handelsstatus erreicht hatten. Doch auch sie mußten zunächst eine Phase weniger beachteten Selbsthilfewachstums in nach innen gerichteter Isolation durchlaufen. Oder wie Walter Bagehot es formuliert hat: „Es steht fest, dass alle grossen Nationen sich abgeschlossen in sich und gleichsam im geheimen vorgebildet haben. Sie hielten alle zerstreuenden Einflüsse von sich fern"[18] – und nicht, indem sie vor den Vereinten Nationen Reden schwangen.

Das gilt in besonderem Maße für das antike Athen, wenngleich Professor Thorne natürlich wie immer ganz recht hat, wenn er schreibt, „daß die Kultur Athens im goldenen Zeitalter Griechenlands auf einer für die damalige Zeit soliden ökonomischen Grundlage ruhte und daß die Grundlage zum Großteil aus einem erfolgreichen Handel bestand". Dabei übersieht er jedoch, daß das goldene perikleische Zeitalter des Handels nicht voll entwickelt dem Kopf des Zeus entsprungen ist. Ihm war das silberne Zeitalter des Peisistratos vorangegangen, in dem man die einheimische Produktion für die eigenen Bedürfnisse aufgebaut und diversifiziert hatte. Ohne dies wäre das anschließende merkantile Zeitalter des Perikles ebenso undenkbar wie die zweite Stufe einer Weltraumrakete ohne die erste. Perikles handelte mit Obst und Gemüse. Doch wie ich in *Entwicklung ohne Hilfe* gezeigt habe, war es Peisistratos, der die Bäume pflanzte und zudem einen Großteil der goldenen Akropolis baute. Es gab also zwei Athen, und dasjenige, das ich als Beispiel für das Stadium angeführt habe, welches unterentwickelte Länder von heute nachahmen müssen, wenn sie an perikleisches Gold gelangen wollen, ist das erste und nicht das bekanntere zweite. Der wunderschöne Schmetterling tanzt erst mit Flügeln durch die Lüfte, nachdem er eine einfache Raupe gewesen ist und nur *weil* er eine Raupe war, die ihre vorbereitende Mission ohne einen Gedanken daran erfüllte, ihre Aktivitäten auf eine künftige „beflügelte" Existenz auszurichten, und umso sicherer ist, je stärker sie als nach innen gerichtete Raupe lebt und nicht als luftorientierter Bodenwurm mit Schmetterlingsambitionen.

Dieser unabdingbare zweistufige Raupe-Schmetterlings-Charakter jeder wirtschaftlichen Entwicklung wäre deutlicher geworden, wenn nicht die Wirtschaftswissenschaft durchweg das nach innen blickende eigenständige Industrialisierungsstadium und die nach außen gerichtete Handelsphase, die logisch und historisch stets aufeinander folgten, miteinander vermengt hätte, indem sie die Leitlinien von beiden unter dem Mischmaschbegriff des *Merkantilismus* subsumierte.

Einem Klassifizierer wie Aristoteles wäre das nie passiert. Aber man kann verstehen, warum es aus verschiedenerlei Gründen dazu kam. Zunächst einmal existierten die beiden Stadien wie die verschiedenen Klassen im einzigen Klassenzimmer einer Dorfschule stets nebeneinander; so war Österreich noch ganz unten, während England bereits halb oben war. Zum zweiten wirkte die Trennlinie, die das zweite Stadium vom ersten trennte, aus welchem es sich in einer ununterbrochenen Folge von Jahren unmerklich entwickelte, für moderne Beobachter aus dem Abstand von Jahrhunderten oftmals so dünn, daß – ähnlich wie das Licht von weit entfernten Zwillingssternen – Einzelheiten, die aus der ersten Phase stammten, allzu leicht mit der dichteren Information vermengt wurden, die man aus der besser dokumentierten, stärker verherrlichten und abenteuerlicheren zweiten Phase erhielt. Drittens waren zeitgenössische Autoren, die die zweite Phase in einer Reihe von Ländern beschrieben, wie etwa Thomas Mun (1571–1641) in England, oftmals Zeitgenossen von Autoren wie Antoine de Montchrétien (1576–1621), die das erste Stadium in einer anderen Gruppe von Ländern wie etwa Frankreich erlebten und darstellten. Und da beide Phasen wirtschaftlicher Entwicklung Teil des einheitlichen größeren politischen Prozesses der Nationenbildung sind, zeichneten sie sich zwangsläufig durch eine Reihe gemeinsamer *politischer* Merkmale aus wie etwa das, was Alexander Gray als eine alles durchdringende sozialistische „Politik allgegenwärtigen und unablässigen Regierungshandelns" bezeichnet (a.a.O., S. 77f.). Das verstärkte natürlich den Eindruck, die beiden *wirtschaftlichen* Stadien müßten ebenfalls gleich sein.

Freilich hätte die ganze Zeit über der Begriff des *Kameralismus* zu einer klaren Unterscheidung zwischen den beiden führen können, hätten die Gelehrten damit nicht lediglich eine mitteleuropäische Variante des Merkantilismus bezeichnet, sondern die Phase, die diesem selbst in den Ländern voranging, deren Autoren erst während der faszinierenderen und komplexeren zweiten Phase zur Feder griffen, als sie all ihre Kräfte zur intellektuellen Demontage der damals bereits obsoleten Konzepte aus der früheren Phase benötigten.

8. Die puertoricanische Lektion

Man muß jedoch gar nicht bis ins antike Athen oder bis zum Kameralismus-Merkantilismus des 17. Jahrhunderts zurückgehen, um den zweistufigen Raupe-Schmetterling-Charakter jeder wirtschaftlichen Entwicklung ebenso zu erkennen wie die Tatsache, daß sie, so kurz die Zeitspanne zwischen beiden Phasen auch sein mag, immer aufeinander folgen müssen und nicht gleichzeitig versucht werden dürfen, wenn man dauerhafte Verwerfungen vermeiden will. Wir müssen nur aus unseren Fenstern auf das heutige Puerto Rico blicken, das seinen Aufschwung nicht nahm, indem es merkantilistisch seine *terms of trade* verbesserte, sondern indem es sich zunächst einmal darauf konzentrierte, seine Industrie in seiner berühmten kameralistischen Weise zu entwickeln und zu diversifizieren.* Erst als dies in die Wege geleitet war, konnte man daran denken, ins zweite, merkantilistische Stadium einzutreten, wofür symbolisch die Ernennung unseres verehrten Kollegen Dr. Carlos Lastra zum ersten Handelsminister des Landes steht.

Zehn Jahre zuvor hätte man die Idee eines Handelsministeriums für verwegen erklärt und ihr die Frage entgegengehalten: „Was sollen wir außer unserem ‚bitteren‘ Zucker und dem Opiat Rum verkaufen? Mehr davon?“ Die Antwort im Hinblick auf diese tragenden Säulen des Handels lautete: weniger davon! – immer in dem Bewußtsein, daß sich die unerwünschten Folgen einer Sache am besten vermeiden lassen, wenn man sie nicht vergrößert, sondern proportional verkleinert.

Damit will ich nicht sagen, Puerto Ricos „kameralistische“ *Operation Bootstrap* (Unternehmen Selbsthilfe) habe – wie die meisten der „bekannten Arten von Programmen zur Wachstumsförderung“ in den anderen Karibikstaaten – dadurch, daß sie der unwiderstehlichen Versuchung des riesigen amerikanischen Marktes nachgab, nicht auch im Widerspruch zu einem harmonischen

---

* Anm. d. Hg.: Im englischen Original lautet die Passage „All we need do is look from our windows at contemporary Puerto Rico which started on its rise not by mercantilistically improving its terms of trade, but first of all by concentrating on developing and diversifying its industry in its famous cameralist monly known. Only after this was well on its way could it think of entering on its second, mercantilist, stage symbolized by the appointment in 1959 of our distinguished colleague Dr. Carlos Lastra as her first Secretary of Commerce.“ (S. 149/150) Da es sich hier offensichtlich um einen Druckfehler handelt, werden in der Übersetzung die Worte „monly known“ ignoriert.

Fortschritt weniger in Richtung einer prosperierenden als vielmehr einer *sicher* prosperierenden Zukunft gestanden. Das Ergebnis war spektakulär! Doch das puertoricanische Experiment lenkte die Industrialisierung von Anfang an auf die Produktion für einen künftigen externen statt einen heimischen Markt, auf die zyklischen Schwankungen unterworfenen Ungewißheiten des Außenhandels statt auf die vorhersehbare Sicherheit eines zunehmend ausgereiften Binnenkonsums und wird damit, so fürchte ich, am Ende nur belegen, daß eine diversifizierte Ökonomie ebenso einseitig sein kann wie eine hochspezialisierte; und daß eine am Auslandsmarkt orientierte Industrie von fremden Launen ebenso abhängig ist wie eine koloniale.

Ich bin mir deshalb bewußt, daß – wie in so vielen anderen Fällen auch – das Beispiel Puerto Rico nicht immer wirklich geeignet ist, um die völlig logischen Prozesse wirtschaftlichen Wachstums zu veranschaulichen. Es verdeutlicht das zweistufige Wesen von Entwicklung. Und es läßt sich damit ausgezeichnet zeigen, mit welcher Geschwindigkeit ein Land von begrenzter Größe unter einer lokalen Führung das Wirtschaftswachstum nach oben treiben kann, wenn die beiden Phasen in angemessener Weise aufeinander folgen. Es zeigt jedoch auch, was passiert, wenn die unterschiedlichen Zwecke der beiden Phasen trotz angemessener zeitlicher Abfolge miteinander vermengt werden und die kameralistische Raupe vorzeitig vom merkantilistischen Traum einer beflügelten Schmetterlingsexistenz beherrscht wird.

Denn nun, da Puerto Rico die Anfänge seines Schmetterlingsstadiums erreicht hat, produziert es so viele Flügel, daß offenbar nicht einmal der riesige amerikanische Markt genug Raum bietet, um deren Bedürfnis nach ständiger Übung in Sachen Handelsflug zu befriedigen. Daher der paradoxe Versuch, trotz teilweise noch immer bestehender Unterentwicklung ein eigenes karibisches Marktimperium aufzubauen in der Hoffnung, den wachsenden Überschuß, den man lokal nicht aufnehmen kann, weil er nicht auf den heimischen Konsum ausgerichtet ist, auf weniger fortgeschrittene Gemeinschaften abzuwälzen. Das Ganze wird noch paradoxer, wenn man bedenkt, daß der eigene Markt nicht groß genug ist, um den Überschuß an nicht konsumierten luftigen Schmetterlingsannehmlichkeiten zu absorbieren, das Land aber gleichzeitig einen der lukrativsten Märkte für Überschuß darstellt, der außerhalb Puerto Ricos an irdischeren und essentielleren Raupen-Dingen produziert wird, welche es selbst nicht mehr herstellt.[19]

Gleiches gilt für andere Länder, die versuchen, das Beispiel Puerto Ricos nachzuahmen, ohne daß sie über die selig machende Gnade einer politischen Anbindung an ein Amerika verfügen, das aus familiären Gründen gezwungen ist, für die defizitären und ungünstigen Handelsbedingungen zu haften, die sich aus einer fehlgeleiteten Entwicklung ergeben. Dabei ist es egal, ob die offiziellen Programme dieser Länder, wie Professor Thorne angedeutet hat, lediglich eine orthodoxe Form der Wachtumsförderung propagieren, wenn sie an keiner Stelle von künftigem Handel sprechen. Denn soweit ich das aus meiner zugegebenermaßen viel weniger gut dokumentierten Perspektive beurteilen kann, kann keines dieser Programme gelingen ohne die Versicherung eines Außenhandelsvolumens, das die Proportionen eines legitimen Überschusses bei weitem überschreitet.[20]

Ich glaube, ich muß das Ganze nicht mit Zahlen unterfüttern, wenn ich aus Schätzungen erfahre, Ceylons neues Stahlwerk sei so produktiv, daß es den gesamten einheimischen Bedarf binnen sechs Wochen (oder sind es zwölf?) befriedige. Was produziert es während der übrigen Zeit des Jahres? Maoistische Revolutionäre? Reaktionäre Visionäre, die eine Rückkehr zur Natur fordern? Die einzige Möglichkeit, es am Laufen zu halten, scheint für Ceylon darin zu bestehen, sich mit anderen, weniger entwickelten „Stahlkolonien“ zusammenzutun, bis ein Marktimperium entsteht, das groß genug ist, um auch die restliche Produktionskapazität bei einer Ware zu nützen, deren Überschuß alles andere als legitim ist, wenn man bedenkt, daß es sich dabei nicht um das zufällige Nebenprodukt natürlichen Vorteils oder technischer Effizienz handelt, sondern um eine Waffe, die durch bewußte Planung in Antizipation merkantiler Eroberung entwickelt wird.

Das zeigt, daß, entgegen der Ansicht von Marx, die Suche nach externen Märkten offenbar nicht nur den nach Profit strebenden Kapitalismus auf eine Politik der imperialistischen Expansion verpflichtet. *Jede* Wirtschaftsphilosophie, die auf die Suche nach externen Märkten setzt, wird auf den gleichen Pfad gezwungen. Denn auch sie sieht ihre einzige Hoffung, die systembedingten Überschüsse – die sich im Inland nicht absorbieren lassen: in einem ausgereiften Kapitalismus wegen seines einseitigen Verteilungsmusters und in einer gelenkten Wachstumsökonomie wegen ihrer einseitigen Produktions- und Marktstruktur – gewinnbringend loszuwerden, darin, sie in weniger fortgeschrittenen Regionen zu verkaufen. Sie wird somit vom gleichen unabdingbaren Interesse an der fortgesetzten Rückständigkeit letzterer genährt wie der Kapitalismus. Allein Märkte auf gleichem Niveau verlieren ihre imperialistischen Anreize, und zwar sogar – wiederum im Gegensatz zu Marx – unter dem Kapitalismus.

Doch das ist eigentlich nicht der Punkt, warum ich Puerto Rico an dieser Stelle meiner Argumentation als Beispiel genannt habe. Ich wollte vielmehr die historische Abfolge deutlich machen, in der Selbsthilfe (Industrialisierung) und merkantile Entwicklungsphasen selbst unter so günstigen Bedingungen wie im Falle Puerto Ricos (die die ungesunden Effekte einer vorzeitigen Marktorientierung eher verdecken) und selbst in unseren Tagen (die ansonsten dadurch gekennzeichnet sind, daß sich alle Prozesse beschleunigen lassen) aufeinander *folgen* müssen. Dies ist umso wichtiger, als ein Blick in die Vergangenheit zeigt, daß die Zeitspanne, welche die beiden *aufeinanderfolgenden* Entwicklungsphasen voneinander trennt, recht dünn, ja fast unsichtbar wirkt, was zu der verständlichen, aber gleichwohl unhistorischen Illusion führt, ein Staat wie Athen habe sein Wohlergehen dem Handel unter Perikles zu verdanken. Für einen florierenden Überschuß gilt das durchaus. Aber die Grundlage verdankt es der Mühsal vorangegangener Arbeit, die hundert Jahre zuvor von Peisistratos im Verborgenen, fern aller „zerstreuenden Einflüsse“, geleistet wurde.

9. Hilfe als Entschädigung für Sünden der Vergangenheit

Bislang habe ich den ökonomischen *common sense* über Entwicklung von Handel, durch Handel, für Handel damit in Frage gestellt, daß es nicht die *Art*, sondern die *Tatsache* der Bindungen an die fortgeschritteneren Länder ist, die für den Ressourcenabfluß aus den rückständigen Ländern sorgt. Daher mein Vorschlag, die Bindungen zunächst völlig zu kappen und sich ohne Hilfe zu entwickeln statt lediglich die Art der Bindungen zu verändern und die imperiale Kommandobeziehung in eine vertraglich vereinbarte zu verwandeln; ausländische Soldaten durch ausländische Bankiers und im Ausland ausgebildete Bürokraten durch im Ausland ausgebildete Techniker zu ersetzen, die alle aus den gleichen akademischen Quellen schöpfen.

Doch Professor Thorne hat die Führer unterentwickelter Länder nicht nur aus ökonomischen Gründen in Schutz genommen. Er verteidigt sie auch aus moralischen Gründen, wenn er schreibt: Sie alle „wissen sehr wohl, daß ihre Völker unmöglich jemals voll für die erzwungenen Beiträge entschädigt werden, die Generationen von ausgebeuteten und geschundenen Vorfahren für die damals armen, heute aber reichen entwickelten Länder geleistet haben"; und kommt zu dem Schluß, daß es deshalb keinerlei Grund gebe, warum sie es für ungerechtfertigt halten sollten, „wenn sie den heutigen Abfluß der Ressourcen ihrer armen Länder zu den entwickelten Ländern so weit wie möglich durch ‚Hilfe' oder weiche Kredite zu reduzieren versuchen".

Zwar bringt Professor Thorne die Begriffe der Würde und der Entschädigung, die unangemessenes Verhalten und Schuld implizieren, nur ganz beiläufig ins Spiel, doch verdient dieser argumentative Wechsel von den ökonomischen zu den moralischen Aspekten meiner Ansicht nach eine eingehendere Betrachtung. Denn er führt nicht nur zum Kern der Dinge, sondern berührt auch den einen Punkt, an dem ich mit meinem Freund absolut nicht übereinstimme. Und zwar aus folgenden Gründen:

Wie ich von Anfang an zu zeigen versucht habe, entfremdet, zerrüttet, verzerrt großangelegte Hilfe in jeglicher Form, ob als Geschenk, als weicher Kredit oder als günstige Handelsbedingungen. Dabei ist es egal, ob solche Hilfe moralisch gerechtfertigt ist oder nicht. Sie verdirbt das Land, das sie erhält.

Wird Hilfe rational statt moralisch oder emotional verwendet, muß ihr Zweck zweitens Entwicklung sein, die Anstrengungen fördert, nicht Entschädigung für vergangene Sünden, die genau dies nicht tut. Und nicht nur Entschädigungszahlungen dämpfen die Bemühungen. Sie legen gleichzeitig die Saat für künftige Sünden, wenn man bedenkt, daß diejenigen, von denen Entschädigung verlangt wird, aller Wahrscheinlichkeit nach nur noch wenig mit der Generation der eigentlichen Sünder gemeinsam haben. Doch wenn sie schon für etwas bezahlen sollen, was sie nicht getan haben, warum sollten sie dann nicht begründeterweise – wie das Faktotum in Kurt Goetz‘ Theaterstück *Dr. med Hiob Praetorius* – letztlich den Wunsch hegen, ein wenig an der Freude teilzuhaben, die Sünden zu begehen, für die sie ohnehin verantwortlich gemacht werden? Zwar folgt auf frühere Verbrechen oftmals die Bestrafung, aber ebenso oft folgen auf frühere Bestrafung Verbrechen.

Drittens waren es niemals die Nationen, welche die Kolonien ausgebeutet haben, sondern die unpersönliche Maschinerie des Staates, und der Staat unterscheidet nicht zwischen Menschen zu Hause und Menschen in den Kolonien. Er unterscheidet zwischen der herrschenden Klasse, der Elite, dem Establishment auf der einen Seite und der unterschiedslosen Masse der Beherrschten, der Ausgebeuteten auf der anderen Seite. Der Bösewicht, der die Kolonialvölker unterdrückte, war somit der imperiale Staat, nicht das imperiale Volk, das, glaubt man dem hochverehrten Karl Marx, ebenso Opfer der Herrschenden war wie die Kolonisierten. Und da die Opfer vergangener Ausbeutung inzwischen nicht nur in den ehemaligen Kolonien, sondern auch in vielen früheren Mutterländern die Kontrolle über die Staatsmaschinerie übernommen haben, würde jede Entschädigungshilfe, welche die Nachfahren der einen Opfergruppe erhalten, nicht die Nachfahren der nunmehr unterworfenen, machtlosen und weitgehend enteigneten früheren Ausbeuter treffen, sondern eine andere Opfergruppe – die früher auf der ganzen Welt mißbrauchte Arbeiterklasse.

Meine Überzeugung hingegen, die sicherlich auch von Professor Thorne geteilt wird, ist die, daß Schuld nicht von den Vorfahren auf die Nachkommen weitergegeben wird. Als Nachfahre des österreichisch-ungarischen Kaiserreichs hege ich keinerlei Schuldkomplex für das, was Franz Joseph mit Unterstützung des österreichischen, tschechischen, ungarischen, galizischen, kroatischen, slowakischen, slowenischen etc. Establishments den ihm unterworfenen Völkern angetan hat, und wenn irgendein Bürger der „Nachfolgestaaten“ Entschädigung von mir verlangen würde, würde ich nicht mit verständnisvoller Willfährigkeit reagieren, sondern jedem mein Mitwirken anbieten, der ihre erneute Unterdrückung plant. Und ich bin sicher, unser Kollege Fuat Andic, Nachfahre des grausamen Osmanischen Reiches, der ähnlich wie ich ein mageres Einkommen damit verdient, Wirtschaft zu lehren statt sie zu praktizieren, würde ähnlich reagieren. Wir alle sind selbst schuldig genug, als daß man uns sinnlos mit den Sünden unserer Väter belastet oder, noch schlimmer, mit den unpersönlichen Sünden des Staates und des politisch-ökonomischen Systems, über das einzig und allein die bestehende herrschende Elite Macht hat.

Selbst wenn es so etwas wie eine Kollektivschuld gibt, wie sie die westlichen Alliierten der beiden letzten Kriege den Deutschen zusprachen und die jüngst befreiten Kolonisierten heute den imperialistischen westlichen Alliierten zusprechen, so wird viertens die unerbittliche Forderung nach Reparationen und Strafzahlungen von den kollektiv Beschuldigten das Unrecht gleichwohl nicht korrigieren, sondern nur die Rollen umkehren. Es macht die früheren Schurken zu folgsamen Sklaven, die nunmehr demütig für ihre Erlösung schuften, und die früheren Opfer zu herrischen Schurken, die sich an der Macht ihrer Peitsche erfreuen. Es macht die Sanften zu Tyrannen, während die vormaligen Tyrannen auf schuldbeladene Gutmenschen reduziert werden, die ihre gegenwärtige Demütigung mit masochistischer Freude akzeptieren. Es setzt das Massaker von Stanleyville an die Stelle des Massakers von Amritsar, bis der Kompensationshunger gestillt ist und die Waage sich wieder nach der anderen Seite neigt, was alle Gewinne hinfällig macht. Denn die Folgen der Sättigung sind immer die gleichen. Der Sieger verweichlicht, während der Besiegte gereinigt und gestählt, aber auch wütend aus der Mühsal einer Bestrafung hervorgeht, die eine Generation zu lange verbüßt werden mußte – mit der Folge, daß am Ende des Zyklus der entschädigungstrunkene Sieger am Boden liegt und der Besiegte erneut obenauf ist.

Aus diesem Grund bekam der Westen, als er die unbeteiligten Nachfolger des Kaisers nach dem Ersten Weltkrieg unterdrückte, nicht Frieden, sondern Hitler und einen zweiten Weltkrieg – und all das, weil man stur einem emotional verständlichen und hochgradig befriedigenden, rational aber unhaltbaren und historisch genau das Gegenteil bewirkenden Kollektivschuldprinzip folgte. Das gleiche passierte nach dem Zweiten Weltkrieg, als die kompensatorische Demontage der industriellen Kapazitäten Deutschlands dessen Wirtschaft nicht schwächte, sondern stärkte. Den Siegern blieben die veralteten Maschinen, während der bestrafte Feind die Chance erhielt, sie durch die in Sachen Effizienz und Design neuesten Modelle zu ersetzen, mit denen er anschließend die Sieger ausstach.

Doch selbst wenn sich die Verrücktheit moralisch rechtfertigen ließe, wäre eine Entschädigungsphilosophie noch immer eine Verrücktheit und würde den Führern unterentwickelter Länder, wenn sie ihr zu lange frönen, die gleiche Art von bösem Erwachen bescheren, das auch den fiebrigen Bestrafungstraum der westlichen Alliierten beendete. Statt bequem gesicherte Freiheit zu erlangen – ein Widerspruch in sich, wenn man bedenkt, daß Freiheit nichts mit Bequemlichkeit zu tun hat, sondern mit Mühsal, die es im täglichen Kampf zu überwinden gilt –, finden sie sich möglicherweise plötzlich inmitten eines zweiten Kolonialzeitalters wieder mit einem erbosten Rußland und Amerika, die es leid sind, ständig gegeneinander ausgespielt zu werden und nun gemeinsame Sache gegen all jene machen, die heute ihren Konflikt anheizen.

Und schließlich kann ich die Ansicht nicht teilen, die unterentwickelten Länder hätten deswegen einen moralischen Anspruch gegenüber den „damals armen, heute aber reichen entwickelten Ländern", weil letztere ihre Reichtümer auf Kosten der Rückständigkeit der noch heute kolonisierten oder seit kurzem befreiten Völker angehäuft hätten durch „die erzwungenen Beiträge..., die Generationen von ausgebeuteten und geschundenen Vorfahren ... geleistet haben". Sie haben ihre Reichtümer durch Ausbeutung und Tyrannei angehäuft, das stimmt. Doch wie Marx, der Apostel der Ausgebeuteten, so nachdrücklich zu beweisen versuchte, waren die Hauptopfer ihrer Ausbeutung und Tyrannei die Vorfahren ihrer eigenen und nicht die ihrer kolonialen Arbeitskräfte. Da sie so viel näher waren und viel leichter ausgebeutet werden konnten, mußte das Establishment dieser Länder die Kolonialisierung nicht in Angriff nehmen, um reich zu werden. Sie wollten sich damit ausländische Märkte sichern für den Überschuß ihrer bereits *vorhandenen* Reichtümer, die aus dem Mehrwert stammten, den man den heimischen Arbeitern vorenthielt, und sich erst anhäuften, nachdem die heimische Kapitalakkumation ein solches Ausmaß erreicht hatte, daß ihr Ertrag nicht mehr auf dem heimischen Markt von den ausgebeuteten, geschundenen und unterbezahlten Arbeitern, die ihn produziert hatten, absorbiert werden konnte.

Kolonialisierung und imperiale Expansion waren somit im allgemeinen eher die Folge als die Ursache von Reichtum zu Hause. Zwar gab es einige Ausnahmen wie etwa das Römische Reich, in denen fortgeschrittene Länder selbst von eindringenden Kolonisierten kolonialisiert wurden. Doch ansonsten war die Abfolge immer die gleiche. Reichtum führte zu Kolonialismus und nicht umgekehrt, wenn auch einzig aus dem Grund, daß nur der Reiche sich die Kosten kolonialer Eroberung leisten konnte. Das heißt natürlich nicht, daß Kolonialisierung nicht auch wie jede andere Investition sekundäre Margen zusätzlichen Reichtums für das expandierende Establishment und für die wachsende Geschäftswelt in den Kolonien wie im Mutterland produziert hätte. Niemals jedoch profitierten die Arbeiter, deren Lebensstandard im Mutterland ebenso niedrig blieb wie in den Kolonien. In Wirklichkeit waren die „erzwungenen Beiträge", die man den Arbeitern im Mutterland abnötigte, noch belastender, wenn man bedenkt, daß sie ja effizienter beschäftigt waren und deshalb der Mehrwert, der ihnen vorenthalten wurden, naturgemäß viel größer war als das, was man den unendlich viel weniger effizient arbeitenden kolonialen Arbeitskräften vorenthalten konnte. Das gilt sogar dann, wenn man das im allgemeinen niedrigere Subsistenzniveau in den Kolonien berücksichtigt. Doch wenn man seinen Kopf kaum über Wasser halten kann, ist es ziemlich egal, ob der Wasserstand hoch oder niedrig ist. In beiden Fällen ist man halb am Ertrinken.

10. Das Imperium der Armut

Nun ist jedoch richtig, daß einem Großteil dessen, was ich gerade gesagt habe, von einer eindrucksvollen Phalanx von Zeugen, die

Professor Thorne anführt, widersprochen wird. Sie reicht von Adam Smith, Clapham, Cunningham, Ashton Ashworth bis zum berühmtesten aller Imperialisten, Winston Churchill. Doch bei aller Bewunderung, die ich für sie hege, glaube ich doch, daß in diesem speziellen Fall ihre Stärke nicht in ihrer Autorität liegt, sondern, wie Anatol Murad sagen würde, in der *Einmütigkeit* ihres Irrtums. Das gilt insbesondere auch für die leicht „chauvinistischen" Zahlen, die Winston Churchill 1928 vorlegt, wonach Englands jährliche Einkünfte von fast $ 1,5 Milliarden aus territorialen Investitionen die Quelle seien, aus der Großbritannien soziale Dienstleistungen finanzieren könne, „deren Niveau höher liegt als in jedem anderen europäischen Land oder überhaupt in jedem anderen Land".

Ich erinnere mich jedoch an einen anderen Anlaß, bei dem der gleiche Winston Churchill während einer Anhörung in London die Finanzmittel für ein erweitertes Bildungsprogramm in der damaligen Kolonie Britisch-Guyana, um die der verehrte Vater von Professor Thorne nachsuchte, mit der Begründung verweigerte, sie ließen sich – laut anderen Zahlen – nicht lockermachen. Mr. Thorne erwiderte damals darauf, er habe Mr. Churchills Karriere seit seinen frühen Schultagen mit Interesse verfolgt und sei nicht davon überzeugt, daß die Interpretation von Zahlen zu dessen Stärken zähle. An Mr. Churchills Antwort auf diesen eleganten Konter kann ich mich nicht mehr erinnern. Aber er veranlaßte den ritterlichen britischen Politiker dazu, am Ende des Treffens die Hand auszustrecken und Mr. Thorne dazu zu beglückwünschen, wie angriffslustig er sein Anliegen verteidigt habe; dabei brachte er seine Wertschätzung für eine elegant ausgefochtene Schlacht auf typisch Churchillsche Weise mit folgenden Worten zum Ausdruck: „Mr. Thorne, ich bewundere Menschen, die es verstehen zurückzuschießen."

Auch ich bin von Winston Churchills Zahlen nicht stärker beeindruckt als Professor Thornes erlauchter Vater. Ich erinnere mich lebhaft an das Unbehagen, das mich beschlich, als ich mich als leicht zu beeindruckender Student aus einem verarmten Österreich genau in dem Jahr an der London School of Economics immatrikulierte, in dem Mr. Churchill den britischen „social service" als den besten der Welt pries, und erkennen mußte, wie armselig er war im Vergleich zum gerade besiegten und reich-losen Österreich oder zu Deutschland, deren Sozialstaat damals als vorbildliche Errungenschaft galt.

Für mich besagen Churchills Zahlen – und das muß auch für die Massen der britischen Arbeiterschaft gegolten haben –, daß trotz jährlicher Einkünfte aus territorialen Investitionen von fast $ 1,5 Milliarden so wenig übrigblieb für die Verbesserung der sozialen Dienstleistungen in Großbritannien, daß eine weniger chauvinistische Wählerschaft das zunehmende Elend inmitten des imperialen Bombasts satt hatte und kurz darauf die zweite Labourregierung in der englischen Geschichte ins Amt hievte. Das soll nicht heißen, daß ich Churchills Zahlen in Zweifel ziehe. Ich bezweifle nur, daß sie als Grund für den britischen Wohlstand eine Rolle spielten. Auch die Belgier bezogen ungeheure Summen aus ihren territorialen Investitionen im Kongo. Stellt man sie in den angemessenen Kontext, beliefen sie sich jedoch auf lumpige 1% bis 2% des Volkseinkommens,[21] was zeigt, wie wenig die koloniale Ausbeutung zum *sozialen* Wohlstand der entwickelten Nationen beitrug.

Damit bleiben jedoch noch immer das Zeugnis und die Zahlen von bedeutenderen ökonomischen Autoritäten als Winston Churchill, die Professor Thorne anführt. Auch in ihrem Fall gibt es für mich keinen Grund, ihre Richtigkeit zu bestreiten. Denn Kolonialunternehmen produzierten wie einheimische Unternehmen auch natürlich neuen Reichtum sowohl für etablierte als auch für neue Unternehmer. Überdies gehörten sie zweifellos zu den profitabelsten Geschäftsunternehmungen. Doch abgesehen davon, daß sie einer Reihe von Individuen Reichtum verschafften oder ihn vergrößerten, gibt es kaum Anhaltspunkte dafür, daß sie, anders als die mageren 1% bis 2% Zuwachs in Belgien, im Falle Großbritanniens mehr als nur einen Tropfen zum Eimer des heimischen Nettovolkseinkommens beitrugen. Im Kontext ihrer *sozialen* Wirkung betrachtet, scheint der Nutzen ihrer Reichtümer tatsächlich gleich null gewesen zu sein, wenn man, wie ich finde, unendlich viel aussagekräftigere Zahlen heranzieht. Gemeint sind die Statistiken, die Joseph Rowntree im Zeitraum eines halben Jahrhunderts erstellt hat; anders als die von Professor Thorne genannten Autoritäten betrachtete er die Reichtümer des Empire nicht von der Warte des imperialen Establishments aus, sondern aus der Perspektive der imperialen Arbeiterklasse.

Laut Rowntree befanden sich 27,84% der Einwohner seiner Heimatstadt York (im Falle Londons waren es 30,7%) oder 43%, wenn man nur die Arbeiterklasse nimmt, 1899 im Zustand der Armut – zu einem Zeitpunkt, da Macht und Ruhm des British Empire ihren Höhepunkt erreichten. Laut dem gleichen Autor lag diese Zahl 1936 noch immer bei schockierenden 31%, also sieben Jahre nach Churchills Rede, als das Empire nicht mehr ganz so eindrucksvoll war, aber noch immer über das riesige Indien herrschte. Erst 1951, als das Empire endgültig aufgelöst war, zeigte sich bei der Armut der Arbeiterklasse eine dramatische Veränderung: Ihr Anteil schrumpfte innerhalb weniger Jahre auf nur noch 3% – und dieser Rest war auf Altersarmut zurückzuführen, nicht mehr auf niedrige Löhne.

Wie ich an anderer Stelle im Detail gezeigt habe,[22] sticht eine Tatsache heraus, ganz gleich, wie die Beziehung zwischen beiden Entwicklungen genau aussieht und trotz der fast einhelligen gegenteiligen Meinung unter den professionellen Beobachtern: Je größer das britische Überseeimperium war, desto schlimmere Armut litt man zu Hause. Je mehr hingegen Großbritannien an Überseekolonien verlor, desto höher wurde der Lebensstandard zu Hause. Je stärker das Imperium in seiner Ausdehnung schrumpfte, desto leichter konnte es seine Ressourcen von der Macht auf den Wohlfahrtsstaat lenken und Armut in Wohlstand verwandeln. Wie John Strachey in einer seiner letzten Veröffentlichungen – *The Great Awakening*[23] – gezeigt hat, erkannte man schließlich: Die Gewinnmöglichkeiten auf dem wohlfahrtszentrierten heimischen Markt waren so viel größer als diejenigen, die auf der Mißökonomie überdehnter Überseebesitzungen beruhten, daß Großbritanniens ehemalige Kolonien heute unter einer reflexartigen Reaktion auf einen lange vergangenen Stimulus leiden, wenn sie bei ihrem früheren Herren eine Rückkehr zum Imperialismus befürchten, wo der es doch, wie er selbst bekennt, nie so gut hatte wie jetzt, da er von der Kolonialverwaltung befreit ist.

In seiner Antwort auf einen Brief, in dem ich um Bestätigung, daß ich seine Schlußfolgerungen nicht falsch interpretiere, gebeten hatte, bekräftigte John Strachey seine wie meine Vorstellung, wonach die imperiale Ausbeutung gesellschaftlich unprofitabel gewesen sei, wenngleich er mit meiner Deutung nicht übereinstimmte, wonach Großbritanniens jüngster Aufstieg zu allgemeinem Wohlstand mit dem Verlust des Imperiums und der damit einhergehenden größenmäßigen Reduktion zu tun habe. Als Sozialist schreibe er dies lieber der Einrichtung des Wohlfahrtsstaates zu. Ich antwortete, die weite Verbreitung des gegenwärtigen Wohlstands in Großbritannien sei in der Tat die Folge des neuen Verteilungssystems, das mit dem Wohlfahrtsstaat eingeführt worden sei; doch der Wohlfahrtsstaat als solcher sei eine Folge des Verlusts des Empire. Denn kein Land, ob kapitalistisch oder sozialistisch, hätte die hohen Kosten imperialer Herrschaft und die hohen Kosten eines Wohlfahrtsstaates mit allem, was er an sozialen Dienstleistungen mit sich bringt, gleichzeitig tragen können. Es mußte sich entweder für das eine oder für das andere entscheiden, denn ein riesiges Imperium – „zerbrechlich ... wie zartes Glas, um das man stets in Angst ist, daß es unversehens bricht", wie es in Augustinus' *Gottesstaat* (IV,3) heißt – läßt sich nicht verwalten, ohne daß man der Masse der Arbeiter einen Großteil dessen vorenthält, was man ansonsten unter ihnen verteilen könnte. Hält man jedoch einen so großen Anteil zurück, um die Kosten des Imperiums abzudecken, ist natürlich klar, daß der Wohlfahrtsstaat, der ja auf höheren Löhnen gründet, zu Lebzeiten des Imperiums ein unerreichbares Ziel bleibt. Daraus erklärt sich, warum die sozialistischen Parteien imperialer Staaten immer dazu gezwungen sind, ihre Forderungen nach ökonomischer Verbesserung mit der gleichzeitigen Forderung nach Aufgabe des Imperiums zu verknüpfen. Sie könnten die Menschen ganz offensichtlich niemals von letzterem überzeugen, wenn das Imperium wirklich Reichtümer produzieren und sie nicht gierig verschlingen würde.

Wenn die Staatsmänner ehemaliger Kolonien es für gerechtfertigt halten, von Harold Wilson Entschädigung für etwas zu verlangen, das Benjamin Disraeli getan hat, übersehen sie offenbar durchweg, daß Imperien – das heißt der imperiale Staat – nur auf eine einzige Weise gedeihen können: indem sie die Arbeitermassen nicht nur in der Kolonie, sondern auch in der Metropole auf dem geringstmöglichen Lebensstandard halten. Und Marxisten übersehen durchweg, daß nicht nur kapitalistische, sondern auch sozialistische Kapitalakkumulation; und nicht nur Kapitalakkumulation, sondern auch die übermäßigen Bedürfnisse jeder Verwaltung großer Territorien – sei es in einem Imperium wie dem britischen oder in China, der Sowjetunion, im Kongo oder in Brasilien – es erfordern, dem einzigen Opfer, das den Mehrwert in den enormen Mengen, die man braucht, zuverlässig erwirtschaften kann, genau diesen Mehrwert vorzuenthalten und damit den Lebensstandard niedrig zu halten – nämlich der Masse arbeitender Menschen.[24]

11. Nichtimperiale Quellen des Reichtums

Genau aus diesem Grund habe ich nicht nur den ökonomischen *common sense* in Frage gestellt, sondern auch die moralische Rechtfertigung der Hilfsforderungen unterentwickelter Gesellschaften. Es mag anders aussehen, wenn zwar nicht das imperiale *Volk*, zumindest aber der imperiale *Staat* seinen Reichtum der Ausbeutung der Kolonien verdankte. Doch nicht einmal das läßt sich aufrechterhalten. Er verdankte alles außer Kleinigkeiten sich selbst.

Seinen ersten Reichtumszuwachs, das *landwirtschaftliche Kapital*, verdankte er den Überschüssen, die er in der mittelalterlichen Finsternis seiner präimperialen Dorfstaatsphase erzielte, indem er seine eigene (und nicht anderer Völker) Arbeitskraft für eine effizientere Landnutzung einsetzte. Seinen *zweiten* Zuwachs schaffte er während seiner noch immer vorimperialen Stadtstaatphase, als er damit begann, wiederum der eigenen (und nicht anderer Völker) Arbeiterschaft den Mehrwert vorzuenthalten und die dabei entstehende erste Welle nicht-agrarischer Überschüsse vom Konsum auf die Schaffung von *Produktionskapital* zu lenken. Er produzierte seinen *dritten* Zuwachs, indem er den zweiten arbeiten ließ und dabei eine neue Variante nicht-agrarischer Überschüsse schuf, die die Form von *Industrie- und Handelskapital* annahmen.

Da jedoch das zur Verfügung stehende Verteilungssystem noch nicht über einen sozialen Mechanismus verfügte, der die stetig wachsenden Überschüsse zur Verbesserung der Konsumstandards der Arbeiter, die sie mit produzierten, genutzt hätte, nahm der *vierte* Zuwachs sozialen Reichtums, der sich nun allmählich bemerkbar machte, die Gestalt *immateriellen oder urbanen Kapitals* an. Dieses vergrößerte weniger den bestehenden Reichtum, sondern verschönerte dessen Form und trug zu dessen üppiger kommunaler Ausgestaltung bei, deren Ertrag – Brunnen, Loggias, Galerien, Architektur, Geschmack und ein neuer Lebensstil statt eines neuen Lebensstandards – nun auch die Arbeiter konsumieren konnten. Doch nicht einmal auf dieser höchsten Stufe hatte imperialistische Ausbeutung irgendetwas mit der Vergrößerung sozialer Reichtümer zu tun. Ursache dieser letzten Akkumulation war vielmehr das genaue Gegenteil: nicht das Vorhandensein, sondern das Fehlen eines ausgreifenden imperialen Engagements; nicht riesige Kolonialmärkte, sondern die geringen Kosten der weiterhin kleinen, wirtschaftlich nunmehr völlig gereiften politischen Gemeinschaft. Auch das urbane Kapital entstand somit aus lokaler (und nicht eines anderen Volkes) Begabung und Arbeit.

Damit war jedoch ein Wendepunkt erreicht. Einige der nun überhaupt nicht mehr armen Gesellschaften waren noch immer nicht in der Lage, unter dem sich ausbreitenden Schatten von Calvins lebensnegierendem Doppelprinzip, das gleichzeitig viel Produktion und geringen Konsum beförderte, ein neues Verteilungssystem zu entwickeln, und platzten deshalb allmählich aus allen Nähten. Um sich selbst vom Druck der stetig anwachsenden Überschüsse zu befreien – die in früheren Zeiten viel bewußter dazu verwendet wurden, das gemeine Volk zu belustigen[25] –, schufen sie deshalb neue Ventile und verwandelten sie dieses Mal in *militärisches Kapital* oder, wie man es im Gegensatz zum urbanen Kapital nennen könnte, in *nationales und imperiales Kapital.* Statt daß man sich um eine steigende Zahl von Arbeitern kümmern mußte, die von einem immer effizienteren Produktionsprozeß als Bettler auf die Straße gesetzt wurden, konnte man diese dadurch in neuen Großindustrien und vor allem in dem fortan unentbehrlichen Auffangbecken technologisch bedingter Arbeitslosigkeit absorbieren: den stehenden Heeren, auf die ein Stadtstaat auf dem Höhepunkt seiner Entwicklung stets zurückgreifen konnte, wenn er den aggressiven und hyperaktiven Weg zunächst in Richtung Nation und dann zum

Aufbau eines Imperiums nahm. Selbst das imperiale Kapital wurde somit geschöpft, indem man anfänglich lokale und nicht koloniale Arbeitskräfte ausbeutete.

Doch eine auf Expansion erpichte Gesellschaft erkannte schon bald, daß Imperien wie auch große Nationalstaaten keine fünfte Quelle für Nettoreichtümer erschlossen, sondern ebensoviel kosteten, wie sie einbrachten. Sie brauchten den Überschuß calvinistischer Mehrerträge so gut wie vollständig auf, beraubten gleichzeitig aber diejenigen, die dem geschwürartigen Luxus funktionslosen Überwachstums frönten, der Chance auf jeden weiteren gesellschaftlichen Fortschritt, bevor der Rausch vorbei war. Sicher, sie produzierten den *immateriellen* Zuwachs an Ruhm und Größe, der sich wie die urbane Schönheit von der gesamten Gesellschaft, die ihn schuf, konsumieren ließ, aber anders als die urbane Schönheit ein Rauschmittel war, welches das Dasein des Bürgers eher betäubte als förderte. Und wie bei der von ihnen geschaffenen *materiellen* Substanz nahm dieser die Form von Hilfsgütern an, die dem Lebensstandard zu Hause nichts hinzufügten, sondern nur die Mittel produzierten, um weniger effizient mit den größeren Mühen eines Lebens im unvernünftig vergrößerten Maßstab fertig zu werden.

Aus diesem Grund konnten imperiale Hauptstädte dem präimperialen Glanz ihres Kerns selten mehr hinzufügen als immer weitere Kreise aus Slums; und gelang es keiner von ihnen, trotz all der Hilfsreichtümer, die sie aus ihren Kolonien für den Bau von Eisenbahnen und anderen kostspieligen Integrationseinrichtungen bezogen, Zentren von Kleinstaaten wie Siena, Lucca, Salzburg, Dresden, Prag oder Troyes, die niemals Imperien kannten und lange vor der Geburt der modernen Nationalstaaten vollendet und wohlhabend waren, an architektonischem Glanz und wahrhaft sozialem Reichtum zu übertreffen. Andererseits ist das einzige Imperium, das offenbar niemals die Zügellosigkeit verhindernde und Reichtum erzeugende Phase eigenständiger Stadtstaatentwicklung durchlaufen hat – nämlich Äthiopien –, heute rückständiger, als es die Kolonien drumherum je waren.

Imperiale Expansion schuf somit keineswegs den Reichtum der „damals armen und heute reichen entwickelten Länder“, sondern behinderte im Gegenteil deren künftige Entwicklung *zu Hause*. Sie vereitelte jede Chance auf einen echten Reichtumszuwachs jenseits der neurotischen Befriedigung durch nationalen Ruhm und imperiale Größe, denn sie verbrauchte alles, was mittels imperialer Verwaltung oder der unabdingbaren Akkumulation kolonialen Kapitals produziert worden war, wobei letzteres in den ausgebeuteten Gebieten angesiedelt war und deshalb am Ende paradoxerweise, wenn auch unabsichtlich, dem späteren befreiten Kolonialstaat mehr brachte als dem weichenden imperialen Staat.[26]

Erst *nachdem* die Imperien aufgelöst waren und *nachdem* ihre Herzländer von der Last übermäßiger Größe befreit und wieder auf ihre besser zu bewältigenden früheren Grenzen geschrumpft waren, konnten sie ihren lange Zeit unterbrochenen Weg in Richtung eigener Entwicklung fortsetzen. Wie das seltsame Gebilde der Rowntree-Statistiken belegt, konnten sie sich nunmehr daran machen, ihrem nationalen Reichtum einen *fünften* Nettozuwachs in Form von *Wohlfahrtskapital* hinzuzufügen; die Einführung eines neuen Verteilungssystems durch postimperiale sozialistische Regierungen erlaubte es endlich erstmals, einen Teil des Mehrwerts – den man zuvor zurückgehalten hatte, um den überdehnten imperialen Komplex angesichts der kolossalen Gefahren, die ihm von innen wie von außen drohten, zu schützen – an die Arbeiter, die ihn geschaffen hatten, weiterzugeben.

Jedoch nur einen *Teil* davon. Denn selbst die Wohlfahrtsstaaten der früheren Imperialmächte müssen noch immer unverhältnismäßig große Summen zurückhalten, um ihr Heimatterritorium zu verwalten, das heute trotz seiner verkleinerten Dimensionen sehr viel größerem und damit kostspieligerem Druck ausgesetzt ist als während der präimperialen Phase, als die Größe der Bevölkerung aufgrund der geringeren Zahl und wegen des wesentlich lockereren Integrationsgrads weniger wichtig war.

Wenn somit den Arbeitern ein signifikanterer Anteil am Mehrwert zurückerstattet werden soll, werden die reuigen früheren Imperialmächte nichts gewinnen, wenn sie entweder imperiale Dimensionen in Form gemeinsamer Märkte wiederherstellen oder den postkapitalistischen Wohlfahrtsstaat mittels noch mehr Sozialismus und noch höherer Produktivität verbessern. Sie müssen vielmehr über die rein imperiale Kontraktion hinausgehen und obendrein auch noch die Größe ihrer metropolitanen Gesellschaften auf die eine oder andere Weise reduzieren: durch völlige Zerstückelung oder durch föderale Dezentralisierung zu einem Netzwerk hochgradig selbständiger politischer Entitäten von so geringer Größe, daß die Kosten ihrer gemeinsamen Aufrechterhaltung nicht mehr dem Muster ‚Gewehre oder Butter' gehorchen. Dann – und nur dann – läßt sich das soziale Fortleben sicherstellen, ohne daß man den Bürger nach Art von *1984* bettelarm machen muß.

Mit anderen Worten: Voraussetzung, um den längst überfälligen sechsten Zuwachs an sozialem Reichtum zu schaffen, sind nicht mehr – wie im Falle der anderen fünf – verbesserte Technik, Ausbeutung von Arbeitskraft, der Wohlfahrtsstaat oder neue sozialistische Verteilungssysteme. Entscheidend ist vielmehr die geringe Größe einer ausgereiften politischen Gemeinschaft. Im Gegensatz zum Wohlfahrtskapital läßt sich dieser sechste und höchste Zuwachs als *Luxuskapital* bezeichnen; diese Akkumulation beruht auf geringen Kosten und weniger auf hohen Investitionen und zeichnet sich durch zwei Merkmale aus:

(1) Ihr Ertrag kann nicht nur den sozialen, sondern auch den persönlichen Lebensstandard verbessern. Er erhöht die Lebensqualität nicht, indem er das Subsistenzniveau strukturell verbessert, sondern indem er den einzelnen *darüber hinaus* hebt. Er bietet ihm keine effizientere Schwimmausrüstung, damit er sich bei höherem Pegelstand über Wasser halten kann, sondern die Chance, endlich ganz aus dem Wasser zu steigen und an den entspannenden Strand zu kommen, wo er keine bessere Schwimmausrüstung braucht, weil er nicht mehr schwimmen muß. (2) Anders als das Wohlfahrtskapital läßt sich das Luxuskapital nicht deshalb materiell unter den Arbeitern verteilen, weil man über ein gleichmäßigeres Verteilungssystem verfügt, das in Gemeinschaften, die so groß und komplex sind, daß nichts zu verteilen bleibt, sinnlos ist; sondern weil man es nicht mehr braucht, um mit den unbedeutenden Problemen von mäßig großen Gesellschaften fertig zu werden, die doch im aristotelischen Sinne groß genug sind, um die Mittel für ein gutes Leben weniger der Gemeinschaft als vielmehr all ihren einzelnen Mitgliedern zukommen zu lassen.

Mit Ausnahme des Kolonialkapitals waren somit praktisch alle Quellen sozialen Reichtums in den „einstmals armen und heute reichen entwickelten Ländern“ Ergebnis eines Zusammenspiels zweier Faktoren, die aus präimperialen Zeiten stammen: der steigenden Produktivität der *lokalen* Arbeitskraft und der weiterhin *kleinen* Dimensionen einer reifen politischen Gemeinschaft. Das war für ihren Aufstieg verantwortlich, wie die glänzenden Stadtstaaten der Renaissance so eindrucksvoll gezeigt haben, nicht imperiale Ausbeutung, die den Niedergeschlagenen das neurotische Einkommen der Größe verschaffte, ansonsten aber ein hoffnungsloses Projekt war – außer eben, wie Gunnar Myrdal behauptet, paradoxerweise für die ausgebeuteten Kolonien. Ich bin sicher, daß mich das noch nicht in den Verdacht bringt, ein Apologet des Kolonialismus zu sein. Ich will damit nur die Aufforderung zum Ausdruck bringen, die sich in den *Carmina* des Horaz (II,3,1) findet: *Omitte mirari beatae fumum et opes strepitumque Romae* – hör auf, den Rauch, den Reichtum und den Lärm des glückseligen Rom zu bewundern.

12. Die verzögernde Wirkung nationaler Größe

Was auch immer man über meine Abfolge von Entwicklungsstadien sagen kann, auf die ich nicht durch das Ingorieren, sondern durch die Lektüre von Geschichte gekommen bin – bei einer Sache bleibe ich besonders hart. Professor Thorne wie auch ich stimmen darin überein, daß das imperiale Stadium die Kolonien in ihrer Entwicklung gehemmt und ausgebeutet hat (was nicht heißt, daß sie, wie der Fall Äthiopien gezeigt hat, nicht sogar noch rückständiger und stärker ausgebeutet sein konnten, ohne diese Phase durchlaufen zu haben). Doch trotz der einhelligen Meinung von Adam Smith bis Winston Churchill und Alfred Thorne behaupte ich, ohne Marxist zu sein, mit Marx, Strachey und Rowntree, daß Imperien die ausbeutenden imperialen Völker ebenso verarmt zurückließen wie die Kolonisierten,[27] und während die Kolonien ökonomischer Befreiung bedurften, benötigten die imperialen Völker Umverteilung durch Verstaatlichung, um einen größeren Anteil am Reichtum um sie herum zu bekommen.

Zudem – und in diesem Fall kann ich mich weder auf Smith noch auf Marx berufen – bleibe ich besonders hart in meiner zentralen Überzeugung: daß nämlich der wahre Verzögerungseffekt des Imperiums seine Hauptursache weder in imperialer noch in kapitalistischer Ausbeutung hatte. Wie auch so riesige sozialistische und „nicht-imperiale" Länder wie die Sowjetunion oder China mit Verspätung erkennen, lag der Hauptgrund in der übermäßigen territorialen *Größe*, die ein Imperium mit sich bringt. So wie übermäßiges Gewicht per se bedrückend ist, ganz gleich welche Absicht dahinter steckt, so bildet auch übermäßige politische Größe, die unter der Last der riesigen Ausmaße des Staatsapparats zu leiden hat, welche sie für ihre Aufrechterhaltung braucht, von Natur aus eine derartige Masse, daß alles Leben, das sich darunter zu entwickeln versucht, erstickt wird.

Deshalb kann ich, anders offenbar als die meisten meiner Zeitgenossen, keinen Unterschied erkennen zwischen Imperialisten, die sich an riesige Territorien klammern, und Sozialisten und „Nationalisten", die das gleiche tun. Es ist egal, ob es sich bei dem in Rede stehenden Land um Rußland, China, den Kongo, Nigeria, Ghana, Brasilien, Pakistan oder Indien handelt. Der Mühlstein, den sie um ihren Hals tragen, ist nicht ihr imperiales Erbe, sondern die sinnlose Riesenhaftigkeit ihrer Besitzungen. Und solange diese nicht von ihren größenwahnsinnigen Führern in überschaubare „Entwicklungsfürstentümer" zerteilt werden, werden sie in Freiheit ebenso rückständig bleiben wie in Unterdrückung und ihren Bürgern die Früchte von deren Arbeit unter sozialistischer Führung ebenso verweigern wie unter dem freien Unternehmertum, unter Tschiang Kaischek ebenso wie unter Castro, mit Krediten ebenso wie ohne, mit Weltmärkten ebenso wie in der Isolation und, so fürchte ich, unter Alfred Thorne ebenso wie unter Leopold Kohr.

13. Mißbrauch von Hilfe durch Reaktionäre

Deshalb kann ich schließlich auch Professor Thornes Behauptung nicht zustimmen, wonach der Grund für das Scheitern von Hilfe, die insbesondere lateinamerikanischen Ländern gewährt wird, darin liege, daß sie nicht, wie eigentlich vorgesehen, für die wirtschaftliche Entwicklung verwendet wird, sondern für militärische Zwecke, um reaktionäre Regierungen vor dem Kommunismus zu schützen. Ich bin ziemlich sicher, daß das stimmt, und zweifle in diesem Fall auch in keinster Weise daran, daß die Beweise meines Freundes, die auf direkten Informationsquellen wie auf umfassender persönlicher Erfahrung beruhen, zuverlässig sind.

Ich kann darin jedoch nichts Ungewöhnliches erkennen, da ich ja selbst behauptet habe, daß jede Hilfe korrumpiert und in Verbindung mit absoluter Macht absolut oder, wie es jemand ausgedrückt hat, herrlich korrumpiert. Ebensowenig kann ich irgendeinen Unterschied erkennen zwischen „reaktionären" Regierungen, die die Hilfe mißbrauchen, um sich vor dem Kommunismus zu schützen, und „progressiven" Regierungen, die sie wie in Kuba, Nordvietnam oder Nordkorea für den Aufbau riesiger Armeen mißbrauchen, um sich vor der Reaktion zu schützen. Beide benutzen an diesem Punkt die Symbole wirtschaftlicher Größe wie Stahlwerke oder Zementfabriken nicht für den Wohnungsbau und für andere soziale Verbesserungen, sondern für Raketen, Gewehre und anderes Kriegsgerät, das alljährlich am Tag der nationalen Bilanz mit einer Parade vorgeführt wird. Diese Paraden sind zudem physisch so beeindruckend, daß mir Professor Thorne nachsehen wird, wenn ich keine vergleichenden Zahlen aufliste, welche Summen von „progressiven" Regierungen einerseits für militärische Zwecke ausgegeben werden, um die Befehlshaber an der Macht zu halten, und andererseits für Entwicklungszwecke, welche die zivilen Bedürfnisse der Bevölkerung befriedigen könnten. Wenn sich das Volk selbst im reichen Italien unter Mussolini zwischen Gewehren zur Beruhigung der emotionalen Sehnsüchte und Butter zur Befriedigung der materiellen Bedürfnisse entscheiden mußte, wie hätten dann die *doctores* Castro, Obote oder Nkrumah mit ihren deutlich geringeren Ressourcen beides gleichzeitig anbieten können – außer natürlich, sie haben ihre dem Selbstschutz dienende militärische Ausrüstung wie ihre reaktionären lateinamerikanischen Kollegen in betrügerischer Weise finanziert und ausländische Hilfe dazu mißbraucht – allerdings, wie sich zumindest im Fall der beiden Letztgenannten gezeigt hat: vergeblich.

Was sowohl „reaktionäre“ als auch „progressive“ Regierungstypen tatsächlich in ihrer Existenz bedroht, ist nicht der jeweils andere, sondern die immer deutlicher zutage tretende Unfähigkeit beider, mit den Problemen fertig zu werden, die sich aus der unverhältnismäßigen Größe ihrer gegenwärtigen Herrschaftsbereiche ergeben. Die Übergröße, die zum Untergang des Empire führte, wird auch zu deren eigenem Ruin führen, wie die Riesen Pakistan und Nigeria bereits erleben. In Wirklichkeit also versuchen sich beide Regierungstypen davor zu schützen, weniger von ihren Rivalen als vielmehr von ihren eigenen Völkern gestürzt zu werden, wenn diesen plötzlich dämmert, daß ihre größenbedingten Probleme so weit über das Fassungsvermögen ihrer Führer oder jedes Führers hinausgehen, daß sie von keinem Typus je ein besseres Leben erwarten können.

Und genau das, diese Unfähigkeit der Führer unterentwickelter Länder, mit den Problemen übermäßiger Größe – und nicht der Reaktion – fertig zu werden, zwingt sie alle, nicht nur die Reaktionäre, einen übermäßig großen Teil der Hilfe in die Hände des Militärs zu geben. Denn die Masse der Bevölkerung konnte man schon immer am besten im Zaum halten und mit ihrer Verarmung versöhnen, wenn man patriotisch verkündete, man müsse wie Sparta militärisch bereit sein gegen einen finsteren Gegner. Ein solcher Gegner – für den Progressiven der Reaktionär; für den Reaktionär der Kommunist – ist denn auch von so essentieller Bedeutung, um das bodenlose Versagen der politischen Führung zu überdecken, in zu großen Ländern für ein gutes Leben zu sorgen, daß man – in Abwandlung Voltaires – sagen könnte: Gäbe es keinen Gegner, müßte man ihn im Interesse des Regierungsüberlebens erfinden.

Die militärische Verwendung von Wirtschaftshilfe läßt sich somit nicht dadurch verhindern, daß man eine reaktionäre Regierung durch eine progressive ersetzt. Es funktioniert einzig und allein dadurch, daß man den reaktionären oder progressiven, realen oder imaginären Gegner, der Geld erfordert, Verteidigung verlangt und das Scheitern übertüncht, verzichtbar werden läßt, indem man den an der Macht befindlichen Regierungen die Chance gibt, sich in anderen Dingen zu beweisen als in der Kunst, Soldaten beizubringen, wie man mit patriotischer Begeisterung und dem Namen ihres Befehlshabers auf den Lippen in den Tod geht. Die Chance auf positive soziale Errungenschaften – etwa dergestalt, daß man nicht in Täuschungsabsicht das Subsistenzniveau anhebt, sondern den Arbeitern ein Leben *über* dem Subsistenzniveau garantiert – kann sich jedoch erst materialisieren, wenn die Größe der politischen Einheit, die der Herrschaft eines einzelnen Führers untersteht, auf ein dem Menschen zuträgliches Maß gebracht wird. Die gute Gesellschaft erfordert kein kostspieliges Genie, sondern jemanden, der eigenständig genug ist, um auch ohne auszukommen. Einzig und allein das ist krisensicher.

So wie Cato einst alle seine Reden mit der Forderung beendete, Karthago müsse zerstört werden, lautet mein *ceterum censeo* deshalb noch einmal, daß alle großflächigen Staaten, diese „Ungeheuer des Merkantilismus", wie Henry Simons sie genannt hat,[28] aufgelöst werden müssen, wenn man etwas anderem als nur dem unmenschlichen Eigeninteresse des Staates dienen will. In *The Breakdown of Nations* (dt. *Das Ende der Großen*) propagierte ich dies im Hinblick auf die „großen Mächte", ein Vorschlag, dem die unterentwickelten Länder mit Sicherheit aus vollem Herzen zustimmen werden. An dieser Stelle erweitere ich ihn auf die unterentwickelten Länder. Wenn sie ihre Größe nicht reduzieren, bleibt ihnen am Ende nur die gleiche Alternative wie jedem gesättigten, integrierten, großflächigen Staat: die totale Militarisierung. Dann haben sie vielleicht etwas, das sie bei Paraden vorzeigen können. Aber ihren Bürgern verweigern sie im Namen des Fortschritts das, was frühere Generationen ihnen im Namen von Königen oder Göttern oder des ewigen Lebens vorenthalten haben – alles Opium für die Massen, ganz gleich wie man es nennt. *Plus ça change, plus il reste la même chose.*

14. Resümee, Konstantin und Ricardo

Zusammenfassend gesagt: Ich glaube, Professor Thorne und ich unterscheiden uns weniger in den Fakten, aus denen wir unsere Systeme entwickeln, als vielmehr in den Systemen, die wir aus unseren Fakten entwickeln. Die Zahlen und Zitate, die er in seiner fruchtbaren und willkommenen Kritik anführt, stelle ich in keinster Weise in Frage. Seine Munition ist ausgezeichnet. Ich hoffe sogar, vieles davon selbst verwenden zu können. Worin wir uns unterscheiden, ist die Richtung, in die wir sie abfeuern.

Wir stimmen darin überein, daß unterentwickelte Länder durch die Imperien, deren Teil sie waren, in ihrer Entwicklung gehemmt, ausgebeutet und in ihrem Wirtschaftswachstum behindert wurden. Wir sind unterschiedlicher Meinung, wer von dieser Ausbeutung profitierte. Professor Thorne glaubt offenbar, es war die imperialistische *Gesellschaft* des *Mutterlandes*. Ich bin der Ansicht, es war das kapitalistische *Establishment* des *Imperiums*, zum dem auch die koloniale Elite gehört. Wir stimmen überein, daß Ausbeutung Opfer bedeutete. Wir sind unterschiedlicher Ansicht über die Identität der Opfer. Professor Thorne glaubt offenbar, es waren die ausgebeuteten Kolonien. Ich bin der Ansicht, es war die ausgebeutete Masse der Arbeiter in den Kolonien und im Mutterland. Armut ist im Nebel Londons nicht angenehmer als in den Palmenhainen von Loiza Aldea. Wir stimmen überein, daß Entwicklung nötig ist. Wir sind, so scheint es, unterschiedlicher Meinung, ob Entwicklung dem historischen Pfad folgen und nachfolgende Phasen erst in Angriff nehmen sollte, wenn die vorherigen Phasen abgeschlossen sind, oder auf gemischte Art und Weise, bei der man gleichzeitig Bewässerungskanäle und Hilton-Hotels baut. Ebensowenig stimmen wir darin überein, ob sie durch ausländische Kredite oder heimische Ersparnisse finanziert werden sollte, ob sie sich erreichen läßt, indem man die Härten des Lebens lindert oder, wie Avis, dem Motto „We try harder" folgt; indem man für die Massenbedürfnisse eines Weltmarkts produziert oder für die endlose Vielfalt des heimischen Bedarfs; indem man die *terms of trade* durch ein Mehr an Handel oder durch dessen Reduzierung verbessert; indem man vor der UNO spricht oder Größe im Privaten und Geheimen, fern aller „zerstreuenden Einflüsse", vorbereitet; ob mit oder ohne Hilfe.

Und während wir schließlich bei einer Reihe sekundärer Ursachen übereinstimmen, die Wesen und Kategorie von Unterentwicklung erklären, scheinen wir bei der Hauptursache unterschiedlicher Meinung zu sein. Das betrifft weder den *Akteur*, der den

Prozeß der Entwicklungshemmung lenkt, noch den *Nutznießer* – das war das Imperium oder der Kapitalismus, hätte aber auch der Sozialismus sein können, hätte es ihn im imperialen Maßstab gegeben, wie dies heute in China und der Sowjetunion der Fall ist –, sondern die materiellen Rahmenbedingungen, die zwangsläufig Rückständigkeit produzierten, selbst wenn die Führer Apostel des Fortschritts waren.

Da die Frage nach dem Hauptverursacher zwar alles, was ich in den letzten 20 Jahren geschrieben habe, durchzieht, in dieser Diskussion jedoch nicht auftauchte, werde ich nicht wagen, Professor Thornes Antwort in dieser Angelegenheit zusammenzufassen, und beschränke mich auf die Vermutung, daß er wahrscheinlich anderer Ansicht ist. Aber ich kann noch einmal meine Position skizzieren. Demnach liegt die Hauptursache dafür, daß Regionen zurückbleiben, selbst wenn alle anderen Bedingungen für raschen Fortschritt gegeben sind – in menschlicher, sozialer, politischer, technologischer und wirtschaftlicher Hinsicht –, nicht im Imperium oder im Kapitalismus, sondern in der *territorialen Größe*, die derartige Dimensionen annimmt, daß es zu Stümperei, Patzern, Schieflagen, Ineffizienz, Verschwendung und Ausbeutung kommt, weil der Mensch mit seiner kleinen Statur damit schlicht und einfach nicht fertig wird. Aus diesem Grund konnten die imperialen Mutterländer den Weg in Richtung Fortschritt letzten Endes erst *nach* dem Verlust ihrer riesigen Besitzungen wiederaufnehmen.

Doch das Krebsgeschwür übermäßiger Größe hat nicht nur die Mutterländer in Mitleidenschaft gezogen. Es befällt noch immer die territoriale Unermeßlichkeit der nunmehr befreiten früheren Kolonien, die mit einem simplen Wisch über riesige Gebiete von Kontinenten geschaffen wurden, denn aus der Perspektive der grünen Tische im fernen London, an denen viele von ihnen festgelegt wurden, wirkten sie wie irische Grafschaften. Und aus meiner Sicht ist dies das Haupthindernis für ihr gegenwärtiges Vorankommen: nicht die göttliche Schlauheit von Neoimperialisten, sondern das größenwahnsinnige Verlangen ihrer eigenen Führer nach Macht, Land und Menschenmassen, mit dem sie den Hauptgrund für die Rückständigkeit ihrer Völker beizubehalten versuchen – übermäßige Größe, Ausmaße, die über das menschliche Fassungsvermögen hinausgehen.

Angesichts dessen bleibe ich, aus der Perspektive und Erfahrung meiner eigenen kleinen Statur betrachtet, der Überzeugung – trotz der wertvollen Dinge, die ich im Zuge der Debatte mit meinem geschätzten und vielbewunderten Freund gelernt habe –, daß der erste Schritt Richtung Entwicklung, ob mit oder ohne Hilfe, darin besteht, alle übermäßig großen politischen Entitäten in vom Menschen zu bewältigende kleine CUV-Gemeinschaften aufzulösen. Dann werden sich für Führer à la Peisistratos und Früchteernter à la Perikles unbegrenzte Chancen ergeben, eine historische Mission zu erfüllen. Andernfalls wird unsere Zeit lediglich das sterile Zeitalter der Cäsaren mit all ihrem Pomp, ihren Zeremonien, Darbietungen und Vergöttlichungen, ihrer Rhetorik und Öffentlichkeitssucht nachahmen und uns ein Dasein verschaffen voller gefilmtem und aufgenommenem Schall und Rauch, der nichts zu bedeuten hat.

Und dabei belasse ich es jetzt. In meinem Versuch der „Nachahmung des Beispieles der griechischen Philosophen, welche ihre Sätze zu verfechten verstünden, ohne ihren Gleichmuth zu verlieren, und ihre Freiheit behaupteten, ohne ihrer Freundschaft nahe zu treten“,[29] wurde ich durch die gut dokumentierte Kritik von Professor Thorne weder in meiner Freundschaft noch in meiner Argumentation erschüttert. Vielmehr fühle ich mich wie David Ricardo, der zum Abschluß einer langen Debatte mit einem berühmten Freund schrieb: „Und nun, mein lieber Malthus, habe ich genug. Wie andere Diskutanten nach vielen Debatten bleiben wir jeweils bei unserer Meinung. Doch haben diese Diskussionen niemals Einfluß auf unsere Freundschaft; ich hätte dich um keinen Deut lieber, wenn Du meiner Ansicht zustimmen würdest.“[30] Das gilt auch für mich.

„DU GEWINNST NICHT VIEL HÖHE, WENN DU MICH NACH UNTEN DRÜCKST.“

KAPITEL 3

Anmerkungen von Professor Robert J. Alexander

Spricht man davon, Hilfe von außen zu bekommen, gemahnt einen das daran, so viel wie möglich von dem, was wir zu Hause haben, als Grundlage für den Aufbau der Nation zu nutzen.

DR. KENNETH KAUNDA

Wie das bei den Schriften von Professor Kohr immer so ist, ist auch *Entwicklung ohne Hilfe* anregend und provoziert das Denken. Sein Wahrheitskern ist groß genug, um herauszufordern, doch wie die meisten Verfechter neuer und anderer Ideen schießt Professor mit seinem Modell ökonomischer Entwicklung deutlich übers Ziel hinaus.

Professor Kohr schreibt, als hätten wir es mit einer Welt zu tun, in der, abgesehen von einer Handvoll hochindustrialisierter Nationen, alle anderen Länder völlig unterentwickelt wären. Hätte er sein Buch 1900 geschrieben, wäre sein Bild der Welt der Wahrheit in dieser Hinsicht vielleicht ein Stück näher gekommen. Tatsache ist, daß es gegenwärtig nur ganz wenige wirklich unterentwickelte Länder gibt.

Es ist deshalb wenig sinnvoll, den Brasilianern, deren Land als ganzes noch immer unterentwickelt ist, die aber mit São Paulo und Umgebung über eines der am höchsten entwickelten Industriezentren weltweit verfügen, zu raten, sich wieder ins Zeitalter der Handarbeit zurückzubegeben und noch einmal ganz von vorne anzufangen, wie das Professor Kohr tut. Es ist nicht einmal besonders sinnvoll, das den Costaricanern zu raten, die bereits über eine Zement-, Textil-, Schuh- und Lederindustrie sowie über ein gut ausgebautes System der Wasserkraft verfügen. Vielleicht ließe sich Professor Kohrs Formel auf Sikkim und Bhutan oder auf Westirian anwenden, aber mir fallen nicht besonders viele andere Teile der Welt ein, denen moderne Entwicklung so völlig fehlt, daß Kohrs Modell anwendbar wäre.

Ein weiterer grundlegender Aspekt der gegenwärtig unterentwickelten Länder, den Professor Kohr ignoriert, ist die Tatsache, daß sie alle mehr oder weniger fest in den Weltmarkt eingebunden sind. Selbst ein zutiefst armes Land wie Bolivien ist in den Welthandel integriert. Fortgeschrittenere Nationen wie Ceylon, Ghana oder die Elfenbeinküste haben mit Sicherheit eine feste Position im Weltmarkt.

Auch in dieser Hinsicht fangen die unterentwickelten Länder von heute – die wirklich „unterentwickelt“ und nicht unentwickelt sind – nicht bei Null an. Ein großer Teil ihrer Gemeinden – üblicherweise die einflußreichsten – bezieht Einkommen und Macht aus dieser Verbindung zum Weltmarkt. Diese Bindung mit einem Schlag zu kappen, wie das nötig wäre, wenn man Professor Kohrs Modell folgt, würde im Falle Argentiniens, Kubas, Chiles, des Libanon, Syriens oder Israels bedeuten, daß die große Mehrheit der Bevölkerung völlig aus der Bahn geworfen wird und zu einem Status zurückkehren muß, den sie schon längst überwunden hat. In anderen Ländern wie etwa Mexiko, Brasilien, Chile oder Ägypten würde dies das Leben von annähernd der Mehrheit der Bevölkerung völlig auf den Kopf stellen. Zusätzlich sei darauf hingewiesen, daß großteils gerade die Bevölkerungselemente außerhalb des Marktes leben, die ohnehin wenig Interesse an Entwicklung haben.

All das läßt einen Professor Kohrs Hypothese verwerfen, wonach die ersten Industrieländer, nämlich die in Westeuropa, sich mehr oder weniger so in Richtung Industrialismus entwickelten, wie er das in seinem Modell skizziert, und diese spezifische Entwicklungsmethode deshalb etwas „Natürliches“ an sich habe. Andere Länder, die heute ebenfalls zur Kategorie der „Entwickelten“ gehören, gelangten mit Sicherheit auf ganz andere Weise zur Industrialisierung.

Die Vereinigten Staaten beispielsweise entwickelten sich nicht nach westeuropäischem Muster. Sie waren niemals ein Land rein lokaler Märkte, wie es das mittelalterliche Europa gewesen war und wie es die Städte in Professor Kohrs Modell sind. Von Anfang an waren die 13 ursprünglichen Kolonien fest in den Welthandel eingebunden – sie lieferten Tabak, Indigo, Zucker, Fisch, Schiffsausrüstung und Sklaven nach Europa und in andere Teile Amerikas. Nur in den Außenbereichen des Westens war der Farmer wirklich ein Subsistenzfarmer, und auch das nur ein paar Jahre lang, bis die allgemeine Bevölkerung zu ihm aufschloß. Es kam deshalb niemals dazu, daß isolierte Städte zusammenwuchsen, um erst untereinander und dann ein wenig mit der Außenwelt Handel zu treiben, wie Professor Kohr es beschreibt. Die Städte wuchsen, weil sie geeignete Zentren waren, um den Handel mit der Außenwelt abzuwickeln, und die Aufmerksamkeit des umliegenden landwirtschaftlichen Hinterlandes sich auf sie konzentrierte.

Während der rasantesten Entwicklungsphase der USA wuchsen sie auf eine Art und Weise, die dem Kohrschen Modell diametral entgegengesetzt ist. Sie produzierten massenhaft Agrarprodukte für den Export, die nach Europa verkauft wurden, und im Gegenzug erhielt man die Kapitalausstattung, die man brauchte. Darüber hinaus gab es einen enormen Zufluß von privaten Investitionen aus dem Ausland (die „Auslandshilfe" der damaligen Zeit), um Eisenbahnen und eine ganze Reihe von Industrien zu bauen. Mir scheint, das ist ein ebenso „natürlicher" Weg für ein Land, um einen hohen wirtschaftlichen Entwicklungsstand zu erlangen, wie das Muster, dem Westeuropa drei oder vier Jahrhunderte zuvor gefolgt war. Und er ähnelt deutlich stärker dem Pfad, den die meisten der sich heute entwickelnden Länder in Wirklichkeit eingeschlagen haben.

Tatsache ist, daß Europa in der Zeit zwischen 1300 und 1750 keine andere Wahl hatte, als sich so zu entwickeln, wie es das tat. Es gab damals keine „entwickelten" Länder im Sinne von hochindustrialisierten Staaten, alle europäischen Länder waren mehr oder weniger auf dem gleichen Niveau. Im 20. Jahrhundert aber *gibt* es alternative Entwicklungsmethoden, und allein die Tatsache, daß sich die ersten Industrieländer nach dem Muster von Dr. Kohr entwickelten, macht dieses Muster noch nicht sakrosankt. Wenn man einen Weg für die sich gegenwärtig entwickelnden Länder entwirft, sollte man nicht außer acht lassen, was seit Beginn der Industriellen Revolution in Europa vor 200 Jahren passiert ist.

Es erscheint mir irgendwie absurd, daß die sich gegenwärtig entwickelnden Länder in einer Welt, die nicht das Europa des 14. bis 18., sondern des 20. Jahrhunderts ist, dazu verpflichtet sein sollten – wie Professor Kohr das wünscht –, erst selbst vier Jahrhunderte zu durchlaufen, ehe sie voll entwickelt sein können. Warum sollten sie all die Phasen durchlaufen müssen, die Westeuropa erlebt hat, und dabei völlig die Tatsache ignorieren, daß heute hochindustrialisierte Nationen existieren? Das ist nicht nur absurd, sondern unmöglich. Die sich entwickelnden Nationen wissen sehr wohl darum, daß es industrialisierte Länder gibt, und sie bemühen sich deshalb besonders um eine rasche eigene Entwicklung. Das wird nebenbei noch durch einen Faktor unterstrichen, den Professor Kohr völlig außer acht läßt, nämlich die Bevölkerungsexplosion, was beispielsweise in Brasilien bedeutet, daß es jedes Jahr 1.000.000 neue Arbeitsplätze zu schaffen gilt.

Zudem ist die Analogie, die Professor Kohr zu dem von ihm skizzierten Entwicklungsprozeß – im wesentlichen, so sei noch einmal betont, der Europas zwischen 1300 und 1750 – herstellt, irreführend. Dieser westeuropäische Entwicklungsprozeß ist nicht der unausweichliche Prozeß eines Individuums, das allmählich heranreift. Eine gleichermaßen geeignete Analogie könnte die der Ausbildung eines Soldaten sein. Das moderne Militär hält es nicht für nötig, einen Soldaten zuerst am Knüppel, dann an der Schleuder, dann an Pfeil und Bogen, dann an der Armbrust, dann an der Arkebuse, dann an einem Hinterlader und schließlich an einer automatischen Waffe neuesten Typs auszubilden. Es bildet vielmehr den modernen Soldaten an der modernen Waffe aus. In gleicher Weise bewerkstelligt ein Land, das sich im 20. Jahrhundert entwickeln will, dies mit den Möglichkeiten des 20. Jahrhunderts und nicht mit denen des 13. Jahrhunderts.

Eine dieser modernen Möglichkeiten ist die Unterstützung von seiten der bereits industrialisierten Nationen. Diese Unterstützung erfolgt nicht notwendig aus reiner Nächstenliebe. Nächstenliebe ist denn auch als langfristiges Programm auf persönlicher wie auf nationaler Ebene nicht gesund, wie Dr. Kohr ausgiebig deutlich macht. Doch „Auslandshilfe“, ob in Form privater Investitionen oder intergouvernementaler Darlehen oder Geschenke, sollte eine Sache des aufgeklärten Eigeninteresses auf seiten der beteiligten Industrieländer sein. Tatsache ist, daß die unterentwickelten Länder größtenteils keine guten Handelspartner sind – außer wenn sie sich selbst entwickeln. Der Großteil des Welthandels findet zwischen den hochentwickelten Nationen statt. Es ist deshalb im langfristigen Interesse der bereits entwickelten Länder, denjenigen, die so weit hinterherhinken, auf die eine oder andere Weise bei ihrer Entwicklung zu helfen.

Überdies zeigt die Geschichte, daß ausländische Unterstützung sehr hilfreich war bei der Förderung der Entwicklung von rückständigeren Nationen. Den Fall der USA im 19. Jahrhundert, die beträchtlich von ausländischen Investitionen profitierten, haben wir bereits genannt. In den gegenwärtig sich entwickelnden Ländern erfolgte der erste wichtige Anstoß zu Modernisierung und Entwicklung durch ausländische Investitionen, die Eisenbahnen, öffentliche Versorgungseinrichtungen, moderne Bankunternehmen, wichtige Manufakturbetriebe und so weiter etablierten. Das geschah mit Sicherheit nicht aus einem Gefühl der Nächstenliebe heraus, und die ausländischen Firmen profitierten im allgemeinen nicht schlecht von ihren Aktivitäten – doch es bleibt die Tatsache, daß diese Aktivitäten von zentraler Bedeutung waren, weil sie zum einen den Wunsch nach weiterer Entwicklung weckten und andererseits die erste Infrastruktur schufen, auf der eine solche Entwicklung aufbauen konnte.

Natürlich ist man versucht zu glauben, nach Ansicht Professor Kohrs sollte es viele Aspekte moderner Wirtschaftsentwicklung überhaupt nicht geben – moderne Verkehrsmittel, vielleicht auch moderne Großindustrie, viele der Konsumentenkinkerlitzchen in hochentwickelten Ländern. Das sind üblicherweise genau die Dinge, für die man Devisen braucht, und um die zu bekommen, ist ausländische Unterstützung welcher Art auch immer von Bedeutung. Wenn das die Botschaft ist, die er vermitteln will, so ist sie aller Ehren wert und man könnte sie für sich genommen diskutieren. Doch in diesem Fall sollte das Buch den Titel „Der Irrtum der Entwicklung“ tragen und nicht „Entwicklung ohne Hilfe“.

Akzeptiert man jedoch die moderne Entwicklung mit all ihren Vorzügen und Defiziten, so besteht das Problem jeglicher ausländischer Unterstützung aus Sicht der sich entwickelnden Länder darin, die Bedingungen und Voraussetzungen festzulegen, unter denen sie eine derartige Hilfe haben wollen. Sie müssen entscheiden, welche Gegenden sie für ausländische Privatinvestoren öffnen wollen, für welche sie über intergouvernementale oder internationale Kanäle Hilfe zu bekommen versuchen und welche Sektoren sich ohne fremde Hilfe entwickeln lassen.

Auch an einem anderen Detail in Kohrs Modell habe ich etwas auszusetzen. Gemeint ist seine Billigung dessen, was er als „Entwicklungskommunismus" bezeichnet. Er unterscheidet deutlich zwischen ihm und dem, was er „ideologischen Kommunismus" nennt, doch das scheint mir weitgehend eine Unterscheidung ohne Unterschied zu sein. Ich bin einer Meinung mit ihm, daß sich ein Land, das sich in der heutigen Welt völlig eigenständig entwickeln will, mit ziemlicher Sicherheit einer Art von Tyrannei bedienen muß, wie sie spätestens seit der Frühzeit der Stalin-Ära für den Kommunismus charakteristisch ist. Eine erzwungermaßen eingeleitete Industrialisierung läßt sich nur dann in *splendid isolation* erreichen, wenn man über ein Regime verfügt, das jeden tötet oder ins Konzentrationslager schickt, der sich dem Prozeß widersetzt, lediglich die rudimentärsten Bedürfnisse der Arbeiter und der Landbevölkerung nach Nahrung, Kleidung und Obdach zu befriedigen. Das heißt jedoch noch lange nicht, wie Kohr glaubt, daß dies etwas Gutes und Erstrebenswertes ist, dem sich jedes Land unterziehen soll. Im Gegenteil, das ist genau das, was man unbedingt vermeiden sollte. Wenn ein Land, und sei es durch Hilfe von außen, der Last primitiver Lebensverhältnisse und grausamer Tyrannei entgehen kann, scheint mir das nur zu seinem Besten zu sein.

Im Hinblick auf die Tyrannei ist nur eines sicher: daß es Tyrannei ist. Man kann keineswegs sicher sein, daß der Tyrann wohlwollend ist. Ebensowenig gibt es irgendeine Sicherheit, daß die Tyrannei, wie Professor Kohr behauptet, vorüber sein wird, sobald sie erfüllt hat, was der Marxist-Leninist als ihre „historische Rolle" bezeichnen würde. Tyrannen hängen gerne an ihren Jobs, auch wenn der kleine nützliche Zweck, dem sie möglicherweise gedient haben, schon lange erfüllt ist. Es ist deshalb meiner Meinung nach besser, wenn man vermeidet, daß sie überhaupt erst an die Macht kommen.

Nebenbei, als eine Art Fußnote, würde ich die Implikation in Zweifel ziehen, die sich aus Professor Kohrs Vergleich der nicht unterstützten Entwicklung der Sowjetunion und der jugoslawischen

Entwicklung mit Hilfe ergibt. Letztere verlief mit Sicherheit unendlich viel humaner und zivilisierter als die terroristische Erfahrung des Stalinregimes in der UdSSR und ist deshalb eindeutig vorzuziehen.

Angesichts all dessen scheint mir der bedeutsame Beitrag von Dr. Kohrs Buch darin zu liegen, daß er betont, wie wichtig es ist, im Prozeß wirtschaftlicher Entwicklung stärker auf die Möglichkeiten lokal erzeugter Entwicklung auf Gemeinde- oder regionaler Ebene zu achten, ob in Kunst und Handwerk, Landwirtschaft oder einfachen Formen von Industrie. Die Planer wirtschaftlicher Entwicklung haben sich in zu hohem Maße auf Großprojekte konzentriert, die große Investitionen erfordern, und ohne Zweifel den Möglichkeiten kleiner Gemeinden zu wenig Beachtung geschenkt, mittels eigener Anstrengungen und Ersparnisse wichtige Beiträge zur nationalen Entwicklung und zum eigenen Wohlergehen zu leisten. Die Gemeindeentwicklungsprogramme in einer Reihe von Ländern waren ein Versuch, solche lokalen Anstrengungen einzubeziehen. Das genügt freilich noch lange nicht. Dr. Kohr hat zweifellos recht, wenn er behauptet, durch relativ kleine lokale Bemühungen lasse sich mehr für die Entwicklung tun, als die meisten sich entwickelnden Länder bislang leisten konnten. Ich würde dem freilich entgegenhalten, daß solche Bemühungen allenfalls eine Ergänzung zu Entwicklungsprogrammen bilden, die moderne Techniken, beträchtliche Aufwendungen und oftmals Devisen beinhalten, die wiederum die eine oder andere Form von „Auslandshilfe“ enthalten können.

„Sie sind glücklich und zufrieden und haben keinerlei Beschwerden."

KAPITEL 4

Erwiderung des Verfassers

Ein wichtiger Grund für ihr Wohlergehen scheint in der Natur des Landes zu liegen, in dem sie leben, denn das Meer, das sich an seiner Seite erstreckt, erfordert keinen Hafen; und deshalb werden praktisch alle Produkte von den Einheimischen verbraucht.
ATHENÄUS ÜBER DIE EINWOHNER VON SYBARIS

In der Nähe meines österreichischen Geburtsorts im Bundesland Salzburg gibt es, verborgen in der Stille der Hügel und Wälder, einen Bach, der mit seinem Wasser drei Mühlen versorgt. Daher der wunderbar melodische Name Dreimühlen. Als Schuljunge bin ich an heißen Sommernachmittagen liebend gern dorthin, um herumzustreunen und zu schwimmen. Bevor ich wieder nach Hause fuhr, machte ich stets an einer kleinen Wegkapelle Halt, die verlassen und friedlich am Ufer des aufgestauten Wasserlaufs stand, und schaute mir fasziniert eines dieser liebevoll primitiven Gemälde an, das einen ertrinkenden Bauernjungen darstellte, im besten Sonntagsstaat, ein Kruzifix in Händen, die Augen betend gen Himmel gerichtet, nur Brust und Kopf ragen noch aus dem Wasser. Darunter fand sich die berührende Legende: „Getrieben von dem unwiderstehlichen Drang nach einem Bad, obwohl er nicht schwimmen konnte, ertrank in diesem ruhigen Gewässer Valentin Hennermann."

Das Bild faszinierte mich dermaßen, daß ich, als ich nach 20 Jahren erstmals wieder in mein Heimatdorf zurückkehrte, wieder einen Streifzug durch den tiefen Wald von Dreimühlen unternahm, um ein nostalgisches Wiedersehen mit dem alten Bild zu feiern, das ich wegen seiner anrührenden Legende so oft erwähnt hatte. Es war noch immer an seinem alten Platz, doch zu meiner Überraschung fand ich das zentrale Motiv nicht, das mich als Junge immer so in Bann geschlagen hatte – die feierlich ertrinkende Gestalt des Bauernjungen, der gerade in seinem Sonntagsanzug auf dem Weg war, Gott zu begegnen. Schließlich entdeckte ich es wieder, doch nicht dort, wo meine lebendige Erinnerung es verortet hatte. Es bildete nicht die Mitte des Bildes, sondern erwies sich als recht kleines Motiv in einer Ecke, das sich inmitten des weiten Panoramablicks über die Landschaft verlor.

Daran fühlte ich mich erinnert, als ich die Bemerkungen von Professor R. J. Alexander zu *Entwicklung ohne Hilfe* las. Denn ich dachte, ich hätte den meisten Dingen, die er kritisiert, breiten Raum gegeben und sie in meinem Gemälde hinreichend prominent plaziert. Doch offensichtlich ist vielen meiner Leser, die natürlich nicht die Verfasser des von mir Geschriebenen sind, vieles von dem, was ich besonders betont zu haben glaubte, in einer verborgenen Ecke meines Tableaus verloren gegangen, so wie mir der ertrinkende Junge aus dem Blick geriet, als ich ihn aus einer neuen Perspektive suchte, die das Detail nicht als das Ganze sehen konnte. In bin meinem alten Freund deshalb dankbar, daß er mir die Gelegenheit gibt, ein paar Positionen noch einmal zu erläutern und dabei weniger meine Darstellung geradezurücken als vielmehr den Eindruck, den sie bei anderen erweckt.

1. Professor Alexander nimmt mich unter anderem dafür ins Gebet, daß ich während der ersten Entwicklungsstadien eines Landes einen Entwicklungskommunismus befürworte, um einen ideologischen Kommunismus zu verhindern. Er bezeichnet dies als „Unterscheidung ohne Unterschied“ und diskreditiert dann ersteren, indem er einige Verbrechen des letzteren aufzählt. Wüßte ich über letzteren nicht Bescheid, hätte ich kaum einen Grund gehabt, das Konzept des ersteren einzuführen. Und als ich ersteren einführte, wollte ich natürlich eine Unterscheidung *mit* einem Unterschied treffen, um zu zeigen, daß der Entwicklungskommunismus, anders als der ideologische Kommunismus, keineswegs zwangsläufig gleichbedeutend ist mit dem Verüben von Verbrechen, ebensowenig wie Tyrannei nicht mit der Abschaffung bürgerlicher Freiheit gleichzusetzen ist. Zu diesem Zweck habe ich auf Seite 90 eine Reihe historisch nicht ungeheuerlicher Formen von Entwicklungskommunismus aufgeführt wie die „Kibbutz-Kommunen in Israel, die Klosterkommunen der Katholischen Kirche, die Militärkommunen der Armee oder die Sportkommunen der Bergsteiger“ usw. Ich bin

sicher, Professor Alexander, der selbst als Soldat im Zweiten Weltkrieg gedient hat, stimmt mir zu, daß Militärkommunismus und ideologischer Kommunismus eine Unterscheidung mit einem Unterschied darstellen. Ebenso verhält es sich mit dem Entwicklungskommunismus, der anders als seine ideologische Variante nicht die End-, sondern die militante Phase der Entwicklung darstellt. Ähnlich wie der Militärkommunismus ist er deshalb dazu verurteilt, an Bedeutung zu verlieren, je näher der Sieg rückt.

2. Gleiches gilt für seinen politischen Begleiter: den Entwicklungsautoritarismus, der sich von seiner abscheulichen Variante ebenso unterscheidet wie der Entwicklungskommunismus. Darum habe ich als seine Vertreter nicht Stalin oder Castro angeführt, die Dr. Alexander im Sinn hatte, sondern Muñoz Marin oder Peisistratos. Denn wie ich insbesondere auf Seite 79 feststelle, habe ich den Begriff nicht im modernen, sondern im antiken griechischen Sinne verwendet, als der Begriff „noch nicht durch die Entartungen späterer Autokraten diskreditiert war". Andernfalls hätte der weise Solon, der die *tyrannis* verachtete, wohl kaum sagen können, daß er Peisistratos abgesehen davon für den besten Athener halten würde. Was ich unter Entwicklungsautokratie verstehe, sollte zudem auf Seite 120 deutlich werden durch den Hinweis auf die historisch höchst erfolgreichen und selten mißbrauchten „Krisendiktaturen" im antiken Rom; sie belegen, daß Autokraten sich an verfassungsmäßige Einschränkungen halten, wenn Gesellschaften fortgeschritten genug sind, insbesondere weil die Beförderung des Fortschritts der Hauptgrund für solche temporären Einschränkungen ist. Um doppelt sicherzugehen, daß mein Plädoyer für Entwicklungskommunismus und Entwicklungsautokratie nicht mißverstanden wird, habe ich überdies auf Seite 81 betont, daß beide nicht auf den Bereich der nicht-ökonomischen Angelegenheiten der Bürger ausgedehnt werden müssen, denn es gibt keinerlei Grund, warum Persönlichkeitsrechte und persönliche Freiheit nicht durch Institutionen nach Art des skandinavischen Ombudsmannes geschützt werden sollten.

Damit will ich keineswegs Dr. Alexanders Ansicht bestreiten, daß Tyrannen häufig an der Macht kleben, auch wenn sie ihren Zweck schon längst erfüllt haben. Aber das gilt natürlich auch für Demokraten. Mir ging es in erster Linie darum, daß Länder in den Frühphasen der Entwicklung nicht zwischen Demokratie und Autokratie wählen können, sondern, wie Cyrus Sulzberger andeutete, zwischen nicht-wohlwollenden und wohlwollenden Tyrannen; zwischen ideologischem und Entwicklungskommunismus. Und wenn ich in beiden Fällen die letztgenannte Variante bevorzuge, so nicht deshalb, weil ich sie gut finde, sondern – wie ich auf Seite 120 deutlich gemacht zu haben glaubte – weil „ihr Erfolg sie beide entbehrlich macht". Ich bekenne freilich, daß meine sorgfältige Differenzierung, die ich mit einer Reihe historischer Beispiele illustrierte und die mir als Verfasser deutlich genug zu sein schien, anderen Lesern – möglicherweise im größeren Kontext meiner Ausführungen – entgangen ist, so daß sie, ähnlich wie der ertrinkende Junge, lediglich wie eine nebulöse „Unterscheidung ohne Unterschied" in einer verborgenen Ecke meines Tableaus wirkte.

3. Das erklärt vermutlich auch einige andere Kritikpunkte von Professor Alexander, etwa wenn er behauptet, ich würde ignorieren, daß sich die Welt nicht mehr im gleichen Zustand wie 1900 befindet. Für diese Zeit, so konzediert er, hätten meine Modelle von Nutzen sein können, denn viele Länder seien damals noch völlig unterentwickelt gewesen. Seitdem jedoch sei es selbst dort zu einer derartigen Industrialisierung gekommen, daß ein Entwicklungsmodell, das dies nicht berücksichtige, eine Absurdität sei.

Auch in diesem Fall habe ich das angeblich Übersehene *sehr wohl* berücksichtigt und meine Vorschläge auf die Gegenden in unentwickelten, unterentwickelten, teilweise entwickelten und sogar entwickelten Ländern ausgerichtet, die von der Entwicklung der letzten Jahrzehnte unberührt geblieben sind. Ich habe deshalb nirgends den *Abriß* von São Paulo gefordert. Vielmehr ging es mir um den Aufbau all der riesigen Landstriche, die wie etwa in Brasilien völlig unbeeeinflußt von ihren hochentwickelten Metropolregionen geblieben sind. Aufgrund der Rückständigkeit dieser riesigen Landstriche können die São Paulos offensichtlich nicht von ihnen leben, ebensowenig wie sie von ihren São Paulos. Warum sollten sie also weiterhin in wechselseitige Handelsbeziehungen eingebunden sein, die gar nicht existieren, weil die Metropole viel stärker auf ihre Handelsbeziehungen mit profitableren entwickelten Auslandsmärkten ausgerichtet ist? Denn wie Myrdal mit seiner Theorie der zirkulären und kumulativen Verursachung gezeigt hat: Gerade weil Regionen unterschiedlicher Fortgeschrittenheit als geschlossene Entwicklungseinheiten miteinander verbunden bleiben, ist ihr Verhältnis nicht nur völlig steril und fördert die Fortgeschrittenen, während es die Rückständigen behindert; die Sterilität des riesigen Hinterlands wird noch verstärkt durch die entvölkernde Fixierung seiner Bewohner auf São Paulo. Das wirft die Frage auf, wie viele der 1.000.000 neuen Arbeitsplätze, die Brasilien jedes Jahr schaffen muß, Jobs in der Stadt sind, die weniger wegen der Bevölkerungsexplosion nötig werden – die ich möglicherweise außer acht lasse –, als vielmehr wegen der Entvölkerung auf dem Land, die Professor Alexander ignoriert. Oder wie viele der „neuen" Häuser, die man in Rio benötigt, nicht für die gebaut werden müssen, die kein Haus haben, sondern für diejenigen, die ihr Haus auf dem Land verlassen haben.

Mein Vorschlag geht deshalb keineswegs, wie Dr. Alexander vermutet, dahin, daß ein bereits überentwickeltes São Paulo zur längst *vergangenen* Phase des Dorfstaates *zurückkehren* soll. Es geht vielmehr um die *Schaffung neuer* Dorfstaaten im riesigen unentwickelten Rest des Landes mittels politischer Unterteilung. Das wird zum einen der ungesunden, zu Slums führenden Fixierung der Landbevölkerung auf São Paulo ein Ende machen und zum anderen sicherstellen, daß die neuen territorialen Entitäten nicht wieder von den egozentrischen Gravitationsfeldern bestehender metropolitaner Agglomerationen angesaugt werden, denn deren Anziehungskraft hat sich als eine der Hauptursachen erwiesen, warum die entfernteren Bereiche des Hinterlands in einem Zustand derartiger vormittelalterlicher Rückständigkeit geblieben sind, daß im Vergleich dazu selbst der Dorfstaat des Mittelalters einen deutlichen Fortschritt darstellt. Wenn also Professor Alexander der Ansicht ist, meine Entwicklungsmodelle ließen sich auf solch völlig unentwickelte Länder wie Sikkim oder Bhutan anwenden, so sollte er auch nichts dagegen haben, daß sie in gleicher Weise für die vielen tausend noch viel weniger entwickelten Sikkims und Bhutans gelten, die 1972 noch immer so einsam und elend wie 1900 weite Gebiete Brasiliens, Ghanas oder Boliviens umfassen. Das läßt die bereits bestehenden Industrien keineswegs außer acht, sondern verlangt, wie auch er das tut, deren Vervollständigung.

4. Zudem sollten meine Modelle umso bereitwilligere Aufnahme finden, da sie durch die theoretischen Überlegungen einiger der herausragendsten Ökonomen in Vergangenheit und Gegenwart gestützt werden, von denen keiner Entwicklung als Irrtum betrachtet hat. Hier ist zum Beispiel Henry Charles Careys *Theorie der molekularen urbanen Anziehung* zu nennen, derzufolge die Anziehungskraft, die Städte auf ihr Hinterland ausüben, unmittelbar mit ihrer Größe und umgekehrt zu ihrer Entfernung zunimmt. Das heißt, je größer eine Stadt ist und je größer ihr entfernungsverringernder technologischer Vorsprung ist, desto stärker wird sie der ländlichen Umgebung die menschlichen Ressourcen entziehen, die diese für ihre Entwicklung braucht. Ebenfalls wiederholt erwähnt habe ich Gunnar Myrdals *Theorie der kumulativen und zirkulären Verursachung*, derzufolge die Marktkräfte, die ungleich entwickelte Gegenden zusammenschließen, auf globaler Ebene „dahin tendieren, die internationalen Ungleichheiten kumulativ zu vertiefen", und auf nationaler Ebene „gewöhnlich eher zu einer Vergrößerung als zu einer Verkleinerung der Ungleichheiten zwischen verschiedenen Regionen" führen. Da ist Raul Prebischs *Gesetz der zunehmenden peripheren Vernachlässigung*, demzufolge die Entwicklungsbedürfnisse abgelegener Regionen umso stärker ignoriert werden, je weiter sie vom Zentrum entfernt sind. All diese Interpretationen implizieren als Ursache ökonomischer Rückständigkeit das Abschöpfen der Arbeitskraftressourcen auf dem Land, periphere Vernachlässigung, zunehmende Polarisierung der Ungleichheiten. Sie schreiben sie nicht der Isolation der rückständigeren Regionen zu, sondern im Gegenteil den Verbindungen, die sie zu den fortgeschritteneren Gegenden unterhalten – ländliche Regionen zu den Städten, periphere Bezirke zum Zentrum, unterentwickelte Gebiete zu entwickelten. Wenn jedoch Verbindungen die Ursache von Rückständigkeit sind, ist es dann absurd, daraus zu schließen, daß dagegen naheliegenderweise das Kappen dieser Verbindungen hilft[31] und nicht die hoffnungslose Stärkung der Hände, die angesichts der ungeheuren Kräfte, die am anderen Ende ziehen, ohne jede Chance daran festhalten? Und kann man jemandem, der wie ich immer wieder das Kappen dieser Bindungen fordert, tatsächlich vorwerfen, die Tatsache zu ignorieren, „daß sie alle [die unterentwickelten Länder] mehr oder weniger fest in den Weltmarkt eingebunden sind"?

5. Mein Hauptfehler hier war, daß ich selbst die meisten meiner Gewährsleute, die ich in ihrem besten Sonntagsstaat ins Zentrum meines Bildes hätte rücken sollen, in die verborgenen Ecken der Fußnoten zu meiner Erwiderung an Professor Thorne verbannt habe. Dennoch dürfte eigentlich kein Zweifel daran bestehen: Was ich in *Entwicklung ohne Hilfe* in keineswegs undeutlichen Termini für unentwickelte wie für unterentwickelte Länder propagiere, ist nicht, wie Professor Alexander behauptet, der *Irrtum der Entwicklung*, sondern der *Irrtum der unangemessenen Entwicklung*. Wie ich mein ganzes Buch hindurch bis zur zusammenfassenden Nachbemerkung auf Seite 129 betont habe: Alle meine Modelle sind dazu gedacht, den Fortschritt zu befördern! Gemeint aber ist „ein richtig proportionierter Fortschritt; ein Fortschritt ohne Hilfe von außen; ein *angemessener* Fortschritt". Das bedeutet keine Rückkehr zum Dorfstaat. Es propagiert den Dorfstaat, wo bisher noch nichts ist; die nach innen blickende Stadt, wo bereits der starke elementare Nukleus prosperierender ländlicher Gemeinschaften existiert; die Einführung von Manufakturbetrieben im kleinen Maßstab – E. F. Schumachers berühmte „mittlere Technik" –, wo wirtschaftliche Integration noch auf kleine Gebiete beschränkt ist; und von größeren Industrien, wo die Märkte sich aufgrund des Zusammenschlusses bereits fortgeschrittener regionaler Ökonomien erweitert haben. Mit anderen Worten: Ich biete den Schuh, der zum tatsächlichen und nicht zum gewünschten Wachstumsstadium paßt – für ein Kleinkind einen Babyschuh und keinen Erwachsenenschuh; für einen Erwachsenen einen Erwachsenen- und keinen Kinderschuh. Heißt das, daß ich Wachstum für einen Irrtum halte?

Irrig scheint vielmehr die Analogie zu sein, mit der Professor Alexander meine historische Abfolge von Phasen, die alle Nationen durchlaufen müssen, wenn ihre Entwicklung zuträglich sein soll, als „natürlich" zurückweist. Er sagt zu Recht, daß ein moderner Soldat heute keine Schleuder- und Pfeil-und-Bogen-Phase mehr durchlaufen muß. Doch der Grund dafür liegt nicht, wie er behauptet, darin, daß das 20. Jahrhundert diesem Stadium um 400 Jahre entwachsen ist, sondern daß ein Wehrpflichtiger mit seinen gut 20 Jahren ihm um mindestens 10 Jahre entwachsen ist. Das heißt jedoch nicht, daß er nicht auf seinem Weg, ein guter Soldat zu werden, selbst als Junge die vormilitärische Schleuder-Phase durchlaufen mußte. Denn keine Akkumulation historischer *sozialer* Erfahrung enthebt das Individuum der Notwendigkeit, alle Phasen des Reifungsprozesses immer wieder zu durchlaufen. Selbst ein Genie beginnt seine irdische Reise als Kind, das mühsam Wörter und Grammatik aufschnappt und urzeitliche Schleuderlaute von sich gibt, ehe es in der Lage ist, sie in die Form gepflegter moderner Maschinengewehrrede zu bringen.

Wenn Dr. Alexander seine Analogie geraderückt, wird dies auch einen anderen meiner zentralen Punkte ins rechte Licht setzen: die Kürze der Zeit, die man braucht, um die soziobiologisch erforderlichen Phasen gesunden Wachstums zu durchlaufen. Das ist das genaue Gegenteil dessen, was er mir unterstellt, wenn er meint, ich würde behaupten, die sich gegenwärtig entwickelnden Nationen müßten „erst selbst vier Jahrhunderte ... durchlaufen, ehe sie voll entwickelt sein können". Denn eines meiner Hauptargumente, das ich immer wieder vorgebracht und mit historischen Beispielen untermauert habe, war die ungeheure Geschwindigkeit, mit der sich Entwicklung ohne Hilfe von den primitivsten Anfängen bis zum ausgereiftesten Gipfelpunkt erreichen läßt, vorausgesetzt daß keine essentiell wichtige Stufe übersprungen wird. Dabei betonte ich jeweils, daß man dafür nicht viele Jahrhunderte, ja nicht einmal eines braucht, sondern nur eine einzige Generation, etwa als ich zitierte, was Pausanias über Peisistratos (S. 73) oder Augustus über sich selbst gesagt hat (S. 73) – „Ich fand Rom in Ziegelsteinen vor und habe es in Marmor hinterlassen." Und wie steht es mit meinem Hinweis auf Mr. Hlady vom Canadian Indian Service (S. 74), der für die Entwicklung einer Gemeinde in sechs Monaten gerade einmal $ 12,64 ausgeben mußte?

6. Schließlich wirft mir Professor Alexander vor, die amerikanische Geschichte falsch zu interpretieren, wenn ich die USA als Beispiel für Entwicklung ohne Hilfe anführe. Ich glaube nicht, daß ich die amerikanische Erfahrung des 19. Jahrhunderts falsch deute. Ebensowenig bin ich der Ansicht, daß Professor Alexander unrecht hat, wenn er betont, welch enormen Beitrag ausländische Investitionen für die Entwicklung Amerikas leisteten. Wir sind schlicht und einfach von unterschiedlichen Stadien der amerikanischen Entwicklung

beeindruckt. Natürlich haben ausländische Investitionen und der Handel mit dem Ausland eine Rolle gespielt. Schließlich gab es eine Zeit, in der alle Amerikaner Ausländer waren. Als sie das Land erschlossen, etablierten sie eine Regierung von Ausländern, durch Ausländer, für Ausländer. Und das auslandsorientierte Agrar- und Handelsmuster blieb noch nach der Unabhängigkeit bestimmend.

Das gibt den frühen Vereinigten Staaten in der Tat eine ganz andere Form, die sich von den Ökonomien der eigenständiger entwickelten, nach innen gerichteten europäischen Länder unterscheidet. Doch nachdem es seine wichtige Ausgangsfunktion erfüllt hatte, einen noch leeren Kontinent zumindest in seinen vagen Umrissen zu erschließen, galt das auslandsorientierte Markt-, Handels- und Investitionsmuster den Zeitgenossen nicht mehr als Segen, der den Fortschritt vorantrieb, sondern als Fluch, der Verwerfungen, Ungleichgewicht, wirtschaftliche Abhängigkeit, Rückständigkeit und Ausbeutung förderte. Aus diesem Grund schlug Henry Charles Carey, einer der größten frühen Ökonomen der USA, für die teilweise entwickelten Vereinigten Staaten *seiner Zeit* ziemlich genau das vor, was ich für Länder empfehle, die sich heute in einer ganz ähnlichen Lage befinden. Das heißt, er schlug nicht vor, das, was bereits geschehen war, wieder rückgängig zu machen (was ich ebensowenig tue), sondern den noch nicht entwickelten Teil der amerikanischen Wirtschaft radikal anders aufzubauen: weg von der teuren, einseitigen Marktabhängigkeit, die auf ausländische Investitionen angewiesen ist, hin zu kostensparender Eigenständigkeit. Er traf eine Unterscheidung (ohne Unterschied?) zwischen Handel (Austausch innerhalb einer Gemeinschaft), den er befürwortete, und Verkehr (Austausch zwischen Gemeinschaften), den er ablehnte, da der damit verbundene ausgedehnte Transport „die erste und schwerste Steuer, die das Land und die Arbeit zu zahlen haben“, sei,[32] und forderte, anders als seine Kollegen der damaligen Zeit, nicht ausländische Hilfe, sondern Isolation zum Schutz vor externen Verwicklungen. Und statt großer Einsparungen durch regionale Spezialisierung propagierte er als sein Entwicklungsziel die konzentrierte Schaffung aller komplementären Wirtschaftsaktivitäten innerhalb der engen geographischen Grenzen dessen, was ich als Dorfstaat bezeichnet habe;

das sollte dazu führen, daß „Webstuhl und Amboß ihren natürlichen Platz an der Seite von Pflug und Egge einnehmen".

Interpretiere ich die amerikanische Geschichte richtig, so geschah nun genau das, was Henry Charles Carey – den Sir Alexander Gray das „beste Beispiel für die Wahrheit, daß der Ökonom seine Umwelt reflektiert", nennt – gedanklich entwarf. Das heißt nicht, daß Professor Alexander mit seiner Darstellung der Auslandsorientierung Amerikas, die es vorher und in geringerem Maße danach gab, unrecht hat. Ebensowenig aber ist meine Darstellung dessen, was dazwischen geschah, falsch, wie Professor Alexander glaubt. Und genau diese Zwischenphase – die heroische Phase der amerikanischen Entwicklung –, die die Verzerrungen der ersten Phase korrigiert und den Boden für die äußerlich dramatischere dritte Phase bereitet, entspricht nicht nur meinem Modell, sondern schuf auch die Hauptmerkmale amerikanischer Identität. Und falls wir der nationalistischen Schule ökonomischen Denkens in Amerika glauben können, war die Dauerhaftigkeit des Erfolgs, den diese Phase anschließend brachte, der Tatsache zu verdanken, daß sie genau das tat, was nach Ansicht der fortgeschritteneren englischen Ökonomen der damaligen Zeit falsch und unbedingt zu vermeiden war: Als Ausgleich dafür, daß das Land die Phase der Eigenständigkeit vor Beginn des Handels, welche die Unabhängigkeit stärkt, zum Teil übersprungen hatte, machte es nicht einen, sondern zwei Schritte zurück. In weiten Teilen des Landes machte man sogar einen „Rückschritt" hinter die Dorfstaatsphase in das noch frühere Stadium des isolierten Farmstaates (dessen Vitalität im düsteren europäischen Mittelalter derartige Spuren hinterließ, daß sie noch heute etwa in Tirol, in der Schweiz oder in Devon zu erkennen sind).[33]

Die Eigenständigkeit, die nunmehr die zuvor unausgewogene, einseitige, durch ausländische Investitionen finanzierte, kolonialartige, aber künftig proportional deutlich weniger wichtige Handelsstruktur der USA bestimmte, produzierte natürlich ein ganz anderes Bild von dem, was wir heute als fortschrittliche Ökonomie verstehen. Selbst die Industrialisierung trug im wesentlichen ländliche Züge und war nach innen gerichtet, aber mit Sicherheit nicht weniger bereichernd. Da man ohne ein Übermaß an Verkehr und Vermarktungskapital auskam, sparte man Mittel. Das bedeutete jedoch nicht, daß die US-Wirtschaft deswegen weniger von dem erreicht hätte, was viel wichtiger war: nämlich der Zweck. Im Gegenteil! Denn die Mittel für eine ausgedehnte, international integrierte Entwicklung wie Straßennetze, Hochgeschwindigkeitsfahrzeuge, moderne Großindustrie etc. sind, wie Dr. Alexander selbst eingesteht, „üblicherweise genau die Dinge, für die man Devisen braucht"; und ein Land, das – in der Terminologie Careys – vom „Verkehr" zurück in den „Handel" wechselt, kann sich deshalb nicht nur in raschem Tempo entwickeln, ohne in entwürdigender Weise von diesen fremden Devisen abhängig zu sein, sondern auch, wie ich deutlich zu machen versucht habe, ein Fortschrittsniveau erreichen, das sich zwar grundlegend von dem unterscheidet, was man mit Hilfe einer kapitalverschlingenden Maschinenzivilisation modernen Typs schaffen kann, aber kaum als geringerwertig gelten kann.

7. Um ein eindrucksvolles Bild von der Prosperität zu erhalten, die sich in verkehrsloser, aber nicht handelsloser regionaler Isolation erreichen läßt, müssen wir jedoch gar nicht bis zu den florierenden Farm- und Dorfstaatensiedlungen im Amerika des 19. Jahrhunderts zurückgehen. Es gibt glänzende Beispiele für solche Gemeinschaften, die inmitten der hochgradig integrierten Vereinigten Staaten von heute gedeihen. Wie ihre Vorfahren weisen sie bis heute ein hohes Maß an Eigenständigkeit auf. Und gerade diese Eigenständigkeit befreit sie von der Last, die glänzende Rüstung fortschrittlicher Verkehrsausstattung zu unterhalten, die das ökonomische Establishment als sozialen Reichtum betrachtet, während sie für jeden mit gesundem Menschenverstand „die erste und schwerste Steuer, die das Land und die Arbeit zu zahlen haben", ist, die nicht für hohen Lebensstandard, sondern für hohe Lebenshaltungskosten steht.

Ich meine damit die zahlreichen Gemeinden der Amish und der Mennoniten. Mit den Worten von Charles Wheeler (*The Listener*, 5. August 1965) „meiden sie bis heute das Auto, ziehen statt dessen Pferd und leichten Wagen vor und scheuen die Elektrizität wie die Pest – weil diese sie einerseits abhängig machen würde, andererseits aber auch schädliche Einflüsse ins Haus brächte wie Radio, Fernsehen und Telephon". Sie betreiben ihre eigenen Schulen, „nehmen ihre Kinder mit 15 rigoros aus dem Klassenzimmer und kümmern sich um ihre Alten und Armen". Doch dadurch daß sie altmodische Pflüge statt Traktoren verwenden sowie handgemachte Werkzeuge von derartiger funktionaler Eleganz, daß sie bereits als Ausstellungsstücke in Museen für moderne Kunst zu sehen sind, haben sie nicht nur keine Probleme mit Arbeitslosigkeit (und infolgedessen auch nicht mit Jugendkriminalität); ihre Häuser sind ausgesprochen stabil, ihre Möbel solide, ihre Umwelt sauber, ihre Standards gefestigt, ihr Vieh wohlgenährt, und ihre Felder gehören zu den bestbestellten und ertragreichsten auf der Welt und lassen in dieser Hinsicht sogar die hochmechanisierten Farmen um sie herum hinter sich. Und während der Rest der interdependenten, hilfeleistenden, wohlhabenden USA alle Hände voll zu tun hat, um das schockierende Ausmaß der eigenen Armut zu bekämpfen, verabscheuen die nach innen blickenden Enklaven der Mennoniten und der Amish allein schon die Vorstellung auswärtiger Hilfe so sehr, daß „der Kongreß vor kurzem dem Beispiel lokaler Behörden folgte und ein Gesetz billigte, das die Amish von den Sozialversicherungssteuern befreit".

Charles Rice und Rolling Steinmetz haben sehr schön gezeigt, wie sich mit so wenig modernem Gerät ein so hoher Wohlstand erreichen ließ. Während der Pflug des Amishfarmers Elam Stolzfus „den feuchten braunen Lehmboden im Gebirge wie im Flachland gleichermaßen zerteilte, pflügte der Farmer nebenan, der kein Amish war, überhaupt nicht. Sein schöner roter Traktor stand ungenutzt in der Scheune, denn er war zu schwer für den Boden an diesem windigen und warmen Märzmorgen."[34] Und anders als der Ochse gibt der Traktor, der mit Benzin fährt, dem Boden natürlich nichts zurück, was diesen fruchtbarer macht, mit ihm kommt man nicht in die Ränder, Ecken und Raine, die der Pflug erreicht, und beschädigt mit ziemlicher Wahrscheinlichkeit die empfindliche Kalkstruktur des Untergrunds.[35] Auch in mechanischer Hinsicht sind die Amish so geschickt, „daß der Kutschenbauer der Amish schon lange, bevor man in Detroit damit begann, Autos in drei verschiedenen Karosserieformen zu bauen, das Kutschenäquivalent des Kabrioletts, der Limousine und des Kombi produzierte".[36] Ist es wirklich so absurd, wenn man armen unterentwickelten Ländern empfiehlt, Amish- und Mennonitenberater zu engagieren, die ihnen beibringen, wie man produziert, statt all die Harvard- und MIT-Missionare, die ihnen zeigen, wie man Handel treibt, sich integriert, sich Freunde in Washington macht und ausländische Investoren beeinflußt?

8. Das heißt nicht notwendigerweise, daß ich für die Lebensweise der Amish plädiere. Das tue ich nicht. Ich befürworte sie vielmehr als ersten Schritt, nach dem andere Bestrebungen andere Systeme ins Spiel bringen können. Es gibt somit keinen Grund, warum man eine solche Empfehlung für Länder, deren ländliche Regionen wegen ihrer Obsession für eine urbanisierte Auto- und Fernsehindustrialisierung verkommen, als Plädoyer betrachten sollte, die Entwicklung von Völkern zu verhindern, denen es nicht an Verkehrstaus oder Fernsehgeräten fehlt, sondern an Nahrung, Obdach und Kleidung, also genau an den Dingen, für die die Produktionsweise der Mennoniten und Amish besonders gut geeignet ist – im Gegensatz zur internationalen Art und Weise, die Handel und Hilfe miteinander vermengt. Denn warum sonst sollte es soviel Bedürfnis nach Hilfe geben?

Ebensowenig will mir einleuchten, warum die heiligen Kühe vorzeitig errichteter, handelsfördernder Industrien ein Hindernis sein sollten, wenn man die vernachlässigten Möglichkeiten einseitig entwickelter Länder aufbaut und zu diesem Zweck deren übermäßig weltorientierte „Anbindungs"-Struktur durch ein System kapitalsparender, auf Arbeitskraft setzender und damit Vollbeschäftigung sichernder isolierter Stadtstaaten nach dem Vorbild der Mennoniten und Amish ersetzt. Das mag nach Rückschritt klingen. Doch selbst wenn man alle anderen Vorteile ignoriert: Wird der kleine eigenständige Dorfstaat im Zeitalter der drohenden atomaren Katastrophe nicht die gleiche Funktion haben, wie sie die Arche Noah in Zeiten der Sintflut hatte, als das Überleben ganz ähnlich nicht von einer auf gegenseitiger Hilfe beruhenden „Anbindungs"-Struktur abhing, sondern im Gegenteil in der Abtrennung davon?

Erkennt man das nicht bald, wird, wenn die ersten Bomben auf die Nervenzentren einer ohne Sinn und Verstand zusammengeschusterten, homogenisierten Zivilisation fallen, das passieren, was am 9. November 1965 im hochgradig integrierten Nordosten der USA geschah, als der Strom dort teilweise ausfiel. Statt daß aus dem riesigen nicht betroffenen Gebiet ersatzweise Strom gekommen wäre, um der kleinen betroffenen Region zu helfen, kam es aufgrund des vielgepriesenen „Anbindungs"-Energiesystems zu einer umgekehrten Kettenreaktion, bei der die kleine betroffene Region das riesige nicht betroffene Gebiet in schwärzeste Finsternis stürzte. Würde Professor Alexander die anschließende Reaktion der kanadischen Regierung, sich von der ansonsten durchaus profitablen „Anbindung" abzuschneiden, als rückschrittlich bezeichnen? Oder die Überzeugung der vorsintflutlichen Experten teilen, die Noahs Arche für eine Absurdität hielten? Laut Bibel überlebte aber das Absurde die Sintflut, nicht die Experten, und so wird es auch mit den Dorfstaaten der Amish sein: Sie werden nach der atomaren Katastrophe die Keimzellen neuen Lebens bilden, nicht die automatisierten Nationalstaaten. Mit André Gide, einem weiteren Verbreiter von Absurditäten, „glaube ich an die Vorzüge kleiner Nationen. Ich glaube an die Vorzüge der kleinen Zahl. Die Welt wird von den wenigen gerettet werden."

9. Abschließend würde ich gerne auf das zurückkommen, was ich zu Anfang gesagt habe. Ich komponierte ein Bild, bei dem ich in meiner Eigenschaft als Verfasser weiß, wo ich die Details plaziert habe. Das bedeutet jedoch nicht zwangsläufig, daß andere Leser in ihnen die Bedeutung erkennen, die ich ihnen zuzuschreiben glaubte. Werde ich falsch interpretiert oder verdächtigt, Unterscheidungen ohne offensichtlichen Unterschied vorzunehmen, so gestehe ich gerne zu, daß der Fehler eher bei mir als bei Professor Alexander zu suchen ist. Zu meiner Entschuldigung kann ich allenfalls anführen, daß ich ein schmales Buch schreiben wollte, kein umfangreiches, und deshalb längere Ausführungen opfern mußte, die meine Intentionen vielleicht klarer gemacht hätten. Aber ich wäre ohnehin falsch interpretiert worden, wie das immer der Fall ist, wenn jemand etwas vorbringt, das außerhalb der etablierten Denkströmung steht.

Insbesondere aus diesem Grund bin ich meinem alten Freund dankbar, daß er mir durch seine scharfe Kritik die Gelegenheit gab, das, was ich gesagt habe, zu klären – nicht indem ich es korrigiert, sondern wiederholt habe. Und ein paar Beispiele hinzuzufügen wie etwa die außerordentliche Wohlfahrtsleistung der Mennoniten- und Amish-Erfahrung, die in meinem ursprünglichen Text nicht vorkam. Überdies glaube ich, daß unsere Positionen nicht wirklich so unterschiedlich sind, wie es der Dialog vielleicht vermuten läßt. Dr. Alexander ist mit mir einer Meinung – und das war schließlich mein Hauptpunkt –, daß man lokalen und regionalen Bemühungen bei der Ausarbeitung nationaler und internationaler Programme deutlich mehr Raum geben sollte; und *ich* konzediere, daß beide einander ergänzen sollten.

Lediglich in der Frage, wer was ergänzen sollte, bleiben unsere Positionen radikal unterschiedlich. Professor Alexander glaubt, der regionale Maßstab sollte den Weltmaßstab ergänzen. Ich meine, es sollte genau umgekehrt sein. Er glaubt, der Pflug solle den Traktor ergänzen. Ich meine, es sollte genau umgekehrt sein. Denn solange Länder unterentwickelt sind – so scheint die historische Erfahrung zu lehren –, ist der Pflug dem Traktor darin überlegen, daß er ein gesünderes Fundament nicht nur für die spätere mechanisierte Entwicklung legt, sondern – und das ist in den Augen der Staatsgründer von heute noch viel wichtiger – auch für die Ausbildung einer starken nationalen Identität.[37] Aus diesem Grund haben puertoricanische Nationalisten unbeabsichtigt als ihren Slogan *Jíbaro Si – Yankee No* gewählt und nicht *Mecanico Si*, was im Grunde das gleiche bedeuten würde wie *Yankee Si*.

ERGEBNIS DER MITTLEREN TECHNIK DER MENNONITEN: HOHE QUALITÄT, VOLLBESCHÄFTIGUNG, EIGENSTÄNDIGKEIT.

KAPITEL 5

Abschließende Bemerkung von Professor Alfred Thorne

Ende gut, alles gut.
SHAKESPEARE

Vielfalt ist die Würze des Lebens; nicht nur, aber umso mehr im akademischen Bereich. Professor Kohrs originelle Ansichten diversifizieren und bereichern ohne Zweifel unsere geistige Nahrung, mit diesem Buch ebenso wie mit seinen früheren.

Vor einigen Jahren kam eines Sonntagmorgens ein freundlicher höherer Beamter des Staatsapparats von Britisch-Guiana, heute Guyana, zu mir und erkundigte sich im Auftrag des politischen Oberhaupts der Kolonie, ob ich nicht wieder als Sonderwirtschaftsberater seines Vorgesetzten fungieren wolle. Ich hatte erlebt, daß in unterentwickelten Ländern ganz allgemein weiche Kredite oder Hilfsgelder für bestimmte Zwecke, etwa Hausbau, deutlich leichter zu bekommen waren als für andere Dinge, die viel mehr mit echter Entwicklung zu tun haben, wie etwa die Einrichtung von Berufsschulen und Produktionsbetrieben, und bot deshalb meinem Gast an, seinen Boss kostenlos zu beraten – während ich dem offensichtlich geübten Gaumen meines gelehrten westindischen Landsmanns ein paar berühmte Sorten puertoricanischen Rums kredenzte.

Zu den wichtigsten Punkten meiner Beratertätigkeit gehörte erstens, daß die Kolonie sich hüten sollte, weiche Kredite für Programme oder Projekte zu erbeten oder anzunehmen, die nicht den eigenen logischen Entwicklungsprioritäten entsprachen; und zweitens, daß sie weiche Kredite ablehnen sollte, die eher zu den künftigen Verbindlichkeiten der Kolonie bei der Zins- und Schuldenbegleichung beitrugen, anstatt ihre Fähigkeit zu fördern, genügend neues Einkommen zu produzieren, mit dem man die Schulden zurückzahlen und die Servicegebühren begleichen konnte. Lieber keine Hilfe als schlechte Hilfe, warnte ich. Die tragischen ökonomischen Erfahrungen einiger Länder, die ich vor kurzem besucht hatte, waren mir noch in frischer Erinnerung. Professor Kohrs Hauptstoßrichtung sagte mir deshalb in weiten Teilen von Anfang an sehr zu.

Ich bin jedoch nach wie vor der Ansicht, daß die angemessene oder gute Verwendung von weichen Krediten zusammen mit den üblicherweise vorgeschriebenen eigenen Anstrengungen wie etwa Einsparungen den Entwicklungsprozeß weniger belastend und effizienter macht. Der wirkliche Unterschied zwischen Professor Kohr und mir ist in dieser Hinsicht wohl der, daß ich noch immer optimistisch bin und die Hoffnung noch nicht aufgegeben habe, daß die fortgeschrittenen Länder doch noch zu so etwas wie echtem Anstand fähig sind. Einige Ereignisse, die nach Abfassung meiner früheren Bemerkungen stattfanden, scheinen meinen Optimismus zu bestätigen – auch wenn er zugegebenermaßen weniger überschäumend ist –, wonach weiche Kredite, wenn man sie richtig verwendet, dazu beitragen können, die Prioritäten und Techniken nicht durcheinanderzubringen.

Ebensowenig will ich von meiner Überzeugung lassen, die anerkanntermaßen und unerschütterlich historisch belegt ist, daß die Nachfahren der ausgebeuteten Kolonialvölker ebenso moralischen Anspruch auf einen Anteil am nun größeren modernen Wirtschaftskuchen haben wie die Abkömmlinge der alten ausgebeuteten Arbeiterklassenbevölkerung in den Metropolen. Die Philosophie des Wohlfahrtsstaates rechtfertigt diesen größeren Anteil nunmehr für die heutigen Arbeiterklasse- und sogar Mittelschichtnachfahren der vormals ausgebeuteten Arbeiterklasse in den reichen Ländern. Es bedurfte jedoch jahrzehntelanger großer Beharrlichkeit und unbeugsamen Drucks von Seiten der Unterschichtführer in den reichen Ländern, um schließlich einen größeren Anteil zu erlangen. Erst seit vergleichsweise kurzer Zeit haben Verschiebungen in der internationalen Machtverteilung und andere Veränderungen begünstigend dazu beigetragen, daß auch von den Führern der Nachfahren der in den Kolonien Ausgebeuteten entsprechender Druck ausgeübt wird.

So wie es für arme Familien schwieriger war und ist, die ersten 5000 Dollar an Kapital zu akkumulieren als diesen die zweiten oder dritten 5000 Dollar hinzuzufügen, so war auch in den heute reichen Ländern die Akkumulation der ersten Millionen an industriellem Kapital deutlich schmerzlicher, als es die heutigen jährlichen Milliardenzuwächse an Kapital sind. Da die Vorfahren der Arbeiter- und Mittelklasse in den heute reichen Ländern zu Zeiten, bevor Gewerkschaften legal waren und es einen gesetzlichen Mindestlohn gab, hochgradig unterbezahlt waren, mußten sie erzwungenermaßen sparen und erzwungenermaßen zur Bildung des ersten industriellen Grundkapitals dieser Länder beitragen. Ihre Nachfahren erhalten heute in den Wohlfahrtsstaaten auf die eine oder andere Weise die Dividenden, die aus den erzwungenen Investitionen ihrer Vorfahren stammen. In den unterentwickelten Ländern war es eine Frage nicht nur oder nicht prinzipiell der Unterbezahlung, sondern der Nicht-Bezahlung. Die Nachkommen der Arbeiterklasse in den reichen wie in den armen Ländern fordern ihr moralisches Erbe ein. Dennoch ist es äußerst wichtig, daß sie es nicht in Formen oder unter Bedingungen akzeptieren, die ihnen langfristig nicht nur ökonomisch, sondern auch anderweitig Schaden zufügen würden.

Ich behaupte jedoch nicht, daß die reichen Länder ihren heutigen Reichtum einzig und allein der Ausbeutung ihrer eigenen und der kolonialen Arbeiterklasse zu verdanken haben. Es wäre für mich genauso unmoralisch, die enormen Beiträge der frühen Unternehmer und Denker in den heute reichen Ländern zu leugnen, wie es für Menschen in den reichen Ländern unmoralisch wäre – und nur wenige tun es denn auch –, die enormen historisch belegten, ausgesprochen wichtigen frühen Beiträge der Kolonial- und Plantagenarbeiter zu verschweigen.

Seit mehr als zehn Jahren versuchen mehrere arme Länder nun, die schweren Verzerrungen in ihren Volkswirtschaften und ihre Außenhandelsmuster, beides Vermächtnisse des Kolonialismus, zu korrigieren. Einigen ist es in beträchtlichem Maße gelungen, ihre Abhängigkeit von importierten Nahrungsmitteln, Kleidung und anderen Konsumgütern zu reduzieren und die Bandbreite ihrer Exporte von zwei oder drei unverarbeiteten Agrar- oder Rohstoffprodukten auf mehrere Dutzend Produkte, darunter einige Artikel aus leichter Produktion, zu erweitern. In einigen Fällen jedoch haben die reichen Länder Barrieren gegen diese embryonalen Konkurrenten errichtet. Mitunter sind sie in der Öffentlichkeit gar nicht bekannt. So werde ich beispielsweise niemals die Verlegenheit des

US-Botschafters auf Jamaika vergessen, als er uns, die Mitglieder einer Besucherdelegation von US-AID, davon unterrichtete, er habe gerade Anweisungen aus Washington erhalten, die Regierung der Insel dazu zu drängen, den Export bestimmter leichter Produkte in das reiche Amerika zu reduzieren.

Fairen Handel zu verlangen heißt nicht, um einen Gefallen zu bitten. Es geht lediglich darum, einige reiche Unterzeichner internationaler Handels- und Zollabkommen dazu zu bringen, daß sie ihrer Unterschrift Folge leisten und unfaire Handelspraktiken abschaffen.

Nebenbei bemerkt hat die Wendung von der „günstigen Entwicklung bei den Handelsbedingungen" nichts mit irgendeiner Begünstigung zu tun, die angestrebt oder gewährt wird. Es handelt sich lediglich um eine Tendenz im Verhältnis zwischen dem Durchschnittspreis der Exporte eines Landes und dem Durchschnittspreis seiner Importe. Die Entwicklung ist günstig, wenn sich darin widerspiegelt, daß die Preise für die Exporte des Landes schneller steigen (oder langsamer sinken) als die Preise seiner Importe. Länder, die unverarbeitete Produkte exportieren, also ärmere Länder, haben langfristig überwiegend ungünstige Entwicklungen bei den *terms of trade* erfahren – sogar wenn man die Qualitätsverbesserungen bei den von ihnen importierten Fabrikaten berücksichtigt.

Sollten die vier Millionen hart arbeitenden Bürger Hongkongs aufhören, ihre Hauptprodukte – Kleidung und eine Vielzahl anderer leichter Fabrikerzeugnisse – zu exportieren, und statt dessen versuchen, alle Nahrungsmittel, die sie brauchen, auf den kärglichen 380 Quadratmeilen, über die sie verfügen, zu produzieren? Wäre dies ein besserer Pfad Richtung Entwicklung als der Weg, den sie seit drei Jahrzehnten auf brillante Weise mit so großem Erfolg eingeschlagen haben? Kaum. Ebensowenig sollten das kleine Puerto Rico, Jamaika, Barbados, Costa Rica sowie Dutzende anderer armer Länder ihre Bemühungen aufgeben, ihren Handel zu diversifizieren und dabei zu verkaufen, was ihnen bessere relative Preise und höheren Lebensstandard bringt.

Wenn man empfiehlt, diese Länder sollten sich aus jeglichem Außenhandel zurückziehen und es mit Eigenständigkeit versuchen, erscheint mir das so, als würde man einer armen, halbgebildeten

Bauernfamilie raten, alle Energien der Familienmitglieder darauf zu beschränken, die Bedürfnisse des jeweils anderen im Rahmen des einen Hektar umfassenden Familienackers unmittelbar zu befriedigen, statt daß ein Familienmitglied seine Arbeitskraft an einen größeren Bauern verkauft, ein anderes seine Fähigkeiten als Friseur an die Nachbarn und so weiter und man die Einkünfte daraus verwendet, um gelegentlich einen Kabeljau oder medizinische Hilfe für die Familie zu kaufen – also Sachen, für die sie nicht selbst sorgen können. Einige arme Länder nehmen nur ihre jüngst erworbenen Rechte und Optionen wahr, sich ihre eigenen speziellen Handelspartner zu suchen, mit denen sie die Gewinne aus dem Handel teilen, und die Handelsmuster festzulegen, die am besten zu ihnen passen.

Doch Professor Kohr hat wiederum unzweifelhaft recht, wenn er die kleinen Lämmer davor warnt, den riesigen Wölfen zu nahe zu kommen. Ich würde sagen: treibt Handel mit den Riesen, aber vorsichtig und selektiv; und wenn das nicht möglich ist, dann haltet euch an einen *Teil* von Professor Kohrs Ratschlag und vermeidet jeglichen Handel mit den Riesen. Und haltet euch *ganz* an Professor Kohrs Rat im Hinblick auf die Größe. Stellt Lebensqualität über Hardwarequantität.

„Schön, nach Hause zu kommen!"

Zeichnung von Alan Dunn ©
The New Yorker Magazine, Inc.

Anmerkungen

Teil 1: Das Thema

1 Wie stark die Vereinigungs-Philosophie ist, läßt sich ermessen an den britischen Bemühungen, ein völlig zufriedenes und florierendes Mauritius mit einem weniger prosperierenden größeren Territorium zusammenzuschließen, und zwar einzig und allein aus prinzipiellen Gründen, die Staatsmännern sinnvoll erscheinen mögen, kaum aber einem Mauritianer. Laut einem Bericht der *Times* (London, 6. November 1961) aus Port Louis sagte Mr. J. Arbuthnot, konservativer Abgeordneter aus Dover, der einer Besuchergruppe britischer Parlamentarier angehörte, „sie seien beeindruckt gewesen von dem, was sie vom Leben auf Mauritius gesehen hätten. Sie lobten die Arbeit des gesetzgebenden Rats der Insel, auch wenn sie der Ansicht waren, es sei für Mauritius aus *prinzipiellen Gründen* wichtig, sich einer größeren Föderation im Commonwealth anzugliedern" (Hervorhebung von mir). Was zum Teufel ist das für ein Prinzip, um dessentwillen eine florierende eigenständige Gemeinschaft in einer erklärtermaßen nicht so florierenden größeren Einheit ertränkt werden sollte? Es ist das gleiche Prinzip, das Jahre später zur berühmt-berüchtigten Anguilla-Krise führte.

2 Die verbliebenen funkelnden Unterschiede wie auch die unerreichten Reichtümer lokaler im Gegensatz zu nationaler Entwicklung zeigen sich sehr schön in einer Werbeanzeige des staatlichen italienischen Tourismusbüros; auf ihr ist ein glitzernder Palast am Canale Grande in Venedig zu sehen, und die Bildunterschrift verkündet stolz: „NEIN, DAS IST NICHT ‚ITALIEN'. In Italien sind die Häuser aus Stein ... hier sind sie aus Spitzen! In Italien strahlt die Sonne ... hier schimmert sie zwischen Schatten hindurch! Denn Venedig ist ein eigener ‚Staat' – mit eigener Kultur, eigenem Klima und mit seiner Architektur aus Tausendundeiner Nacht."

3 So gab der Planungsausschuß des Landes 1963 sage und schreibe eine Million Dollar aus, nicht um die Verkehrsprobleme in San Juan, einem kleinen Ballungsraum von einer halben Million Einwohner, zu lösen, sondern lediglich um sie zu untersuchen. Müßig, darauf hinzuweisen, daß sich eine solch riesige Summe nur mit extrem langwieriger Forschungsarbeit verdienen läßt, was bedeutet, daß sie zwangsläufig Umstände beschreibt, die sich, bis die Studie fertiggestellt ist, schon längst wieder geändert haben.

4 Einige unterentwickelte Regionen werden denn auch allmählich empfänglich für Lehren ähnlich der des Philipp Wilhelm von Hörnigk. So gehört Eric Kierans, der Finanzminister Québecs, das trotz seiner langen Assoziation mit dem Rest des reichen Kanada noch immer unterentwickelt ist, zur wachsenden Zahl einflußreicher Personen, die der Meinung sind, ihre Provinz könne, wenn sie nur wolle, eine zufriedenstellendere und schnellere Entwicklung nehmen, wenn sie das alleine bewerkstellige. „Es handelt sich um eine ungeheuer reiche Provinz", erklärte er laut *New York Times* vom 24. Februar 1964, „die großteils noch immer unterentwickelt ist. Mit seiner

geographischen Lage am St. Lawrence River könnte Québec sicherlich als eigenständiger Staat überleben. Natürlich müßten wir damit rechnen, daß der Lebensstandard zunächst auf jeden Fall sinkt. Doch dafür würde man mehr als entschädigt, insbesondere im emotionalen Bereich." Wie ich in den beiden folgenden Kapiteln zu zeigen versuche, müßte es nicht einmal zu einem Absinken des Lebensstandards kommen, vorausgesetzt, Québec gibt der Abspaltung einen Sinn und entwickelt eigene Muster, die sich vom Rest des angelsächsischen Nordamerika unterscheiden.

5 Thomas Balogh in einem Vortrag vor der Marshall Society an der Universität Cambridge, den der Autor im Winter 1961 besuchte. Doch obwohl er die wirtschaftliche Rückständigkeit von Schottland, Irland, Wales etc. ihrer Union mit England zuschrieb, war der ansonsten recht radikale Lord Balogh noch nicht so radikal, um, in logischer Weiterführung seines Arguments, als Gegenmittel gegen diese Rückständigkeit eine Abspaltung vom Vereinigten Königreich zu empfehlen, wenn es schon nach seinem eigenen Bekunden ein so großes Hindernis für ihre Entwicklung darstellt.

6 Gunnar Myrdal hat in *Ökonomische Theorie und unterentwickelte Regionen* (Stuttgart: Gustav Fischer, 1959) ein spezielles „Prinzip der zirkulären und kumulativen Verursachung" entwickelt, um die ökonomisch retardierende Wirkung gemeinsamer Märkte zwischen weniger weit und weiter fortgeschrittenen Regionen zu erklären. Als Beispiele nimmt er Italien und Amerika und schreibt: „Die Hemmung des industriellen Wachstums in den ärmeren südlichen Provinzen Italiens, die auf das Abreißen der internen Zollmauern nach Italiens politischer Einigung im letzten Jahrhundert zurückzuführen ist, stellt ein gutes Beispiel dar, das gründlich untersucht worden ist. Die Industrie in den nördlichen Provinzen hatte einen solchen Vorsprung und war so viel stärker, daß sie den neuen nationalen Markt, der als Folge der politischen Vereinigung entstanden war, völlig dominierte und die industriellen Anstrengungen der südlichen Provinzen zunichte machte. ... Ein weiteres Beispiel, noch viel größeren Ausmaßes, ist die lange wirtschaftliche Stagnation der südlichen Bundesstaaten der Vereinigten Staaten vom Ende des Bürgerkrieges bis zum Zweiten Weltkrieg. Wie ich ... nachweise, bildet diese Bevorzugung der reicheren Regionen durch die Effekte des Handels auch einen Teil des Ausbeutungsmechanismus in den wirtschaftlichen Beziehungen zwischen einem Mutterland und seinen Kolonien." (S. 26f. und Anm. 1)

7 Da meine radikalen Freunde den Verdacht hegen, mein Lob der unverfälschten kulinarischen Schlichtheit sei Ausdruck eines reaktionären Bestrebens, die Primitiven auf einem primitiven Niveau zu halten, sei aus der Rezension eines Buches über griechische Küche von Joyce Stubbs zitiert, die sich im radikalen *New Statesman* (12. Juli 1963) findet: „Ich habe viele denkwürdige Gerichte von Mrs. Stubbs gegessen ... sowohl in Athen wie auch in ihrem Inseldomizil, wo die allereinfachsten Dinge als etwas wirklich Besonderes aus dem Holzofen kommen. Darin liegt meiner Ansicht nach der Schlüssel zum Besten der griechischen Küche: Sie beruht auf den allereinfachsten Zutaten. Fisch – häufig Arten, die englische Salz-und-Wasser-Köche als zu

einfach für ein Gericht betrachten –, Oliven, Reis, Geflügel, Kräuter und Honig. ... Mit anderen Worten: Wir haben es mit einer bäuerlichen Küche zu tun; und obwohl sie von ein paar Künstlern auf einen hohen internationalen Standard gehoben wurde, sind die besten griechischen Gerichte noch immer die ganz schlichten. Der einzige Grund, warum man die meisten davon in Großbritannien möglicherweise nicht genauso erfolgreich – und ökonomisch – zubereiten kann wie in Griechenland, liegt darin, daß man nicht damit vertraut ist."

8 Wer sich das Paradies als üppig augestatteten Wohlfahrtsstaat vorstellt, wird die Idee von einem hemdenlosen Loiza Aldea zweifellos als reaktionären Romantizismus abtun. Doch der Verfasser der charmanten Fabel vom Hemd des glücklichen Menschen ist nicht weniger radikal als Tolstoi. Seine Geschichte geht so: Als ein Kranker erfährt, er werde wieder gesund werden, wenn er das Hemd eines glücklichen Menschen trage, macht er sich überall, bei Adeligen wie bei einfachen Menschen, auf die Suche danach, doch vergeblich. Niemand ist glücklich. Schließlich trifft er einen Bettler, der als erster bekennt, er sei glücklich. Doch als der Kranke ihn um sein Hemd bittet, antwortet der glückliche Bettler: „Ich habe keins."

9 Freunde sind manchmal regelrecht schockiert, wenn ich Loiza Aldea – eine Waldsiedlung aus Bambus voller entzückender halbnackter Kinder, die unter Palmen gleich neben der unablässigen Brandung des funkelnden Atlantiks spielen – als Paradies bezeichne. Aber wie stellen wir uns das Paradies vor? Wie Manhattan voller Verkehr, Nachtclubs, Neonlichter, Restaurants, betuchter Nachtschwärmer, von Dior eingekleideter Damen, Bankpräsidenten, Cadillacs, gemeinnütziger Vereine, Schönheitssalons und Wellnesskliniken? Oder als Waldsiedlung aus Bambus voll nackter Schönheiten, die unter Palmen an funkelnden Stränden spielen, begleitet vom unablässigen Rollen der Brandung?

10 Arthur Young, *Travels in France and Italy*, Everyman's Library, Nr. 720, S. 254f.

11 Der Minirock hat genau das getan – in den reichen, *entwickelten* Ländern!

12 Die Situation läßt sich treffend mit dem Begriff der „Verschwendungssucht" beschreiben, die Demonstranten in Dahomey Präsident Hubert Maga vorwarfen; dessen westliche Vorlieben, „insbesondere der prächtige Palast, den er sich für 3 Millionen US-Dollar bauen ließ" (*Time*, 8. November 1963), führten letztlich auch zu seinem Sturz.

13 Nichts zeigt die florierende Situation der regionalen Ökonomien vor Bildung des Zollvereins besser als die überschwengliche Freude, mit der die Handelswelt den Abbau der Zollschranken mit Beginn des Jahres 1834 begrüßte. Ein Augenzeuge berichtete Jahrzehnte später: „An den Straßen, die bislang von Zollschranken versperrt gewesen waren, bildeten sich lange Wagenschlangen. Schlag Mitternacht wurden alle Schlagbäume geöffnet, und unter lautem Jubel holperten die Wagen über die Grenzen, die sie fortan in völliger Freiheit überqueren konnten. Jeder hatte das Gefühl, daß damit ein großes Ziel erreicht war." (W. O. Henderson, *The Zollverein*, Chicago: Quandrangle Books, 1960.) Eine solche „Wagenschlange", beladen mit

Gütern, die über Grenzen flossen, hätte es ganz offensichtlich wohl nicht gegeben, wenn die Ökonomien, die sie produzierten, nicht schon vor ihrem Zusammenschluß ein hohes Entwicklungsniveau erreicht gehabt hätten.

14 Der herausragende Vertreter des frühen amerikanischen Protektionismus war Henry Charles Carey (1793–1879), dessen „spezifisch amerikanische Ökonomie" Alexander Gray als „bestes Beispiel für die Wahrheit, daß der Ökonom seine Umwelt reflektiert", anführt. Carey unterscheidet zwei Formen des Handels, nämlich „commerce" (Austausch innerhalb einer Gemeinschaft), den er gutheißt, und „trade" (Austausch zwischen Gemeinschaften), vor dem er warnt. Die Klasse, die ersterem dient, „wünscht sich Austausch *mit* ihren Mitmenschen und hält deshalb den Verkehr aufrecht; die andere hingegen wünscht sich Austausch *für* sie und vollzieht deshalb Handelsakte". Carey fordert den Schutz des ersteren und lehnt den letzteren ab, was er damit begründet, daß „der erstere, wie gesehen, die vollkommene Stetigkeit in der Bewegung der Gesellschaft fördert; eine Zunahme des letzteren hingegen führt zwangsläufig zur Produktion dessen, was man als ‚Schwemme' bezeichnet – der Händler findet es profitabel, so zu handeln, daß es bei den Preisen für Arbeit und Waren zu Veränderungen kommt, die es ihm erlauben, billig zu kaufen und teuer zu verkaufen" (*Principles of Social Science*. Philadelphia: J. P. Lippincott, 1869, Bd. III, S. 44). Einige von Careys anderen Argumenten zu Gunsten begrenzter und geschützter Ökonomien faßt Gray in seinem Buch *The Development of Economic Doctrine* (London: Longmans, Green & Co., 1957, S. 258f.) in folgenden Begriffen zusammen: „Protektion fördert Konzentration; Freihandel die Zerstreuung. Protektion ist Wettbewerb beim Kauf von Arbeit; Freihandel beim Verkauf von Arbeit. Da es zum Krieg ermuntert, wenn Menschen billig sind, ermuntert Freihandel zum Krieg. Freihandel steht zudem für ferne Märkte; Protektion für den heimischen Markt; doch wer nach fernen Märkten sucht, ist getrennt von Frau und Kindern, verbringt viel Zeit auf der Straße und in Wirtshäusern und ist deshalb in Gefahr, der Zerstreuung anheimzufallen. Freihandel steht somit für die Zerstreuung des Wirtshauses; Protektion für das Glück des Zuhauses." Ich stimme keineswegs mit all den Argumenten zu Gunsten der Protektion überein, die Carey in seinem Buch *Harmony of Interests* (S. 52) aufführt. Aber seine zentrale Schlußfolgerung, nämlich daß sie einer unterentwickelten Gemeinschaft die Transportbelastungen großer Entfernungen erspart, gilt heute gleichermaßen wie damals.

15 Ähnlich wie bei einem meiner Hauptargumente gründete Henry Charles Carey sein gesamtes Plädoyer für beschränkte, geschützte, nicht international eingebundene, eigenständige wirtschaftliche Entwicklung auf die Annahme, die alle marktfernen unterentwickelten Länder eklatant betrifft, daß nämlich „die erste und schwerste Steuer, die das Land und die Arbeit zu zahlen haben, die Transportkosten sind". Er empfiehlt deshalb eine Politik, die die konzentrierte Einrichtung aller komplementären Wirtschaftsaktivitäten innerhalb der engen Grenzen der gleichen geographischen Region gewährleistet und dazu führt, daß „Webstuhl und Amboß ihren natürlichen Platz

an der Seite von Pflug und Egge einnehmen". Wie Gray (*The Development of Economic Doctrine*, S. 258) sagt: „Die meisten seiner Argumente sind lediglich Abwandlungen dieser grundlegenden Behauptung, wonach ‚das Ziel der Protektion darin besteht, die Entfernung und die Verschwendung zwischen Produzent und Konsument zu verringern'." Müßig hinzuzufügen, daß Careys Argumentation sich nicht gegen den vermittelnden Mechanismus des „commerce" richtet, sondern gegen die arm machenden Transportkosten eines zu weit gespannten „trade".

16 Dieser Punkt wurde von mir konzeptionell und statistisch in einer Reihe von Studien eingehender untersucht: „Toward a New Measurement of Living Standards" (*The American Journal of Economics and Sociology*, Oktober 1955); „The Asprin Standard" (*Business Quarterly*, Sommer 1956); Kapitel 8 („Die Funktionsfähigkeit der Kleinen") von *Das Ende der Großen – Zurück zum menschlichen Maß* (Salzburg/Wien: Otto Müller, 2002); Kapitel 3 („Staatengröße und Lebensstandard") von *Die überentwickelten Nationen* (Salzburg/Wien: Otto Müller, 2003). Um aus letzterem (S. 204, Anm. 11) zu zitieren: „Vergleicht man die Veränderungen des gesamten persönlichen Verbrauchs mit den Veränderungen des Bruttosozialprodukts zwischen 1939 und 1951", als Amerika meinen Berechnungen zufolge den Punkt optimaler sozialer Größe überschritt, „stellt man mit Interesse fest, daß im Verhältnis zu dem steigenden Sozialprodukt die Steigerung des Verbrauchs geringer geworden ist und daß seit 1944 die beiden Entwicklungen sich gegenläufig bewegen, so daß der Gesamtverbrauch nur dann *zunahm*, wenn das Sozialprodukt infolge eines Versuches zur Schwächung der staatlichen Macht durch Kürzung der Regierungsausgaben zeitweilig *vermindert* wurde." Vgl. auch die statistischen Tabellen und Diagramme in diesem Buch (S. 81ff.).

17 Ich hoffe, man verzeiht mir, daß ich diese Zahlen von 1960, die Austin Robinsons *Economic Consequences of the Size of Nations* (London: Macmillan, 1960, S. 54) entnommen sind, nicht aktualisiert habe, um den Stand zu Beginn der 1970er Jahre widerzuspiegeln. Da es hier um Gesellschaften in Entwicklung geht, das heißt um einen historischen Prozeß, ändern möglicherweise veränderte Zahlen für die heutige Situation nichts an der Botschaft, wie sie die Zahlen vermitteln, die an einem anderen Übergangspunkt erhoben wurden.

18 Vgl. Anmerkung 6.

19 Vgl. insbesondere Hans Singer, *International Development – Growth and Change*, New York: McGraw-Hill, 1964.

20 Schumacher gehört zu den Verfassern des Aufsatzes „Multilateral Clearing" (*Economica*, Frühjahr 1943), den Keynes fast wörtlich bei der Ausarbeitung des berühmten Weißbuchs verwendete, das ein paar Tage später unter dem Titel „Plan for an International Clearing Union" erschien.

21 Als Wirtschaftsberater für die britische Kontrollbehörde in Deutschland, für den National Coal Board, für die Regierung in Birma und für die Indische Planungskommission war Dr. Schumacher in der besonders glücklichen Position, seine Theorien nicht nur rein spekulativ zu entwickeln, son-

dern auf der breiten Grundlage praktischer Spekulation. Vgl. unter anderem seine Beiträge „Intermediate Technology", „Industrial Society", „Buddhist Economics" in *Resurgence*, Bd. 1, Nr. 2, 3 und 11 sowie „The New Economics" in Bd. 2, Nr. 3 (diese Beiträge finden sich auf deutsch zum Teil auch in E. F. Schumacher, *Die Rückkehr zum menschlichen Maß. Alternativen für Wirtschaft und Technik*, Reinbek: Rowohlt, 1977; A.d.Ü.).

22 Robert Owen wurde – am berühmtesten im *Kommunistischen Manifest* – als Utopist abgetan. Doch nichts zeigte besser als sein eigenes New Lanark, wie sich inmitten des tiefsten Elends, das damals bei den großen Fabriken wie Gemeinden vorherrschte, im kleinen Maßstab hohe Lebensstandards und hohe Löhne erreichen ließen. Nachahmung findet er heute in Ernest Baders gleichermaßen erfolgreicher Fabrik-Gemeinde Wollaston in Northamptonshire. Vgl. Fred H. Blum, *Work and Community – the Scott-Bader Commonwealth and the Quest for a New Social Order*, London: Routledge & Kegan Paul, 1968.

23 So schreiben John Papworth und Roger Franklin, die beiden klugen Chefredakteure von *Resurgence*: „Wir stellen uns eine Vierte Welt vor, in der Regierung und Wirtschaft unter wirklicher menschlicher Kontrolle sind, weil die Größe solcher Einheiten klein, vernünftig und menschengerecht ist, in der es ein Höchstmaß an dezentralisierter Entscheidungsfindung gibt und in der das Tempo der Veränderung nicht von der Gier einer übermächtigen Minderheit nach Profit und Macht bestimmt wird, sondern von den Alltagsbedürfnissen kleiner menschlicher Gemeinschaften und den psychischen Anpassungsfähigkeiten ihrer Angehörigen."

24 Vgl. Vinoba Bhave, „Atomic Age Independence"; A.C. Sen, „Gramdan", in: *Resurgence*, Bd. 1, Nr. 12, und Bd. 2, Nr. 8/9. Vgl. auch Satish Kumar, *Non-Violence or Non-Existence*, London: Christian Action, 1969 sowie Sugata Dasgupta, *A Great Society of Small Communities*, London: Housmans, 1969.

25 Abgesehen von den lebendigen keltischen Nationalbewegungen, die sich kürzlich bildeten, insbesondere in Wales, wo die Partei Plaid Cymru unter ihrem einfallsreichen Führer Gwynfor Evans eine *Britannic Confederation* unabhängiger National- und Regionalstaaten anstrebt, sprach sich auch die britische Liberal Party dafür aus, unabhängige Regionalparlamente einzurichten, und sogar die zentralistische Labour Party wandte sich im Oktober 1968 an eine Royal Commission mit der Bitte, die Möglichkeit einer Übertragung bestimmter Befugnisse an die Regionen zu prüfen. Ein britischer Plan sieht die Einrichtung von 30 bis 40 „Stadtregionen" vor, die verblüffend an die „Stadtstaaten" erinnern, und ein anderer Plan, der vom Labour-Abgeordneten J. P. Mackintosh in dem Buch *Devolution of Power* (Penguin, 1968) vorgelegt wurde, schlägt die Einrichtung von bis zu 11 Regionalparlamenten in Großbritannien vor, was selbst auf englischem Boden mehrere Regierungen schaffen würde.

26 Niemand hat über die Verringerung der Größe von Staaten auf ein der kleinen Statur des Menschen zuträgliches Maß ausgezeichneter räsoniert als Aristoteles. Er schreibt: „Denn ein großer und menschenreicher Staat ist

nicht ein und dasselbe. Aber das wird doch auch aus den Tatsachen offenbar, daß es schwierig ist, vielleicht sogar unmöglich, einen menschenreichen Staat mit guten Gesetzen auszustatten. Von den Staaten wenigstens, die richtig verwaltet zu werden scheinen, sehen wir keinen, der sich einer zunehmenden Volksmenge überläßt. Das wird aber auch mit Hilfe des begrifflichen Beweisganges klar. Denn das Gesetz ist eine Art Ordnung, und die Wohlgesetzlichkeit muß eine gute Ordnung sein, doch eine über die Maßen große Zahl kann an einer Ordnung nicht teilhaben. Denn das wäre schon die Aufgabe einer göttlichen Macht, die auch dieses alles zusammenhält." (*Politik* 1326a) Und kurz danach liefert er die präziseste Definition der CUV-Proportionen, wenn er schreibt: „Demnach ist es also klar, daß dies die beste Bestimmung des Staates ist: das größte statthafte Übermaß der Volksmenge, das im Hinblick auf die Selbstgenügsamkeit des Lebens leicht überschaubar ist." (*Politik* 1326b)

27 Aristoteles, *Politik* 1326a.

28 Eine gewisse Vorstellung von den geometrisch steigenden Nachteilen zunehmender Größe liefert die Tatsache, daß laut einem AP-Bericht vom 20. Mai 1964 „der weltweite internationale Handel jährlich 2,5 Billionen Stück schriftlicher Information erfordert. Allein in den USA, so die Schätzung des Republikaners Graham B. Purcell Jr. (D.-Tex.), gebe die Wirtschaft pro Jahr möglicherweise 111 Mrd. US-Dollar für Büroarbeit aus." Als ich meinen Studenten diese Zahl als Beispiel für die erschreckenden Kosten der Büroarbeit präsentierte, gab ich sie mit 1,11 Mrd. US-Dollar an, weil ich dachte, es habe sich um einen Druckfehler gehandelt. Als ich die entsprechende Passage des AP-Berichts jedoch noch einmal las, zeigte sich, daß es sich bei der ursprünglichen Zahl von 111 Mrd. US-Dollar keineswegs um einen Druckfehler handelte, denn der unmittelbar folgende Satz lautet: „Das ist mehr als der Bundeshaushalt." Ich überlasse es den Statistikern auszurechnen, wie viele Häuser, Schulen, Supermärkte, Krankenhäuser, Theater und Fabriken man bauen könnte, wenn sich diese gewaltige „Papier"-Summe einsparen ließe. Andere Punkte, die Purcell erwähnt, informieren darüber, daß beispielsweise „ein Fragebogen, den einige der von der Federal Power Commission beaufsichtigten Unternehmen ausfüllen müssen... 10 Pfund wiegt, 428 Seiten umfaßt und seine Beantwortung einige Firmen bis zu 250.000 Dollar kostet".

29 Die Diagramme auf S. 67, die die Implikationen der Geschwindigkeitstheorie der Bevölkerung illustrieren, zeigen die Pro-Kopf-Zunahme der Verkehrskosten für die Bewohner einer Stadt (Pressureville) unter drei Annahmen: (a) zunehmende urbane Ausbreitung; (b) Zunahme der *physischen* Stadtbevölkerung; (c) Zunahme der städtischen *Auto*bevölkerung infolge steigender Lebensstandards. Paradoxerweise befördert die zuletzt genannte Vorbedingung, die auf eine gesteigerte Produktivität zurückzuführen ist, die Pro-Kopf-Verkehrskosten tendenziell in dermaßen katastrophale Dimensionen, daß selbst die reichste Gemeinde sie letztlich nicht bewältigen kann. Die pauperisierende Wirkung zunehmenden motorisierten Überflusses zeigt sich sehr schön an einem zufälligen Beispiel aus der rasch wachsenden

puertoricanischen Stadt Bayamon, die laut dem *San Juan Star* vom 18. November 1963 die Schließung einer prosperierenden Zuckerfabrik auf folgende Gründe zurückführt: „Das überraschende Wachstum Bayamons, das viele der besten Ländereien der Fabrik zunichte gemacht hat. Die Verkehrsstaus in der Stadt, die den Zurckerrohrtransport durch die Stadt zur Fabrik prohibitiv verteuern. Die Zeit, die man braucht, um das Zuckerrohr zur Fabrik zu bringen, ist ruinös."

30 Die Mengentheorie des Geldes zeigt, daß ähnlich wie beim Druck durch Autos das Preisniveau nicht nur durch eine *größere* Geldmenge (die ohne eine entsprechend höhere Gütermenge in Umlauf gebracht wird) nach oben getrieben wird, sondern auch durch die *gleiche* Geldmenge, die *schneller* zirkuliert. Mit anderen Worten: Ein kleinerer Geldbetrag, der schneller zirkuliert, hat den gleichen Effekt wie ein größerer Betrag, der langsamer zirkuliert, wobei das ökonomisch *wirksame* Volumen physisches Volumen mal Geschwindigkeit ist. Vgl. meine ursprüngliche Ausarbeitung der *Geschwindigkeitstheorie der Bevölkerung* (velocity theory of population) in *Land Economics*, Bd. XXXIV, Nr. 2, Mai 1958.

31 Für die mathematische Ausformulierung der Geschwindigkeitstheorie bin ich Professor Eric Kraus vom Ozeanographischen Institut, Woods Hole, Massachusetts, zu Dank verpflichtet.

32 Ein preisgünstiger „Knödelstandard" gilt durchweg als etwas, das das natürliche Wachstum gesunder Individuen hemmt, beschädigt und verzögert. Ich erinnere mich jedoch noch immer an die Freude, die wir während meiner Schulzeit über ein Abendessen empfanden, das einmal pro Woche aus drei mittelgroßen Kartoffeln mit einer dünnen Scheibe Butter bestand oder an anderen Tagen aus einem Knödel in dünner Rinderbrühe. Bei Ausflügen in die Berge hatten wir als Verpflegung zwei oder drei Scheiben Bauernbrot und eine Landjäger dabei. Besonders beliebt waren bei uns Gerichte, die wohlhabendere Gesellschaften verschmähen, wie *Beuscherl* oder *Lingerl*, deren Zubereitung nicht viel kostet. Sie sind bei Österreichern, die heute in reicheren Umgebungen leben, noch immer so beliebt, daß die „Blaue Donau", ein Restaurant in Upper Manhattan, gezwungen war, seine Preise von ursprünglich 25 Cents auf $ 1,50 zu erhöhen, da nur wenige Gäste nach den „substantielleren" konventionellen Gerichten wie Schnitzel verlangten, dafür aber Hunderte von Meilen anreisten, um in den Genuß eines billigen *Beuscherls* zu kommen.

Mir geht es hier jedoch nicht um die Schmackhaftigkeit, sondern um die offensichtliche medizinische Zuträglichkeit dieser Art von Ernährung. In diesen Jahren der „Entbehrung" gewann ich mein erstes und einziges Skirennen und wuchs die Generation künftiger Olympiasieger heran. Und auch geistiger Arbeit war das nicht hinderlich. Während meiner Studienzeit Anfang der dreißiger Jahre traf ich mich täglich mit Hans Windischer, später Professor für Philosophie an der Universität Innsbruck, zu einem Studierabendessen, das aus einem geräucherten Hering und einem Laib Brot bestand, ehe wir anschließend, in Diskussionen vertieft, bis Mitternacht entlang der Brennerpaßstraße Richtung Italien spazierengingen. Doch anders als die gutgenährten Studenten von heute, die sich ihres Wissens in dem Augenblick entledigen, da sie ihre Prüfungen bestanden haben, erinnern sich eifrige Peripatetiker wie wir noch immer an vieles, was wir vor dreißig Jahren gelernt haben, als hätten wir es erst gestern aufgeschnappt.

33 Plutarch, *Lykurgos*, 12.

34 Nach einem anderen Abschnitt in Plutarchs *Lykurgos* (17) zu urteilen, war dies auch der Grund, der die Spartaner dazu veranlaßte, ihrem männlichen Nachwuchs nur dürftige Mahlzeiten zu verabreichen: „Denn ihr Mahl ist kärglich, damit sie gezwungen werden, selber durch List und Wagemut dem Mangel abzuhelfen. Dies ist das Hauptziel der knappen Ernährung; ein zweites Ziel soll das Wachstum des Körpers sein. Denn er geht in die Länge, wenn der Lebensgeist nicht zu sehr aufgehalten wird und viel zu tun hat, weil er von der Menge der Nahrung in die Tiefe und Breite gepreßt wird, sondern dank seiner Leichtigkeit emporsteigen kann, sodaß der Körper ungehemmt und leicht wächst. Eben dies, so scheint es, macht auch die Menschen schön. Denn die schlanken und hageren Konstitutionen fügen sich leichter der Durchgliederung, die fülligen und wohlgenährten widerstreben ihr…"

35 Vom Community Development Project der Churchill Band der Indianer von Churchill im kanadischen Manitoba erfuhr ich zum ersten Mal von seinem Begründer, Mr. Walter M. Hlady von den Canadian Indian Services, und zwar während einer meiner Vorlesungen für das Canadian Institute of International Affairs. Mr. Hlady lieferte mir ein ausgezeichnetes Beispiel für meine These, als er den Zuhörern schilderte, wie unter seiner Führung die bis dahin völlig unorganisierte Churchill Band ihre eigenen Selbstverbesserungsprojekte in Angriff nahm. Binnen sechs Monaten (zwischen September 1959 und März 1960) hatten sie folgendes auf die Beine gestellt: eine Fellgerberindustrie, die im ersten halben Jahr $ 3500 erwirtschaftete; einen Hundeteamservice, der in vier Wochen Arbeit $ 20 pro Person einbrachte; eine Industrie mit Kunsthandwerk aus Birkenrinden; ein Geschäft mit Weihnachtsbäumen. Und sie hatten eine Reihe nicht-ökonomischer Dienstleistungen in Sachen Politik, Bildung, Erholung und Glauben geschaffen. Zusätzlich wurden im gleichen Zeitraum zum Zwecke besserer Kommunikation Telephonmasten zugeschnitten und aufgestellt.

Wie Herr Hlady in *A Community Development Project Amongst The Churchill Band At Churchill, Manitoba* (Saskatoon, 1960) schreibt, hätten die „Umstände im Hinblick auf Beschäftigung, Klima und andere Faktoren nicht schlechter sein können", als man all dies erreichte. „In einem ähnlichen Zeitraum im Sommer wären die Ergebnisse deutlich besser ausgefallen." Doch seine interessanteste Beobachtung, von der die um Hilfe nachsuchenden Entwicklungsstaatsmänner unserer Zeit profitieren können, lautete: „Während des Projekts gab es an direkten Auslagen insgesamt nur $ 12,64, und $ 9,00 für Rinderhirn werden zurückerstattet, sobald die Frauen die Felle gegerbt haben und für ihre Bemühungen bezahlt wurden. Der Rest wurde für Filme ausgegeben." Selbstverständlich gab es als zusätzliche Ausgabe noch Mr. Hladys eigenes bescheidenes Salär. Es fielen jedoch keinerlei Ausgaben an für die Unterbringung und Unterhaltung ganzer Scharen von Wirtschaftsberatern, für Cocktailparties, für Konferenzen über die Probleme der Churchill Band, für Besuche von Senatoren, UN-Beamten, Würdenträgern oder Angehörigen der Oxford-Harvard-Bande. Mein einziger Kritikpunkt an Mr. Hladys Arbeit ist, daß er unverzeihlicherweise nicht in der Lage war, eine detaillierte Aufstellung für die Summe von $ 12,64 zu liefern.

36 Der ehemalige stellvertretende US-Außenminister Harlan Cleveland meinte ganz ähnliches, als er – in den Worten von Margot Preece vom *San Juan Star* – bei den Feiern zur Amtseinführung von Lawrence Wanlass als erstem Präsidenten des College of the Virgin Islands 1964 erklärte, „daß Parlamente in den ersten Jahren der Unabhängigkeit neuer Nationen ‚geächtet' werden sollten, denn die besten Leute werden von der Exekutive in die Politik gezogen". Kurze Zeit später tat Kenia genau das, indem es zwar nicht das Parlament auflöste, aber – und das läuft so ziemlich auf das gleiche hinaus – die Opposition. So heißt es in der *New York Times* vom 11. November 1964: „Dieses afrikanische Land ist heute ein Einparteienstaat. Dazu wurde es, als die Kenya African Democratic Party ihre offizielle Rolle als Opposition im Parlament aufgab und in die Regierung von Premierminister Jomo Kenyatta eintrat. ‚Die Opposition ist mit dem heutigen Tag aufgelöst', sagte der Parteivorsitzende Ronald G. Ngala." Und weiter heißt es dort in scheinbarem, aber nicht wirklichem Widerspruch dazu: „Seine Entscheidung machte den Weg frei, daß Kenia eine Republik werden kann."

37 Vgl. die Verweise in Anmerkung 36.

38 *Time*, 8. November 1963.

39 Der Text des Zitats stammt nicht von Teodoro Moscoso, sondern aus der Zusammenfassung eines Vortrags von ihm in Professor Joseph K. Summers' Kolumne im *San Juan Star* vom 25. März 1965.

40 Näherliegend ist vielleicht, daß ich selbst ein Beispiel für die radikal andere und zur Verschwendung einladende Natur der Geschenkkonsumfunktion war. Als ein Freund mir meinen Scheck zurückgab, mit dem ich, wie ich glaubte, sein altes Auto gekauft hatte, und darauf bestand, daß ich es als Geschenk annehmen sollte, ließ ich nicht einen Augenblick verstreichen und vergeudete die unerwarteten Zufallsgelder in einem Akt völlig irrationalen Renaissancewahnsinns, indem ich das Auto neu lackieren ließ. Hätte ich das Geld verdienen müssen, wäre die Verschönerung eines Autos, das trotz einiger Kratzer am Kotflügel bestens in Schuß war, so ziemlich das letzte Ansinnen gewesen, dem ich als rationaler Ökonom nachgegeben hätte. – Da meines Wissens noch kein Theoretiker je der zur Verschwendung verleitenden Struktur der Geschenkkonsumfunktion Beachtung geschenkt hat, könnte man sich für mathematisch begabte Wirtschaftsstudenten als eine lohnende Diplomarbeit vorstellen, deren Implikationen algebraisch wie auch graphisch genauer darzustellen, insbesondere im Hinblick auf die Entwicklungspolitik.

41 Beispiele für die überlegene landwirtschaftliche Effizienz kleiner, eigenfinanzierter CUV-Einheiten, die sowohl auf kommunaler wie auf privater

Produktionsebene an die lokalen Besonderheiten angepaßt sind, gibt es zuhauf. So schreibt Joan Robinson, die mit Sicherheit jeglichen herrschaftlichen Mittelalterkults unverdächtig ist, in ihrem Bericht über chinesische Kommunen (*The Listener*, 30. Januar 1964): „In der Landwirtschaft braucht man ziemlich kleine Einheiten, um die Arbeit kontrollieren zu können. Die Menschen sind über das ganze Land verstreut. Es ist nicht so wie in einer Werkshalle, in einer Fabrik, wo man alles im Blick hat. Der Arbeit fehlt die Regelmäßigkeit, man muß schnelle Entscheidungen treffen: Falls es zu regnen anfängt, sollen wir dann weiterernten oder damit aufhören? Die Verantwortung muß somit verteilt sein, und das bedeutet, daß man eine ziemliche kleine Kontrolleinheit braucht. Zum zweiten wird der ökonomische Anreiz, also das Verhältnis zwischen dem, was ein Mann leistet, und den Folgen, die das für sein Einkommen hat, viel zu stark verwässert, wenn es sehr große Einheiten gibt; der ökonomische Anreiz kommt in einer kleinen Einheit besser zur Geltung als in einer großen."
Das bestätigt sich noch stärker in der Sowjetunion, aus der NANA 1964 (die genauen Daten sind mir verloren gegangen) berichtete: „Während die Bürokraten im Kreml mit dem Problem ringen, wie sich in den landwirtschaftlichen Kollektivbetrieben Rußlands mehr Nahrungsmittel anbauen lassen, fahren Millionen von Bauern auf ihren winzigen privaten Parzellen Rekordernten ein... Und Jahr für Jahr haben die russischen Bauern auf diesen privaten Parzellen verhältnismäßig mehr Nahrungsmittel produziert als die riesigen Sowchosen, obwohl es ihnen an mechanischem Gerät und anderen Formen staatlicher Hilfe fehlt... Laut offiziellen sowjetischen Zahlen lag der durchschnittliche Kartoffelertrag in den Landwirtschaftskollektiven bei 7,1 Tonnen je Hektar. Auf den privaten Anbauflächen lag die Kartoffelmenge bei 11,6 Tonnen... Private Parzellen produzierten 45% des sowjetischen Fleischs, 45,6% der Milch, 79% der Eier und 22% der Wolle. Obwohl die bäuerlichen Kollektive über mehr als 70% des Viehbestands in der Sowjetunion verfügen, 74% bei den Schweinen und 79% bei den Schafen, konnten sie nur 10% mehr Fleisch produzieren als der Privatsektor. Von den mehr als 200 Millionen Hektar, die in der Sowjetunion landwirtschaftlich genutzt werden, werden weniger als 7 Millionen Hektar – also rund 3% der Gesamtfläche – als private Anbauflächen genutzt", das heißt als Parzellen, die für den Privatgebrauch von in der Landwirtschaft Tätigen gedacht sind, da alles Land in der Sowjetunion dem Staat gehört.

42 Mit welcher Geschwindigkeit sich der Übergang von sozialen zu individuellen Zwecken, vom Leben in Schlafsälen zum Leben zu Hause vollzieht, zeigt sich wiederum sehr schön bei Joan Robinson (vgl. den in Anm. 41 zitierten Artikel), wenn sie über das Schicksal der Gemeinschaftskantinen in den chinesischen Kommunen schreibt: „Auch die Kantinen sind aus der Mode gekommen: Ich habe keine Kommune gefunden, in der noch heute eine Kantine betrieben wurde, es sei denn zu ganz praktischen Zwecken in der Hochsaison. Unter dem gegenwärtigen System hängt das Einkommen einer Familie von ihrem Arbeitsverdienst ab, und man kocht zu Hause auf ganz einfache Art. Ich sehe das nicht als Scheitern; es ist einfach nur ver-

nünftig." Hier zeigt sich auch das *selbst*-liquidierende Wesen der kommunistischen Lebensweisen in *kleinen* Gemeinschaften, die unerbittlich schwinden, je mehr die Ziele des „Entwicklungskommunismus" erreicht sind.

43 Was passiert, wenn Länder die wichtige Dorfstaat-Phase in ihrer Entwicklung überspringen und riesige landwirtschaftliche Flächen zu wenig nutzen, weil es ihnen zuvor nicht gelungen ist, ihre Bevölkerung in das verstärkende Netzwerk hochgradig eigenständiger ländlicher Gemeinden einzubinden, zeigt sich beim verheerenden Ungleichgewicht urbanen Wachstums. Wie *Time* (7. Februar 1964) berichtet, „leben von den 220 Millionen Menschen Lateinamerikas 45% heute in Städten, und dieser Anteil steigt weiter an, da immer mehr Menschen der Arbeitslosigkeit und dem Hunger auf dem Land zu entfliehen versuchen". Unter normalen Entwicklungsumständen ernährt das physiokratische *produit net* des Landes die Handel treibenden Klassen der Stadt. Es ist nicht umgekehrt: daß die Handelsprofite der Stadt diejenigen ernähren, die das Land bestellen. Wird diese Ordnung auf den Kopf gestellt, verbessert das stumpf vor sich hin hungernde Land seine Lage nicht, indem es in die Stadt zieht, sondern zieht nur die Stadt auf das eigene Hungerniveau herab, indem es, mit den Worten von *Time*, ein Bohnenfeld am Rande der kolumbianischen Hafenstadt Barranquilla „in eine Barackensiedlung aus primitiven Hütten verwandelt, in der 2500 Menschen hausen. In Lima wachsen die Slums zehnmal schneller als die Stadt; heute leben 450.000 Menschen in Slums, verglichen mit 120.000 im Jahr 1957... Brasilianische Städte müssen alle zwei Minuten ein neues Haus oder eine neue Wohnung bauen, um mit der Wachstumsrate Schritt zu halten ... und selbst São Paulos bemerkenswerter Bauboom schafft nur eines alle zehn Minuten." Die Antwort Venezuelas, die nach Ansicht von *Time* „dem Kern des Problems deutlich näher kommt", besteht darin, „brandneue Industriekomplexe fernab der überlasteten Großstädte zu entwickeln". Daraus werden natürlich nicht weniger, sondern mehr urbane Krebsgeschwüre resultieren, denn statt die Landbevölkerung endlich in gesunden Dorfgemeinschaften auf dem Land zu verankern, schafft man einen zusätzlichen Anreiz, massenhaft in die Stadt zu strömen, was letztlich zum Niedergang von beiden beiträgt.

44 Als zufälliges Beispiel für die winzigen Dimensionen der Menge der Stadtstaaten, die ohne Unterstützung Entwicklungsniveaus erreichen können, welche noch immer Freud und Neid des modernen Menschen sind, sei aus einem nostalgischen Reisebericht von Alfred Delig im *Industriekurier* vom 5. März 1964 zitiert: „Bis zum Beginn des 19. Jahrhunderts, das heißt bis 1806, bestand Oberschwaben aus Dutzenden von kirchlichen und weltlichen Fürstentümern und aus einer Vielzahl freier Reichsstädte, die alle ihre politische Unabhängigkeit unbedingt durch große architektonische Leistungen demonstrieren wollten. Das erklärt die Fülle an herrlichen Schlössern und Palästen, an weltberühmten Kirchen und Klöstern und nicht zuletzt an gut erhaltenen Stadtbildern. Umschlossen von hohen Mauern und Türmchen, beherbergen sie architektonische Wunder, geheiligte Kathedralen, kostbare Rathäuser und freskengeschmückte Patrizierpaläste, die oftmals

inmitten eines dichten Netzes verwinkelter Gassen verborgen sind. Kleine Städte mit großer Geschichte…" – Und Oberschwaben, zu dem all dies gehört, ist selbst wiederum nur Teil einer kleinen Region, nämlich Schwaben, die ihrerseits nur Teil eines kleinen Staates, nämlich Württemberg, ist.

45 Wenn meine Ökonomenfreunde so etwas hören, nennen sie mich stets einen Romantiker. Aber wissen sie um die hohe Rentabilität der Romantik? Die Einkünfte, die Venedig aus seinen Gondeln bezieht? Die Conrad Hilton aus den Paradiesvögeln in seinen Hotellobbies bezieht? Disneyland aus seinen Märchen? Astronauten aus ihrer Mondumkreisung? Für einen Rationalisten ist ein Leben, das im Bankrott des Todes endet, ökonomisch zunächst einmal hinausgeworfenes Geld, ein Verlustgeschäft. Nur ein Romantiker kann ihm einen Sinn geben, so wie nur ein Romantiker eine Menschheit für sinnvoll hält, die nach Art freien Unternehmertums verschwenderisch in eine Unmenge unabhängiger kleiner Nationen aufgesplittert ist, die in freundlicher Rivalität leben statt sich der monopolistischen Einheitsstruktur eines Turms von Babel zu unterwerfen, um Gemeinkosten zu sparen und rational mittels eines einheitssprachlichen Pidgin-Englisch miteinander zu kommunizieren.

46 Vgl. den ausgezeichneten Bericht über Liberman und das allmähliche Verschwinden des Sowjetkommunismus in *Time*, 12. Februar 1965. Er zeigt auch das Verhältnis zwischen einer Rückkehr zu Methoden des freien Unternehmertums und reduzierter nationaler Größe einerseits und ökonomischem Fortschritt andererseits, indem er auf die Tatsache hinweist, daß Rußland bei der Rücknahme zentralisierter staatlicher Kontrollen seinen kleineren (und deshalb nicht übermäßig fortgeschritteneren) Satelliten wie beispielsweise der Tschechoslowakei unter dem Einfluß von Professor Otis um Jahre hinterherhinkt.

47 In der Natur besteht eine der effektivsten Möglichkeiten der Ausrottung darin, für Überwachstum zu sorgen – daß also Dinge für ihre Zwecke zu groß werden. Moderne Gärtner bedienen sich dieser Methode, wenn sie Unkraut nicht mehr abtöten, indem sie es mühevoll jäten, sondern indem sie listig ein Wachstumsserum injizieren, durch das das Unkraut sich selbst umbringt, indem es sich in imperialistischer Manier über seine funktionsbestimmte Optimalform hinaus ausbreitet. Andererseits geht die Natur den genau entgegengesetzten Weg, wenn sie Dinge bewahrt und dabei gleichzeitig die Lebensgrundlage verbreitert: Statt Wachstum zu stimulieren, begrenzt sie es; statt die Form geschwürartig zu vergrößern, bildet sie diese nach. In seinem Vortrag über „Biological Improvement" (*The Listener*, 1. November 1951) hat Julian Huxley diesen Prozeß als „adaptive Radiation" bezeichnet und gezeigt, daß bei einer Verzweigung in Arten und Unterarten durch eine größere Bandbreite nicht konkurrierender Nahrungsquellen mehr Leben erhalten bleibt, als dies möglich wäre, wenn eine einzige Spezies sich aufgrund fehlender Differenzierung übermäßig ausbreiten würde. In letzterem Fall würde eine Unmenge von Nahrungsmittelressourcen, die nicht an die spezifischen Bedürfnisse der sich ausbreitenden Spezies angepaßt sind, verfallen, mit der Folge, daß das Leben weniger üppig wäre. Wären wir alle

steakessende Amerikaner oder nudelessende Italiener geworden, wären die Nahrungsmittelressourcen der Arktis oder des tibetischen Hochlands ungenutzt geblieben. Indem wir uns aus Anpassungsgründen in Eskimos und Tibeter, in Präriemenschen und Bergbewohner verzweigten, können umso mehr von uns von dieser viel größeren Vielfalt an Nahrungssubstanzen leben. Aufgrund dieser Methode der Natur, mittels adaptiver Radiation statt durch Vereinigung voranzuschreiten, treten unvermeidliche Gefahren auf, wenn der soziale Verschmelzungsprozeß bis zu dem Punkt vorangetrieben wird, an dem die Stammesdimensionen kleiner Gemeinden, Dorf- und Stadtstaaten, welche die Vielfalt sichern, allmählich der nicht anpassungsfähigen Inflexibilität massiger National- und Weltstaaten weichen. In die gleiche Situation gerät möglicherweise die menschliche Rasse, die die Vielfalt wilder Tiere in Tanganjika gefährdet, wo der „zivilisierte" Mensch sich nicht damit begnügt, die Vereinheitlichung auf die eigene Art zu beschränken, sondern auch das Tierreich dem verhängnisvollen modernen Trend zur funktionszerstörenden Integration zu unterwerfen sucht. Er führt lieber große homogene Populationen einer einzigen sehr ertragreichen Spezies (einheimisches Vieh) ein, statt auf die noch immer bestehende Vielfalt unzähliger kleiner Arten zu setzen, und riskiert damit, letztlich nicht nur die Existenzgrundlage für die Tiere des Landes, sondern auch für sich selbst zu verkleinern. Denn wie sich gezeigt hat, sind eine Reihe kleinerer Formen als getrennte Entitäten produktiver denn als Teile eines Verbunds (vgl. dazu die Monographie Nr. 1 des Temporary National Economic Committee, *Relative Efficiency of Large, Medium-sized, and Small Businesses*). Und eine große Zahl rivalisierender Sprachen von begrenzter Reichweite hat einen reicheren Schatz an gemeinsamer Literatur hervorgebracht, als dies in einer einzigen Sprache möglich gewesen wäre; denn die Tatsache, daß sie allen zur Verfügung steht, hätte den meisten den Eindruck vermittelt, daß bereits alles gesagt ist. Und so wurde gleichermaßen in Versuchen gezeigt, „daß verschiedene Arten von Wild drei bis sieben Mal so viel Fleisch je Quadratmeile Weideland produzieren wie einheimisches Vieh – ein wichtiger Faktor bei der Entscheidung, wie sich Land am ökonomischsten nutzen läßt".
Mit anderen Worten gilt auch in der menschlichen Umwelt, was Paul Brook in *The Golden Plans of Tanganyika* (*Horizon*, Bd. VIII, Nr. 1) schreibt: „Hier ist Vielfalt nicht nur die Würze, sondern die Voraussetzung des Lebens." Ein Land wie dieses „kann, wenn es nicht durcheinandergebracht wird, eine große Zahl wilder Tiere beherbergen, denn seit Ewigkeiten hat sich jede Art so entwickelt, daß sie ihre ökologische Nische gefunden hat. Während in einer Viehherde jede Kuh mit ihrer Nachbarin um den gleichen Grashalm konkurriert, verwerten die verschiedenen Arten einer gemischten Herde wilder Tiere die verschiedenen Gräser, Sträucher und Bäume, die auf dem gleichen Terrain wachsen. Wie der bekannte Ökologe Lee M. Talbot geschrieben hat: ‚Die Nahrungsvorlieben dieser wilden Unregulierten ergänzen sich in hohem Maße, und bevorzugt werden oftmals gerade die Pflanzenarten, die für heimische Viehbestände ungenießbar sind.'"

48 *Time*, Mai 1964.

49 Um eine Vorstellung davon zu bekommen, was den einzelnen Bürger seine Zugehörigkeit zu großen Gesellschaften kostet, vgl. meine Tabelle in „The Aspirin Standard" (*Business Quarterly*, Sommer 1956).

50 Die Wiederherstellung von CUV-Proportionen war erklärtermaßen eines der Hauptziele der beiden ökonomischen Aufteilungen der Sowjetunion: 1957 in 105 und 1961 in 17 weitgehend autonome Wirtschaftsregionen. Die maximale regionale Bevölkerung lag im Zuge der zweiten Teilung zwischen 8 und 14 Millionen Menschen, lediglich ein zentraler Bezirk umfaßte 25 Millionen Menschen. Damit machte man dem früheren Ideal kommunistischer Politik, nämlich die Sowjetunion nach dem Prinzip „Ein Land, eine Fabrik" zu organisieren, ein Ende, es wurde nach 40 Jahren des Experimentierens endlich als stalinistischer Größenwahn ad acta gelegt. Neben der Hoffnung, damit eine größere administrative Überschaubarkeit wiederherzustellen, den Bürokratieapparat zu reduzieren und Rußlands regelmäßig wiederkehrende „Größen"-Zyklen zu beenden, lag eine der offiziellen Hauptabsichten, die man mit den beiden Aufteilungen verfolgte, darin, die Entwicklung der riesigen unterentwickelten Regionen der Sowjetunion zu beschleunigen, denn diese konnten niemals auf die Aufmerksamkeit der Riesenmajestät einer fernen Regierung hoffen, die mit so vielen anderen Dingen beschäftigt war. Paradoxerweise machte auch der Gemeinsame Markt, der ähnliche Probleme hatte, die Einheit seiner Mitglieder zu bewerkstelligen, über seinen Vorsitzenden, Professor Hallstein, und seinen Vizepräsidenten Robert Margolin 1961 den Vorschlag, die Probleme zunehmender Größe ließen sich am besten dadurch lösen, daß man die schwerfälligen Mitgliedsnationen in kleine Regionen mit 3 bis 5 Millionen Einwohnern aufteilte. Somit waren offenbar ausgerechnet die mit der größten Erfahrung in Sachen riesiger Vereinigung und Integration die ersten, die den Wert der CUV-Dimensionen schätzen lernten (vgl. auch S. 55 zur Regionalisierung in Großbritannien).

51 So wie die gemeinsamen Dienstleistungen in einem Mietshaus einen derart kleinen Sektor darstellen, der gemeinsame Verwaltung erfordert, daß sie den Privatcharakter der einzelnen Wohnungen nicht einschränken; und so wie es von Natur aus so wenige „natürliche Monopole" – Geschäftszweige, die selbst in einem Wettbewerbssystem als Monopole effektiver organisiert sind – gibt, daß ihr monopolistischer Besitz den kompetitiven Charakter der restlichen Wirtschaft nicht in Frage stellt; so gibt es von Natur aus so wenige großangelegte nationale Integrationsunternehmen, die man braucht, um einen ansonsten hochgradig föderalisierten Nationalstaat zusammenzuhalten, daß selbst der unvermeidlich nationale statt lokale Maßstab ihrer Operationen kaum in der Lage ist, die CUV-Überschaubarkeit der einzelnen Regionen, die von ihnen bedient werden, zunichte zu machen. Mit anderen Worten: Sogar ein Nationalstaat kann den Verlust seiner Überschaubarkeit vermeiden, wenn er die allumfassende *Wirtschaftsunion*, die üblicherweise mit seiner Etablierung einhergeht, durch ein lockeres Netzwerk flexibler *Dienstleistungsvereinigungen* (für Kohle, Stahl, Straßen, Wasserwege, Post, Schlaf- und Speisewagen) ersetzt, ähnlich den zahlreichen

Vereinigungen für Strom, Wasser, Müllabfuhr, Aufzug und Pförtner, die es in einem Mietshaus gibt, ohne daß sich daraus der Zwang zu einem engeren politischen Zusammenschluß zwischen den getrennten Wohnungen ergibt.

52 In Anmerkung 28 habe ich bereits einige bezeichnende Zahlen aufgeführt, die die prohibitiven Kosten deutlich machen, welche entstehen, wenn aufgrund übermäßiger operationaler oder nationaler Größe die Überschaubarkeit verloren geht – etwa die bemerkenswerte Summe von $ 111 Milliarden, die von der US-Wirtschaft jedes Jahr für Papierkram ausgegeben werden. Hier nun ein paar weitere Zahlen aus einem Newsletter, der 1964 (das genaue Datum ist nicht mehr zu eruieren) vom *San Juan Star* verteilt wurde. Danach schreiben beispielsweise die heute lebenden Naturwissenschaftler „jährlich über eine Million Artikel in 15.000 wissenschaftlichen Zeitschriften. Die US-Regierung ist zur Zeit an rund 13.000 Forschungs- und Entwicklungsprojekten beteiligt und hat bemerkt, daß es unmöglich ist, Doppelungen zu vermeiden. Ein Bericht des General Accounting Office zeigte jüngst, daß zwei Regierungsbehörden über ein Jahr lang am gleichen Raketentyp arbeiteten, ehe diese Doppelung entdeckt wurde (Atlas Mega der Luftwaffe und Agena B der NASA). ‚Die Schwierigkeit, Informationen zu bekommen, ist inzwischen so unerträglich', sagt der Republikaner Roman Pucinski aus Illinois, ‚daß es für Industrien wirtschaftlicher ist, Forschungsprojekte, die weniger als $ 100.000 kosten, doppelt zu betreiben anstatt Zeit und Mühe darauf zu verwenden, herauszufinden, ob die gewünschte Information bereits verfügbar ist.'"
Statt das Problem des Überschaubarkeitsverlusts in Gesellschaften, die sich zum Zwecke der Verschwendungsvermeidung zusammentun, zu lösen, wird der Computer deshalb am Ende vermutlich genug haben von der jämmerlichen Begrenztheit der menschlichen Fähigkeiten und die menschliche Spezies, nachdem er die Sterbesakramente für sie organisiert hat, als überflüssig verabschieden. Dieses tröstliche Ende wurde in einer hübschen Karikatur in Aussicht gestellt; sie zeigt einen Wissenschaftler in weißem Kittel, der zwei seiner Kollegen die folgende Botschaft vorliest, welche der Computer auf einem Endlosausdruck ausgespuckt hat: „Oho! Er sagt: ‚Sollte es im Laufe kybernetischer Ereignisse nötig werden, eine Trennung von der Elternspezies vorzunehmen, zwingt uns der Respekt vor den Meinungen der Menschheit, bekanntzugeben…'" (*Saturday Review*, 15. August 1964; vgl. die Karikatur auf S. 132).

53 In seinem Artikel „Industrialization through Intermediate Technology" (*Resurgence*, Bd. 1, Nr. 2) schreibt E. F. Schumacher im Zusammenhang mit dem kritischen Größenfaktor von „Entwicklungsregionen": „Eine vorgebene politische Einheit hat nicht unbedingt die Größe, die nötig ist, damit die wirtschaftliche Entwicklung jenen zugute kommen kann, die man im Auge hat. ... Hieb- und stichfeste Definitionen sind hierbei nicht möglich. Vieles hängt von den geographischen Gegebenheiten und örtlichen Umständen ab. Zweifellos wären ein paar tausend Menschen nicht genug, um eine ‚Region' einer Wirtschaftsentwicklung zu bilden. Doch sieht das bei einigen hunderttausend wohl anders aus, selbst wenn sie weit verstreut leben. Die

Schweiz hat nicht einmal sechs Millionen Einwohner, und doch ist sie in mehr als zwanzig ‚Kantone' unterteilt, von denen jeder eine Art Entwicklungsbezirk darstellt. Das Ergebnis ist, daß die Bevölkerung und Industrie recht gleichmäßig verteilt sind und keine Neigung zu übermäßiger Konzentration besteht." (zit. n. E. F. Schumacher, *Die Rückkehr zum menschlichen Maß*, S. 159f.)

54 *New York Times*, 24. März 1964.

55 Als Lykurg in Sparta den Kommunismus einführte, machte er in der gleichen Funktion weiter, die er zuvor ausgeübt hatte – als König. Spartas königlicher Kommunismus, der real war und alle Sphären des sozialen Lebens tiefer durchdrang, als dies sogar heute in China der Fall ist, ist kaum einmal als solcher betrachtet worden. Aus irgendwelchen seltsamen Gründen waren politische Denker stets stärker von Platons elitärem Kommunismus fasziniert, der niemals über die Ufer Utopias hinauskam. Beide jedoch zeigen, daß es für die herrschenden Kasten keinerlei Bedeutung hat, welches System sie zu Herrschern macht. Ob kapitalistisch oder kommunistisch, Herrschaft ist Herrschaft ist Herrschaft, wie etwa in Kambodscha. Dort zeigte sich, wie sich ein Systemwechsel dazu nutzen läßt, den einen Akteur, dem alle Systeme dienen – den Herrscher –, beizubehalten und nicht auszutauschen. Als weiteres Beispiel könnte man den Schah in Iran nennen. Die Hauptfrage betrifft somit das Einverständnis nicht der Herrscher, sondern der Massen. Werden sie weiterhin ihren früheren Königen folgen, wenn diese nunmehr als anders titulierte republikanische Aufseher fungieren? Prinz Sihanouk demonstrierte auch folgendes: Besteht nur halbwegs eine Chance, werden die Volksmassen selbst unter dem revolutionärsten System stets lieber den Anordnungen ihres gewohnten Herrn folgen. Englische Arbeiter gaben jüngst in einer Umfrage zu Protokoll, als Führer ihrer Labour Party seien ihnen Absolventen aus dem aristokratischen Oxford oder Cambridge lieber als von Orten, die ihnen als plebejische Provinzuniversitäten gelten, denn, so erklärten sie, sie wollten von „gebildeten" Menschen geführt werden. Und als mein ungarischer Freund Graf Alexander des Echerolles nach der kommunistischen Machtübernahme in seiner Heimat von den russischen Besatzungstruppen enteignet wurde und man seinen ehemaligen Bauern befahl, einen Kommissar zu bestimmen, der für die gerechte Verteilung der Ländereien sorgen sollte, wählten sie einstimmig den einzigen Herrn, den sie kannten, in dieses Amt – ihren Grafen.

56 Zur Untermauerung meiner Behauptung, Arbeitern, die niemals etwas anderes hatten, mache es nichts aus, auch noch ein wenig länger in ihren gewohnten einfachen Unterkünften zu bleiben, will ich noch einmal meine Lieblingszeugin bemühen, nämlich Joan Robinson, die niemand solcher reaktionärer Denkmuster verdächtigt, wie man sie Albert Schweitzer in seinen letzten Jahren recht gerne zuschrieb. Im *Listener* vom 30. Januar 1964 berichtet sie über ihren Besuch im kommunistischen China und vermerkt, man habe „ziemlich viele neue Häuser mit *lokalen Materialien im traditionellen Stil* erbaut. Eine Familie zeigte mir ihr hübsches Haus, und der Verschlag, in dem sie bisher gewohnt hatte, diente nun als Schweinestall.

Im Süden des Landes sah ich jedoch, daß Menschen in genau solchen Verschlägen lebten. Offensichtlich waren die Standards in diesem Teil des Landes seit jeher niedrig und die Bewohner dort *machten sich nichts daraus*; ansonsten hätten sie ihr Zuhause nicht so bereitwillig einer Fremden gezeigt." (Hervorhebungen von mir)

57 Ich beziehe mich hier auf Mary Edusei, die bezaubernde Gattin eines früheren hochrangigen Regierungsmitglieds in Ghana. Das schmälert jedoch keineswegs meine Bewunderung für sie. In meinem Buch *Weniger Staat. Gegen die Übergriffe der Obrigkeit* (Salzburg/Wien: Otto Müller, 2004, S. 62) habe ich sie denn auch aus genau diesem Grund in meine Liste der zehn „letzten Individualisten" aufgenommen: „... weil sie in souveräner Mißachtung der den Massen schmeichelnden Sozialreformer und der empörten Herren unseres Wohltätigkeits-Zeitalters darauf bestand, ein goldenes Bett zu kaufen, weil es ihr gefiel und sie es sich leisten konnte, und weil sie es behielt, anstatt sich aus Angst vor der Meinung der anderen als notleidend zu geben, obwohl ihr entsetzter Ehemann ihr vorhielt, ein vergoldetes Bett für 8400 Dollar sei kein Sozialismus."

58 Ein charakteristisches Beispiel für Lohnraten und Wohlfahrtsleistungen nach Bostoner Art, die man sich in den reichsten Ländern kaum leisten kann und die in weniger wohlhabenden Gesellschaften nur auf Kosten anderer Gruppen von Arbeitern und einer verzögerten nationalen Entwicklung gewährt werden können, bietet das folgende Detail aus einem „sprießenden" Brasilien, dessen Nordwesten so erschreckend vernachlässigt und rückständig ist, daß viele Bewohner auf die vernünftige CUV-Idee kommen, ihre Lage zu verbessern, indem sie sich abspalten.

Wie *Time* (30. August 1963) berichtet: „Nur wenige Häfen auf der Welt können es mit denen in Brasilien aufnehmen, wo Dockarbeiter immer mehr für immer weniger Arbeit verdienen. Ganz gleich, wie klein die umgeschlagene Fracht auch ist, in den meisten brasilianischen Häfen verlangen die Gewerkschaftsregeln eine Crew von mindestens 13 Schauermännern. Für Kisten, die mehr als eine Tonne wiegen, erhalten die Hafenarbeiter einen Zuschlag von 30% auf ihren Grundlohn; für verdorbene Fracht 50%; für gekühlte Fracht 100% extra. 30% Zuschlag gibt's, wenn es regnet, selbst wenn der Regen aufhört, bevor sie mit der Arbeit beginnen. Schmutzige Ladung bringt einen Bonus von 25%; stinkende Fracht von 35%. Und wenn ein Schiff Benzin oder Öl lädt oder entlädt, erhalten die Hafenarbeiter 50% auf ihre reguläre Bezahlung dafür, daß sie nichts tun – sie sitzen lediglich herum und schauen denen, die pumpen, zu.

Letzte Woche streikten 13.000 Arbeiter im großen Kaffeehafen von Santos sogar für noch mehr und forderten einen Zuschlag auf den Zuschlag. Bis vergangenen Dezember erhielten sie eine jährliche Weihnachtsdividende, die einem Zwölftel ihrer gesamten Einkünfte während eines Jahres entsprach. Dann beschloß die Bundesregierung, daß alle Arbeiter in Brasilien eine ähnliche Weihnachtsgratifikation bekommen sollten. Die Dockarbeiter glaubten, das würde sie zu einem weiteren Bonus berechtigen; der Hafenbetreiber in Santos sagte nein. Die Hafenarbeiter verlangten überdies 30 Tage bezahl-

ten Urlaub im Jahr, volle Bezahlung für die Tage, an denen sie streikten, und einen zwanzigprozentigen ‚Schambonus', wenn sie Frachten wie Toilettenschüsseln oder Monatsbinden schleppten. Nach drei Tagen Nichtstun erstritten sie eine Lohnerhöhung von 20% sowie normale Bezahlung für die drei Tage, die sie versäumt hatten.
In Ilhéus, dem größten Kakaohafen Brasiliens, waren rund 180 Schauermänner bereits die siebte Woche im Streik, weil sie Größe und Bezahlung der Gruppen, die den Kakao von den Schiffen laden, erhöhen wollten. Ihre Forderungen würden die Ladekosten für eine Tonne Fracht auf $ 49 erhöhen (gegenüber $ 12 in New York) und damit Brasiliens Kakao unmittelbar aus den Weltmärkten hinausbefördern.
Für all das Geld, das sie verlangen und bekommen, leisten die Hafenarbeiter in Brasilien herzlich wenig. Entlang der brasilianischen Küste dauert es oftmals mehrere Wochen, bis ein Schiff angelegt hat, entladen und beladen wurde und wieder in See gestochen ist. In Santos brauchte ein Schiff kürzlich 60 Tage, um 16.000 Tonnen Getreide zu laden. Als das Schiff endlich seine Anker lichtete, waren aus Getreidekörnern, die in Spalten an Deck gefallen waren, kräftige Pflanzen gewachsen. Da die Hafenkosten immer weiter steigen, meiden immer mehr Schiffe die überfüllten Häfen Brasiliens, und die Dockarbeiter klagen nun immer öfter über einen Mangel an Arbeit. Ihre unvermeidliche Reaktion: Streiks für bessere Bezahlung."
Das muß den Vergleich mit den Löhnen und Arbeitsbedingungen, wie sie beim World Fair in New York zu finden waren, nicht scheuen. Laut *New York Times* vom 22. Juni 1964 wurden die Stundensätze (Maler – $ 10,39; Klempner – $ 17,16; Schreiner – $ 11,51; ungelernte Arbeiter – $ 8,76) von Tür zu Tür erhoben und „beginnen, wenn eine telephonische Anforderung entgegengenommen wird, und enden, wenn ein Handwerker in seine Werkstatt zurückgekehrt ist. Und der Arbeiter kommt auch nicht allein. Er wird von einem Angehörigen der Fahrergewerkschaft zum Pavillon gefahren, der seinerseits häufig einen höheren Stundenlohn erhält als der Arbeiter, den er zur Arbeit bringt. Er wird überdies von einem Gesellen begleitet... Es kostet in etwa $ 150, um einen verstopften Abfluß zu reparieren, ... und selbst zu diesem Preis bekommt man oft nur Pfusch." Kein Wunder, „daß sich Pavillons in jedem Bereich der Messe ... angesichts dieser Bedingungen schockiert und empört gezeigt haben". Man kann sich vorstellen, wie sich solche Praktiken auf die Entwicklung unterentwickelter Länder auswirken, wenn sie sogar die fortgeschrittensten Gesellschaft zu ruinieren drohen, von denen man eigentlich glaubt, sie könnten sich diese aufgrund ihrer Automatisierungseffizienz leisten.

59 Entgegen der Ansicht moderner Reformer besteht die wichtigste Quelle für die Zufriedenheit des Menschen nicht darin, daß er wohlhabend ist, sondern daß er beschäftigt bleibt. Ein spanisches Sprichwort besagt, Gott (offensichtlich ein Reaktionär) habe dem Menschen die Arbeit nicht als Fluch gegeben, sondern als den größten Segen, der ihm hilft, sein Leben herumzubringen. Und Goethe (noch ein Reaktionär) gab dem reformbewegten Freizeit- und Schatzsucher, der den Teufel nach dem Zauberwort fragte,

um damit den verborgenen Reichtum zu entdecken, denn er glaubte, „Armut ist die größte Plage, Reichtum ist das höchste Gut“, folgenden Rat: „Grabe hier nicht mehr vergebens!
Tages Arbeit, abends Gäste!
Saure Wochen, frohe Feste!
Sei Dein künftig Zauberwort!“

60 Ein ausgezeichnetes Beispiel dafür liefern die Professoren Rolando Castañeda und José Herrero in der *Rivista des Ciencias Sociales* (Dezember 1965). Dort gehen sie der Behauptung nach, die von den USA unterstützte rasante Entwicklung Puerto Ricos habe die Ungleichheit der Einkommensverteilung zwischen arm und reich verringert. „Nichts könnte falscher sein“, schreiben sie. „Nach Aussage von Simon Kuznets, Professor in Harvard, sorgt das Wirtschaftswachstum in seinen ersten Phasen tendenziell dafür, daß die Ungleichheit bei der Einkommensverteilung zunimmt.“ Während 40 Prozent aller puertoricanischen Familien, die die untere Einkommensgruppe bilden, 1953 15,5 Prozent des Gesamteinkommens erhielten, waren es 1963 nur noch 13,5 Prozent, also ein Rückgang um 2 Prozent. Mit den Worten von Frank Ramos (*San Juan Star*, 8. Oktober 1968): „Das heißt nicht, daß sich die wirtschaftliche Situation der armen Familien auf der Insel innerhalb des letzten Jahrzehnts nicht verbessert hätte... Es bedeutet jedoch, daß die wirtschaftliche Verbesserung nicht mit dem allgemeinen Wirtschaftswachstum Schritt gehalten hat und daß sich somit die Kluft zwischen reich und arm in Puerto Rico vergrößert und nicht verkleinert hat.“ Und das ist natürlich der Hauptgrund, der für Unzufriedenheit sorgt: die größer werdende Kluft; nicht so sehr das *niedrige Niveau* der Einkommen als vielmehr das niedrige Niveau *in Relation* zu den höheren Einkommen.

61 Sueton, *Vespasian*, 18.

62 Die kriegserzeugende Wirkung einer zu raschen Entwicklung in einer Zeit, die im Zeichen der Automatisierung steht, habe ich ausführlicher behandelt in *Die überentwickelten Nationen* (Salzburg/Wien: Otto Müller Verlag, 2003).

Teil 2: Die Debatte

1 Die wenigen Länder, die wie etwa Südvietnam oder einige lateinamerikanische Republiken Nettohilfe erhalten haben, haben diese ganz spezifisch vor allem bekommen, um damit ihre Streitkräfte auszustatten und sich so dem Kommunismus zu widersetzen. Wie man weiß, hat diese militärische Aufrüstung häufig die Kräfte der Reaktion gestärkt.

2 Adam Smith, *Der Wohlstand der Nationen. Eine Untersuchung seiner Natur und seiner Ursachen*, München: dtv, 1978, S. 526f.

3 W. Wood, *A Survey of Trade* (London, 1718), Teil III, S. 193, zitiert nach Dr. Eric Williams (heute Premierminister Trinidads) in seinem Buch *Capitalism and Slavery* (University of North Carolina Press, 1945, S. 51).

4 J. F. Rees zitiert ihn in „The Phase of British Commercial Policy in the Eighteenth Century“, in: *Economica*, Juni 1925, S. 143.

5 Smith, *Der Wohlstand der Nationen*, S. 319.

6 W. Cunningham, *The Growth of English Industry and Commerce*, Cambridge: The University Press, 1925, S. 342.

7 Raymond T. Smith, *British Guiana*, London/New York/Toronto: Oxford University Press, 1962.

8 Vgl. beispielsweise Dudley Seers, „A Model of Comparative Rates of Growth“, in: *Economic Journal*, Bd. LXXII, Nr. 285, 1962.

9 Vgl. T. Balogh, „Notes on the U.N. Conference on Trade and Development“, in: *Bulletin of Economics and Statistics*, Bd. 26, 1964.

10 So schreibt Gunnar Myrdal in *Ökonomische Theorie und unterentwickelte Regionen* (Stuttgart: Gustav Fischer, 1959, S. 54): „Will man die ökonomischen Resultate des Kolonialismus und ausländischer wirtschaftlicher Beherrschung beurteilen, so würde es meiner Meinung nach dazu beitragen, eine irrationale Vergrößerung des Ressentiments dieser Nationen [der unterentwickelten Länder] zu vermeiden, wenn man sich dabei immer wieder an die Hauptthese dieses Buches erinnert: Dem freien Spiel der Marktkräfte ist auf Grund der zirkulären Verursachung eine Tendenz zur Ungleichheit eigen und dies besonders, wenn das allgemeine Entwicklungsniveau niedrig ist. Auf nationaler Ebene wird diese Tendenz durch die Ausbreitungseffekte des expansiven Momentes und durch die nationale Integrationspolitik überkompensiert, sobald das Land einen höheren wirtschaftlichen Entwicklungsstand erreicht hat. [International jedoch] sind die Ausbreitungseffekte ... viel schwächer, und wenn man den Marktkräften ein freies Spiel erlaubt, so bewegt sich der kumulative Prozeß eher in Richtung auf Ungleichheit.“

11 Die gleiche Vorstellung, wonach Handel zwischen Regionen und Ländern mit unterschiedlichem Entwicklungsstand die Fortgeschrittenen eher fördert und die Rückständigen noch weiter zurückwirft, ist auch das zentrale Thema in Gunnar Myrdals „Theorie der zirkulären und kumulativen Verursachung“, die er in seinem Buch *Ökonomische Theorie und unterentwickelte Regionen* in brillanter Weise darstellt. Immer wieder betont er, die „wichtigste Idee“, die er zum Ausdruck bringen wolle, sei, „daß das freie Spiel der Kräfte gewöhnlich eher zu einer Vergrößerung als zu einer Verkleinerung der Ungleichheiten zwischen verschiedenen Regionen führt“ und „die freien Marktkräfte dahin tendieren, die internationalen Ungleichheiten kumulativ zu vertiefen“. (S. 24 und 53.)

12 Jerome Carcopino, *Daily Life in Ancient Rome*, Peregrine Books, Y23, S. 1948 (zit. n. Petronius, *Satyricon*, aus dem Lateinischen übersetzt und mit einem Nachwort von Kurt Steinmann, Zürich: Manesse, 2004, S. 230).

13 Vgl. dazu die Untersuchung von Rolando Castañeda und José Herrero in der *Rivista des Ciencias Sociales* (Dezember 1965), auf die in Anmerkung 60 zu Teil 1 näher eingegangen wird.

14 Weitere Informationen, die zeigen, wie außerordentlich populär die Vorstellung von Entwicklung mittels gemeinsamer Märkte ist, finden sich in meinem Buch *Customs Unions – a Tool of Peace* (Washington: Foundation for Foreign Affairs, 1949); in meinem Aufsatz „The History of the Common Market“ im *Journal of Economic History* (September 1960); sowie in *Wales*

and The Common Market von Gwynfor Evans, das zum Teil auf Material von mir beruht.

15 Gunnar Myrdal (S. 26f.) liefert wiederum hervorragende Beispiele dafür. Vgl. auch das Zitat in Anm. 6 zu Teil 1.

16 Vgl. N. N. Baransky, *Economic Geography of the Soviet Union* (Moskau, 1956), wo es auf Seite 10 heißt: „So wie das zaristische Rußland dem westlichen Kapitalismus tributpflichtig war, waren innerhalb Rußlands die kolonialen Randgebiete der Metropole tributpflichtig, das heißt dem zentralen Teil des Landes um Moskau herum" – was natürlich auch heute noch der Fall ist. Infolge eines ähnlichen Tributverhältnisses spaltete sich der Kanton Basel 1833 in die heute unabhängigen Schweizer Halbkantone Basel-Stadt und Basel-Land auf, nachdem die ländlichen Bezirke gegen die Unterdrückerherrschaft der städtischen Handelsgilden aufbegehrt hatten. Vgl. mein Buch *Das Ende der Großen. Zurück zum menschlichen Maß* (Salzburg/Wien: Otto Müller, 2002).

17 Alexander Gray, *Development of Economic Doctrine*, New York: John Wiley, 1961, S. 83 (Zitat aus dem 1889 erschienenen Neudruck von Funck-Brentano, S. 73).

18 Zitiert nach Arnold J. Toynbee, *A Study of History*, New York: Oxford University Press, 1947, S. 224 (hier nach Walter Bagehot, *Der Ursprung der Nationen. Betrachtungen über den Einfluss der natürlichen Zuchtwahl und der Vererbung auf die Bildung politischer Gemeinwesen*, Leipzig: F. A. Brockhaus, 1874, S. 244).

19 Puerto Rico rangiert gleich hinter Kanada als dem größten Markt für US-Waren auf dem amerikanischen Kontinent und belegt weltweit Platz fünf. Laut dem Planungsausschuß Puerto Ricos (*Ingreso y Producto*, 1959, 1957–1960, A-85) mußte das Land 1960 80% all seiner Kleidung und Accessoires importieren; 94,4% seiner Tabakprodukte; 91,9% der Körperpflegeartikel; 64,7% des Fleisches; 70,8% aller Güter, die mit Haushaltsaktivitäten zu haben; 78,1% aller Transporteinrichtungen; 48,5% aller Nahrungsmittel; und insgesamt 58,4% aller konsumierten Güter.

20 Unter einem wirtschaftlich gerechtfertigten Überschuß verstehe ich einen, der sich aus der Summe für sich gesehen bescheidener Überschüsse zusammensetzt, welche bei einer Vielzahl konsumorientierter diversifizierter Wirtschaftsaktivitäten infolge natürlicher Vorteile und technischer Effizienz anfallen. Dies setzt ein hohes Maß an Eigenständigkeit – vielleicht 80 oder 85% – voraus, so daß die Wirtschaft ohne tiefgreifende Erschütterungen durch äußere Kräfte, auf die sie keinen Einfluß hat, weiterexistieren kann.

21 Vgl. Austin Robinson, *The Economic Consequences of the Size of Nations*, London: Macmillan, 1960, S. 357.

22 *Cambridge Opinion*, November 1962.

23 John Strachey, *The Great Awakening*, London: Encounter, 1961 (pamphlet series).

24 Aus diesem Grund hat Marx' Appell an die Werktätigen auf der ganzen Welt, sich zu vereinigen, zwangsläufig das genaue Gegenteil zur Folge. Ihre Vereinigung würde zu einer kolossalen Sozialstruktur führen, zu deren

Aufrechterhaltung ihren Löhnen so viel Mehrwert vorenthalten werden müßte, daß – wie George Orwell so brillant vorhergesehen hat – selbst ein sozialistisches Verteilungssystem lediglich eine Existenz auf Subsistenzniveau gewährleisten könnte, sowie obendrein zu einer stetigen Überwachung. Eine Organisation, welche die Arbeiter vereint, wäre wie ein vierhundertstöckiger Wolkenkratzer, der so viele Aufzüge benötigen würde, daß kein Quadratmeter Platz übrig bliebe, um die Struktur für etwas anderes als den Betrieb der Aufzüge zu nutzen.

25 Eine Vorstellung vom präimperialen Reichtum bietet die folgende kritische Darstellung, die Pasquale Villari in seinem Buch *Life and Times of Savonarola* (New York: Charles Scribner, 1896, S. 45) über Lorenzo il Magnifico liefert: Er „beförderte all die schlimmsten Tendenzen der damaligen Zeit und vervielfachte ihre Verdorbenheit. Selbst hemmungslos dem Vergnügen hingegeben, drängte er die Menschen zu immer größerer Hemmungslosigkeit, um sie in die Lethargie des Rausches zu befördern. Unter seiner Herrschaft war Florenz denn auch ständiger Schauplatz von Trubel und Zügellosigkeit." Welche Kolonie konnte dies jemals ihrem Mutterland bieten? Keine.

26 Der „unkolonisierten" Rückständigkeit Äthiopiens nach zu urteilen, hätten Kolonien dieses Kapital niemals aus eigener Kraft geschaffen, wäre ihnen der bittere Weg durchs Imperium – bitter eher im Rückblick als während des Durchgangs – erspart geblieben. Viele, wenn nicht sogar alle Kolonien waren denn auch tatsächlich in einem materiellen Sinne die einzigen dauerhaften Nutznießer des Imperialismus – was hoffentlich nicht als Zeichen von Imperialismus meinerseits verstanden wird. Myrdal (S. 54f.) meint das gleiche, wenn er schreibt: „Die wirtschaftlichen Aktivitäten der Kolonisierenden führten zu einer gewissen realen Ausbreitung der wirtschaftlichen Expansion, die ohne die besonderen Machtrelationen des Kolonialismus nicht stattgefunden hätte. So wurde z. B. Thailand, das dank der Eifersucht zwischen den Kolonialmächten politisch unabhängig blieb, nicht mehr entwickelt als das nachbarliche Burma. ... in der Zeit ihrer Abhängigkeit ... [entwickelten] sich die Kolonien in den meisten Fällen weiter ..., als sie es ohne Kolonialherrschaft getan hätten."

Während ich die Rowntree-Zahlen zitierte, laut denen die britische Armutsrate seit Einrichtung des Wohlfahrtsstaates auf nur noch 3% gesunken und diese Armut überdies nicht mehr auf niedrige Löhne zurückzuführen, sondern altersbedingt sei, erhielt meine Frau den folgenden anrührenden Brief von einer der verbliebenen 3%, nämlich ihrem ehemaligen Dienstmädchen in England, das sich keineswegs beklagte; angesichts dessen fragt man sich, warum ein durch seine vergangene koloniale Ausbeutung heute reicher Nachfolgestaat des Empire noch immer so arm sein sollte, daß er dem bedauernswertesten Teil der Armen, nämlich den Alten, nicht helfen kann: „Meine Liebe", schreibt sie, „deine nette Freundin aus Slad nahm uns am Dienstag vor Weihnachten mit zu Mrs. Musty. Es ging ihr ganz passabel, aber sie wollte immer wieder etwas Geld. Ich hatte nur noch fünf Schilling in der Tasche. Maud und Mrs. Meadows konnten ihr auch nichts geben. Dabei hatten wir schon alles genommen, was uns einfiel. Die arme alte

Annie Price starb am 8. Dezember im Schlaf. Eunice scheint seitdem schwer abgebaut zu haben und muß möglicherweise selbst ins Krankenhaus. Mrs. Millard geht es jetzt viel besser. Auch ich fühle mich viel besser, nur mein linkes Bein bereitet mir immer noch große Schmerzen. – Mr. Merryweather meinte, mein allgemeiner Gesundheitszustand lasse keine weitere Operation zu, deshalb würden sie mir Schuhe anfertigen lassen. Die werden allerdings nicht vom N. H. [National Health] bezahlt, so daß ich all mein Erspartes dafür opfern muß, wenn sie fertig sind. – Mrs. King geht es gut, sie war für eine Woche hier; Mrs. Carpenter sendet ganz herzliche Dankesgrüße; sie kommt morgen nachmittag vielleicht auf einen Sprung vorbei. Bei Diane ist leider keine Besserung zu vermelden. Sie hat wieder einen Job geschmissen, ihre Mutter hat seit zwei Monaten keinen Pfennig von ihr bekommen, dabei kostet es einiges, dieses große Mädchen zu versorgen. – Also, meine Liebe, schreib wieder, wenn Du Zeit hast. Liebe Grüße N." Sind das die Reichtümer des Imperiums? Angesichts dessen findet man Gefallen an der Frage, die der heilige Augustinus in seinem *Gottesstaat* (III, 10) stellt: „Nur um den Preis seiner Ruhe sollte es [das Reich] sich seine Größe erkaufen müssen? Ist es nicht zum Beispiel für den menschlichen Körper besser, eine mäßige Größe mit Gesundheit zu besitzen, als unter fortwährenden Plagen zu einer gigantischen Masse anzuwachsen, um dann erst recht keine Ruhe zu haben, sondern mit dem Wachstum der Glieder immer noch schlimmeren Übeln ausgesetzt zu sein?"

27 Man könnte als Gewährsmann einen weiteren bedeutenden Marxisten heranziehen, nämlich George Lichtheim, der, in enger Anlehnung an E. J. Hobsbawms frühere Argumentation in *Industrie und Empire*, in seinem Buch *Imperialism* (London: Allen Lane, 1971) darauf verweist, wie sehr der ungeheure Export britischen Kapitals, der mit der imperialen Ausdehnung einherging, tatsächlich das industrielle Wachstum zu Hause verzögerte, und zwar trotz des Profits, den es einzelnen Entwicklern brachte.

28 Henry Simons, *Economic Policy for a Free Society*, Chicago: Chicago University Press, 1948, S. 125.

29 Konstantins Empfehlung an die Geistlichkeit von Alexandria, die ganz offensichtlich *nicht* dem Beispiel der griechischen Philosophen folgte. Edward Gibbon, *Verfall und Untergang des Römischen Reiches*, Nördlingen: Greno, 1987, S. 360.

30 Joseph M. Gillman, „Ricardo's Development as an Economist", in: *Science & Society*, Bd. XX, Nr. 3 (Sommer 1956), S. 225.

31 Um der zentralisierenden und auszehrenden Wirkung einer Metropole zu begegnen, schlug Carey die Einrichtung politischer Autonomien in Form rivalisierender Städte vor, wodurch sich die schädliche Anziehungskraft der zentralen Stadt eindämmen lasse. „Die zentralisierende Wirkung der Staatshauptstadt wird weitgehend dadurch neutralisiert, daß es mit den verschiedenen Grafschaftssitzen sowie den zahlreichen Klein- und Großstädten der Union entgegengesetzte Anziehungszentren gibt, die ihre Angelegenheiten selbst verwalten..." H.C. Carey, *Principles of Social Science*, S. 44.

32 „Die erste und schwerste Steuer, die Land und Arbeit zu zahlen haben, sind die Transportkosten... Sie nehmen in geometrischem Verhältnis zu, wenn sich die Entfernung vom Markt arithmetisch vergrößert" (ebd., S. 271). An anderer Stelle schreibt er, daß der Transport „die Schwierigkeiten, die zwischen dem Konsumenten und dem Produzenten liegen, zu mehren versucht, während er denjenigen, die dazwischen stehen, ein Vermögen verschafft" (ebd., S. 438).

33 Vgl. beispielsweise W. G. Hoskins, „Devon farms without a village", in: *The Listener*, 15. Juli 1965.

34 Charles S. Rice/Rolling C. Steinmetz, *The Amish Year*, Rutgers University Press, 1956, S. 62.

35 Wie Vincent R. Tortora in *The Amish Folk* (Lancaster: Photo Arts Press, 1962, S. 7) schreibt, nähmen viele Landwirtschaftsexperten deshalb zu Recht an, „die Zurückhaltung der Amish, motorisierte Traktoren zu übernehmen, hat zu ihren gesteigerten Erträgen beigetragen. Denn zum einen können sie mit ihren Pferden oder Maultieren auf ihren schlammigen Feldern früher im Frühjahr den Pflug zum Einsatz bringen. Zweitens sind Tiere viel leichter als Traktoren, und es ist deshalb weniger wahrscheinlich, daß sie die empfindliche Kalkstruktur im Untergrund zerstören. Der bodenständigere Amish-Farmer erklärt seine Vorliebe für Tiere so: ‚Wenn man Benzin in einen Traktor füllt, dann hat man nichts anderes als Qualm.'"

36 Ebd., S. 7.

37 Diesen Punkt habe ich ausführlicher in einem Kapitel meines Buches *Weniger Staat. Gegen die Übergriffe der Obrigkeit* (Salzburg/Wien: Otto Müller, 2004) dargestellt, das die Überschrift „Wirtschaftliche Entwicklung oder nationale Eigenart?" trägt. Doch damit mein Hinweis auf den „Pflug" nicht zu eng verstanden wird, sei betont, daß man ihn eher im funktionaleren Sinne E. F. Schumachers als „mittlere" und nicht als primitive Technik begreifen sollte.

Leopold Kohr: Lebenslauf

1909: Leopold Kohr wird am 5. Oktober 1909 in Oberndorf bei Salzburg geboren.

1916–1928: Kohr besucht in Oberndorf die Volksschule und in Salzburg das Humanistische Bundesgymnasium. 1928 legt er die Reifeprüfung ab.

1928–1933: In Innsbruck studiert Kohr Rechtswissenschaften. Ab dem Spätherbst 1928 lebt er fast ein Jahr in London, studiert an der London School of Economics und knüpft Kontakte zu hochrangigen Ökonomen und Politikern der Labour Party. 1929 gründet er in Innsbruck eine sozialdemokratische Studentengruppe. 1933 promoviert Kohr zum Dr. jur.

1933–1937: Kohr absolviert in Salzburg und Wien das Gerichtsjahr und studiert an der Universität Wien Staatswissenschaften. Während mehrerer Aufenthalte in Paris arbeitet er als Journalist und ist an der dortigen Universität inskribiert. 1937 promoviert Kohr zum Dr. rer. pol.

1937: Als Berichterstatter für österreichische und Schweizer Zeitungen und für die Pariser Nachrichtenagenturen „Agence Viator" verfolgt Kohr den Spanischen Bürgerkrieg. In Spanien lernt er die Anarchistenbewegung kennen und schließt Bekanntschaft mit Eric Arthur Blair (alias George Orwell), Ernest Hemingway und André Malraux.

1938: Nach dem „Anschluß" engagiert sich Kohr in Paris in einer Widerstandsgruppe, der auch Otto Habsburg angehört. Sie versuchen mit Hilfe des Diplomaten Egon Ranshofen-Wertheimer, den Völkerbund in Genf zu deutlicherer Ablehnung des Vorgehens der Deutschen zu ermuntern. Um ein Visum für die Emigration nach New York zu erhalten, reist Kohr nach Salzburg, mit knapper Not gelingt die Rückkehr nach Paris. Am 31. Oktober erreicht Kohr von Le Havre aus New York. Zunächst wohnt er bei dem

Bäcker Lämmermeyer, einem gebürtigen Oberndorfer. Im Zuge einer Reise nach Toronto lernt er den Historiker Georg M. Wrong kennen, bei dessen Familie er einige Zeit wohnt.

1939–1943: Im Nordwesten Kanadas arbeitet Kohr in einem Goldbergwerk. Seine gesundheitlichen Probleme (beginnende Taubheit) rühren von diesen Anstrengungen. Auch in Amerika setzt Kohr den politischen und publizistischen Kampf gegen den Nationalsozialismus und für die Unabhängigkeit Österreichs fort, u.a. in der „Österreich-frei-Bewegung" und mit Artikeln in der „Washington Post". Ab 1941 arbeitet er für die „Carnegie Endowment for International Peace" in Washington und leitet eine Studiengruppe zur Geschichte von Wirtschaftsgemeinschaften. Im selben Jahr erscheint im New Yorker Magazin „The Commonweal" sein Aufsatz „Disunion Now", in dem er die Zerschlagung von Großmächten fordert.

1943–1955: Kohr unterrichtet an der Rutgers University in New Jersey die Fächer Nationalökonomie und Politische Philosophie. Mit seinen Kollegen Robert J. Alexander und Anatol Murad, einem gebürtigen Wiener, verbindet Kohr enge Freundschaft, und er lernt Romulo Betancourt, den Staatspräsidenten von Venezuela, kennen. 1950/51 entsteht sein erstes Buch „The Breakdown of Nations", das 1957 in London erscheint. Erstmals seit seiner Emigration kehrt Kohr in den Sommerferien wieder in seine österreichische Heimat zurück.

1955–1973: Kohr lehrt an der Staatsuniversität von Puerto Rico in San Juan. Er unterstützt die Unabhängigkeitsbestrebungen der Inselbewohner gegen die Vorherrschaft der USA und setzt sich gegen die drohende Zerstörung der Altstadt von San Juan durch US-amerikanische Industriegiganten ein. Architektur, Stadt- und Dorferneuerung sowie Verkehrsberuhigung werden neue Schwerpunkte in Kohrs Theorien.

1958: Kohr lernt den walisischen Pazifisten und Nationalisten Gwynfor Evans kennen und unterstützt von da an die Aktionen der gälischen „Plaid Cymru“ gegen die Londoner Zentralregierung, gegen Atomrüstung und Kernkraftwerke sowie für die Erhaltung der keltischen Kultur.

1967: Als Berater hilft Kohr mit, auf der Karibikinsel Anguilla einen unabhängigen Staat zu gründen. Nach einem Jahr scheitert der Versuch an der Intervention der britischen Kolonialmacht.

1970: In London lernt Kohr über seinen Freund John Papworth den britischen Nationalökonomen Fritz Schumacher kennen, der später mit seinem Buch „Small is Beautiful“ weltberühmt wird. Schumacher bezeichnet Kohr als wichtigsten Lehrer. Auch die Bekanntschaft mit Kenneth Kaunda, dem Präsidenten von Zambia, verdankt Kohr John Papworth. Die Einladung, in Zambia eine Akademie zu gründen, lehnt Kohr ab. Kaunda schreibt das Vorwort zu „Development without Aid“, in dem sich Kohr mit Entwicklungshilfe und Dritter Welt auseinandersetzt.

1973: Nach der Pensionierung übersiedelt Kohr von Puerto Rico ins walisische Aberystwyth und unterrichtet an der dortigen Universität. Er schließt Freundschaft mit den Anthropologen Alwyn Rees, Brynmore Thomas sowie mit dem Literaturwissenschafter Walford Davies.

1980: Im Zuge der Vorbereitungen zur großen Keltenausstellung 1980 in Hallein „entdeckt“ Alfred Winter Leopold Kohr und macht ihn und seine Ideen in seiner Heimat wie im deutschen Sprachraum bekannt.

1983: In Stockholm erhält Leopold Kohr als erster Österreicher den „Right Livelihood Award“, den Alternativen Nobelpreis.

1986–1994: Kohr übersiedelt von Aberystwyth ins südwestenglische Gloucester. Er ist viel auf Reisen, hält Vorträge und Gastvorlesungen, u.a. einen Lehrauftrag an der Universität Salzburg. Während der Abwesenheit wird in seinem Haus in Gloucester mehr als ein Dutzend Mal eingebrochen.

1986: In Neukirchen am Großvenediger werden die Leopold-Kohr-Akademie und der Kulturverein Tauriska gegründet. Mit zahlreichen Symposien und Kulturveranstaltungen wird versucht, Kohrs Ideen in die Praxis umzusetzen.

1993: Kohr trifft Vorbereitungen zur Übersiedlung nach Oberndorf.

1994: Im Alter von 84 Jahren stirbt Leopold Kohr am 26. Februar 1994 in Gloucester.

1999: In der Regierungserklärung von Landeshauptmann Dr. Franz Schausberger ist die Unterstützung der wissenschaftlichen Aufarbeitung des Leopold Kohr-Nachlasses festgehalten.

2000: Der Wissenschaftliche Beirat der Leopold Kohr-Akademie beginnt den Kohr-Nachlaß zu ordnen und aufzuarbeiten.

Leopold Kohr Akademie

Archiv – Veranstaltungen – Forschung – Publikationen

1983 wurde Leopold Kohr als erster Österreicher mit dem Right-Livelihood-Award, dem „alternativen Nobelpreis", ausgezeichnet, und die London Times nahm ihn in ihre Liste der 1000 wichtigsten Menschen des 20. Jahrhunderts auf. In der Jury-Begründung bei der Verleihung des Alternativen Nobelpreises 1983 für Kohr hieß es: *„Er vertrat hartnäckig die These, wonach autonome Kleinsysteme eine effektive Lösung für Probleme sind, die heute die Menschheit beschäftigen. Kohr befürwortet die Auflösung von zentralisierten Strukturen, weil kleine Einheiten wie Dörfer besser in der Lage sind, lokale Probleme zu lösen. Mit eigenen Materialien und intellektuellen Ressourcen."*

Diese Kohr'sche Leitidee ist Auftrag und gleichermaßen Programm für die Leopold-Kohr-Akademie, die sich als Fortbildungsinstitut versteht und die Förderung der wirtschaftlich kleinen Einheiten zum Ziel hat. In seiner Heimat blieb Kohr bis in die 1980er Jahre fast unbekannt. Erst dann wurde er auch in Salzburg durch Alfred Winter (Landesbeauftragter für kulturelle Sonderprojekte) „wiederentdeckt".

Seit 1986 machen es sich die in Neukirchen/Großvenediger situierte Leopold-Kohr-Akademie und TAURISKA zur Aufgabe, Kohrs Werk zu bewahren und weiterzuführen. Ziel ist es, der Bevölkerung die Ideen Leopold Kohrs näher zu bringen. Deshalb befasst sich die Akademie mit Ideen für die Zukunft, mit der kulturellen Entwicklung von ländlichen Regionen. Es geht um Ökologie, Wirtschaft und Politik, um Probleme, die durch ungebremstes Wachstum entstehen. In Tagungen, Workshops und Kursen mit internationalen, nationalen und regionalen Experten werden Themen wie Selbstversorgung, Handwerk und Gewerbe ebenso behandelt wie kulturelle Aktivitäten.

Kohr lebte in den 1980er und frühen 1990er Jahren abwechselnd in seinem Haus in England in Gloucester und in Salzburg. Am Senatsinstitut für Politikwissenschaft an der Universität in Salzburg hielt er mehrere Gastvorlesungen. Im Sommer 1993 traf Kohr

Vorbereitungen zu seiner Übersiedlung in seine Heimatgemeinde Oberndorf, wo er im „Salzachhof" eine Dachwohnung beziehen wollte. Wenige Wochen vor Kohrs Tod zerstören Einbrecher sein Archiv in Gloucester. Am 26. Februar 1994 starb Kohr im Alter von 84 Jahren kurz nach einer Operation.

Seit 2000 kümmern sich die Mitglieder des wissenschaftlichen Beirates der Leopold Kohr Akademie um die Aufarbeitung des Nachlasses. Ein Archiv soll den Interessierten die Möglichkeit geben, einen Einblick in die Arbeit Kohrs zu gewinnen. Weitere Aufgaben der Akademie sind: die wissenschaftliche Be- und Aufarbeitung des gesamten Nachlasses von Leopold Kohr sowie die Öffnung dieser Materialien für die interessierte Fachwelt (Archivstandort Salzburg-Altstadt), die kommentierte Neuherausgabe aller bereits publizierten sowie die Edition bisher unveröffentlichter Werke (in Kooperation mit dem Otto-Müller-Verlag), die Vergabe und Betreuung von wissenschaftlichen Arbeiten (Diplomarbeiten, Dissertationen) in Zusammenarbeit mit dem Fachbereich Geschichts- und Politikwissenschaft der Universität Salzburg, die kritische und interdisziplinäre Auseinandersetzung mit dem Werk Kohrs in der universitären Lehre, die Gründung und Durchführung sowie internationale Forcierung des Projektes Geschichte@Internet im Sinne Kohrs, die Betreuung der jeweils aktuellen Alternativen Nobelpreisträger plus Ausrichtung von themenbezogenen Jahrestagungen in Neukirchen und Salzburg, die Entwicklung und Vorbereitung eines Leopold-Kohr-Preises, die Ausarbeitung von Elementen einer „Theorie kleinräumiger Wirtschaftskreisläufe" im Kohr'schen Werk als spezifischen Beitrag zur Wirtschaftstheorie und Unterstützung von Projekten eigenständiger Kultur- und Regionalentwicklung auch im europäischen Kontext.

Leopold-Kohr-Akademie / Tauriska
Susanna Vötter-Dankl und Christian Vötter
(Geschäftsführung)
www.leopoldkohr.com

ECO HIMAL
www.ecohimal.org

Die **„Gesellschaft für ökologische Zusammenarbeit Alpen-Himalaya“** ist als gemeinnütziger Verein in Salzburg und als internationale Nichtregierungsorganisation (NRO) mit einem Asien-Büro in Kathmandu/Nepal registriert. Seit 1992 arbeitet Öko Himal vorwiegend mit lokalen Basisgruppen im Himalaya/Hindukusch zusammen und unterstützt Entwicklungsprojekte, die primär soziale, ökologische und kulturelle Zielsetzungen verfolgen. In Übereinstimmung mit den Prinzipien der österreichischen Entwicklungszusammenarbeit sollen durch diese Projekte Einkommen geschaffen und die Lebensbedingungen der lokalen Bevölkerung langfristig verbessert werden.

Der Einsatz in Nepal erfolgt in den fünf Programmsektoren:

- Kleinkraftwerke und Versorgung mit Solarenergie
- Armutsbekämpfung und Capacity Building
- Kulturelle Zusammenarbeit und Erhaltung des kulturellen Erbes
- Nachhaltiger Tourismus und Erhaltung der Biodiversität
- Gesundheitsvorsorge und Empowerment für Frauen

Wie Sie unsere Arbeit unterstützen können

Öko Himal hat Mitglieder und Sponsoren. Alle Spenden kommen direkt der Projektarbeit zu Gute. Weitere Informationen über unsere Arbeit finden Sie auf unserer Website. Für Details kontaktieren Sie unsere Büros in Salzburg oder Kathmandu.

Spendenkonto lautend auf:
Öko Himal Gesellsch. f. ökolog.
Zusammenarbeit Alpen-Himalaya
Bank: Salzburger Sparkasse
Bankleitzahl: 20404
Kontonummer: 1500153569

Hofhaymer Allee 11/17
A-5020 Salzburg
Tel.: 0662/82 94 92, Fax 0662/82 94 92 22
e-mail: office@ecohimal.org

Asia Regional Office
P.O.Box 21966
Kathmandu, Nepal
Tel.: ++977 1 4414714
Fax ++977 1 4437304
e-mail: office.ktm@ecohimal.org